DR. UND MASTER
Zhi Gang Sha

DIE HEILENDEN HÄNDE DES GÖTTLICHEN

DR. UND MASTER
Zhi Gang Sha

Bibliografische Information der Deutschen Nationalbibliothek:
Die Deutsche Nationalbibliothek verzeichnet diese Publikation in der Deutschen Nationalbibliografie; detaillierte bibliografische Daten sind im Internet über http://d-nb.de abrufbar.

Für Fragen und Anregungen:
info@mvg-verlag.de

1. Auflage 2015

© 2015 by mvg Verlag,
ein Imprint der Münchner Verlagsgruppe GmbH,
Nymphenburger Straße 86
D-80636 München
Tel.: 089 651285-0
Fax: 089 652096

Copyright © 2012 by Heaven's Library Publication Corp.
Published by arrangement with Waterside Productions Inc., Cardiff-by-the-Sea, CA, USA.
All rights reserved.

Die englische Originalausgabe erschien 2012 unter dem Titel *Divine Healing Hands* bei Heaven's Library Publication Corp.

Alle Rechte, insbesondere das Recht der Vervielfältigung und Verbreitung sowie der Übersetzung, vorbehalten. Kein Teil des Werkes darf in irgendeiner Form (durch Fotokopie, Mikrofilm oder ein anderes Verfahren) ohne schriftliche Genehmigung des Verlages reproduziert oder unter Verwendung elektronischer Systeme gespeichert, verarbeitet, vervielfältigt oder verbreitet werden.

Übersetzung: Kirsten Ernst
Umschlaggestaltung und -abbildung: Maria Wittek, dem Original nachgebaut
Autorenfoto: Henderson Ong, printed in the USA
Copyright © 2012 Simon & Schuster
Satz: Daniel Förster, Belgern
Druck: GGP Media GmbH, Pößneck
Printed in Germany

ISBN Print: 978-3-86882-596-1
ISBN E-Book (PDF): 978-3-86415-782-0
ISBN E-Book (EPUB, Mobi): 978-3-86415-783-7

Weitere Informationen zum Verlag finden Sie unter

www.mvg-verlag.de

Beachten Sie auch unsere weiteren Verlage unter
www.muenchner-verlagsgruppe.de

Inhaltsverzeichnis

Die Buchreihe Soul Power 9

Wie Sie die Göttlichen und Tao Seelenübertragungen
der Buchreihe Soul Power empfangen 23

    Was Sie nach dem Empfang von Göttlichen und
    Tao Seelenübertragungen erwartet 25

Vorwort zur Buchreihe Soul Power 27

Wie Sie den größtmöglichen Nutzen meiner Bücher erhalten 29

Übersicht der Göttlichen Seelenübertragungen 33

Abbildungen 35

Einführung 37

1   Divine Healing Hands: Was, Warum und Wie 53
    Was sind Divine Healing Hands? 55
    Warum wirken die Divine Healing Hands? 56
    Zum ersten Mal gibt das Göttliche den Menschen seine Seelenhände . . . 60
    Warum gibt das Göttliche seine Seelenhände? 63
    So wenden Sie die Divine Healing Hands für Soul Healing,
    Blessings sowie Lebenstransformation an 66
    Wie lange kann ein Blessing mit den Divine Healing Hands
    gegeben werden? 68
    So wenden Sie die Divine Healing Hands richtig an 69

2   Spüren Sie die Kraft der Divine Healing Hands 73
    Kraft und Bedeutung der Divine Healing Hands 73
    Das Göttliche überträgt seine seelenheilenden Hände in
    dieses Buch 77
    Anwendung der Divine Healing Hands für das Soul Healing 85

3 **Wenden Sie die Divine Healing Hands für die Stärkung der Energie, Ausdauer, Vitalität und Immunität sowie für die Verjüngung und die Langlebigkeit an** 99
Entwicklung der Kundalini................................. 100
Wenden Sie die Divine Healing Hands für die Stärkung der Kundalini an 104
Entwickeln Sie den Unteren Dan Tian....................... 106
  *Wenden Sie die Divine Healing Hands für die Entwicklung
  des Unteren Dan Tian an* 109
Der »Göttliche Heilige Kreislauf« für das Soul Healing aller Krankheiten 111
  *Wenden Sie die Divine Healing Hands für die Entwicklung
  der sieben Seelenhäuser, des Wai Jiao und des
  »Göttlichen Inneren Yin-Yang-Kreislaufes« an* 116
Der »Göttliche Heilige Kreislauf« für Verjüngung und Langlebigkeit ... 117
  *Wenden Sie die Divine Healing Hands für die Entwicklung
  des »Göttlichen Heiligen Kreislaufes« für Verjüngung
  und Langlebigkeit an* 119

4 **Wenden Sie die Divine Healing Hands an, um den Menschen Soul Healing zu geben** 125
Spiritueller Körper 126
  *Wenden Sie die Divine Healing Hands für das
  Soul Healing des spirituellen Körpers an* 132
Mentaler Körper 138
  *Wenden Sie die Divine Healing Hands für das
  Soul Healing des mentalen Körpers an* 139
Emotionaler Körper....................................... 142
  Wut 144
  Depression und Angst 145
  Besorgtheit 149
  Trauer und Traurigkeit 150
  Furcht 151
  Andere emotionale Störungen 153

Inhaltsverzeichnis

    Wenden Sie die »Göttliche Purpurfarbene Lichtkugel und Purpurfarbene Quelle der Göttlichen Liebe« für das Soul Healing von emotionalen Störungen an 155
    Wenden Sie die Divine Healing Hands für das Soul Healing des emotionalen Körpers an 157
  Physischer Körper 159
    Wenden Sie die Divine Healing Hands für das Soul Healing des physischen Körpers an 165

5 Wenden Sie die Divine Healing Hands für Lebenstransformation an 171
  Beziehungen 171
    Beziehungen zwischen Menschen 174
    Beziehungen zwischen Unternehmen 178
    Wenden Sie die Divine Healing Hands für die Transformation von Beziehungen an 180
  Finanzen 182
    Wenden Sie die Divine Healing Hands für die Transformation von Finanzen an 184
  Erhöhung der Intelligenz 185
    Geist-Intelligenz 186
    Wenden Sie die Divine Healing Hands für die Erhöhung der Geist-Intelligenz an 189
    Herz-Intelligenz 190
    Wenden Sie die Divine Healing Hands für die Erhöhung der Herz-Intelligenz an 192
    Seelen-Intelligenz 193
    Wenden Sie die Divine Healing Hands für die Erhöhung der Seelen-Intelligenz an 197
    Wenden Sie die Divine Healing Hands für die Erhöhung der Intelligenz von Kindern an 199
    Wenden Sie die Divine Healing Hands für die Erhöhung der Intelligenz von Schüler(inne)n und Student(inn)en an ... 201
    Wenden Sie die Divine Healing Hands für die Erhöhung der Intelligenz von Erwachsenen und Senioren an 202

6 **Wenden Sie die Divine Healing Hands für das Soul Healing von Tieren und der Natur an** 207
   Soul Healing von Tieren 207
      Wenden Sie die Divine Healing Hands für das Soul Healing von Tieren an 210
   Soul Healing für die Natur 213
      Wenden Sie die Divine Healing Hands für das Soul Healing der Natur an 218

7 **Wenden Sie die Divine Healing Hands für die Öffnung der spirituellen Kanäle an** 223
   Öffnen Sie Ihren Kanal der Seelensprache 224
      Wenden Sie Seelensprache für Soul Healing und Verjüngung an .. 230
      Wenden Sie Seelensprache mit einer Vergebungsübung für die Selbstreinigung Ihres negativen Karmas an 233
      Wenden Sie Seelensprache für die Reinigung Ihrer Seele, Ihres Herzens, Geistes und Körpers an, um Ihren Seelenzustand im Himmel zu erhöhen 235
      Wenden Sie Seelensprache für die Transformation von Beziehungen an 245
      Wenden Sie Seelensprache für die Transformation von Finanzen an 248
   Übersetzen Sie Ihre Seelensprache 253
      Öffnen Sie Ihren Kanal der direkten Seelenkommunikation 257
      Öffnen Sie Ihren Kanal des Dritten Auges 260
      Öffnen Sie Ihren Kanal des direkten Wissens 270
      Wenden Sie die Divine Healing Hands für die Öffnung der vier spirituellen Kanäle an 277

Über den Autor 285
Epilog 287
Danksagungen 291
Ein besonderes Geschenk 295
Glossar 297

Die Buchreihe Soul Power

DER SINN DES LEBENS IST ES zu dienen. Diesem Auftrag widme ich mein Leben.

Mein vollständiger Lebensauftrag lautet, das Bewusstsein der Menschheit und aller Seelen in allen Universen zu transformieren und zu erleuchten, um Liebe, Frieden und Harmonie für die Menschheit, Mutter Erde und alle Universen zu verbreiten. Diese Aufgabe besteht aus den folgenden drei Befähigungen:

Meine erste Befähigung ist das Lehren des *universellen Dienens*, um Menschen darin zu bestärken, bedingungslose universelle Diener zu werden. Die Botschaft des universellen Dienens lautet:

> *Ich diene der Menschheit und allen Universen bedingungslos.*
> *Du dienst der Menschheit und allen Universen bedingungslos.*
> *Gemeinsam dienen wir der Menschheit und allen*
> *Seelen in allen Universen bedingungslos.*

Meine zweite Befähigung ist das Lehren der *Selbstheilung*, um Menschen darin zu bestärken, sich selbst zu heilen und andere Menschen in der Selbstheilung zu unterstützen. Die Botschaft der Selbstheilung lautet:

> *Ich habe die Kraft, mich selbst zu heilen.*
> *Du hast die Kraft, Dich selbst zu heilen.*
> *Gemeinsam haben wir die Kraft, die Welt zu heilen.*

Meine dritte Befähigung ist das Lehren der *Seelenkraft*. Sie beinhaltet Seelengeheimnisse, Seelenweisheiten und Seelenerkenntnisse, praktische Anwendungen, sowie die Übertragung von göttlicher Seelenkraft, um Menschen darin zu bestärken, alle Aspekte ihres Lebens zu transformieren und die Erleuchtung von Seele, Herz, Geist und Körper zu erlangen. Die Botschaft der Seelenkraft lautet:

*Ich habe die Seelenkraft, mein Bewusstsein und
alle Bereiche meines Lebens zu transformieren und
Seele, Herz, Geist und Körper zu erleuchten.
Du hast die Seelenkraft, Dein Bewusstsein und
alle Bereiche Deines Lebens zu transformieren und
Seele, Herz, Geist und Körper zu erleuchten.
Gemeinsam haben wir die Seelenkraft, das Bewusstsein
der Menschheit und alle Lebensbereiche zu transformieren
und die Menschheit und alle Seelen zu erleuchten.*

Das Lehren der Seelenkraft ist meine wichtigste Befähigung. Sie ist entscheidend für meine Lebensaufgabe. Die Seelenkraft ist ausschlaggebend für die Transformation des physischen sowie des spirituellen Lebens. Sie ist entscheidend für die Transformation und Erleuchtung der Menschheit und aller Seelen in allen Universen.

Der Beginn des 21. Jahrhunderts kann als Übergangsphase in ein neues Zeitalter für die Menschheit, Mutter Erde und alle Universen betrachtet werden. Diese Ära trägt den Namen Seelenlicht-Zeitalter. Sie begann am 8. August 2003 und wird 15 000 Jahre andauern. Naturkatastrophen – wie Tsunamis, Wirbelstürme, Zyklone, Erdbeben, Überschwemmungen, Tornados, Schnee- und Hagelstürme, Brände, Dürren, extreme Temperaturen, Hungersnöte und Krankheiten –, politisch, religiös und ethnisch motivierte Kriege, Terrorismus, Verbreitung von Atomwaffen, wirtschaftspolitische Herausforderungen, Verschmutzung, Aussterben von Pflanzen- und Tierarten und dergleichen mehr sind Zeichen dieses Übergangs. Hinzu kommen Millionen von Menschen, die unter Depressionen, Ängsten, Furcht und Besorgtheit leiden. Sie erdulden Schmerzen, chronische Zustände und lebensbedrohliche Krankheiten. Die Menschheit braucht Hilfe. Ihr Bewusstsein muss transformiert, und ihr Leid muss aufgelöst werden.

Die Herausgeber der Buchreihe Soul Power ist Heaven's Library. Diese Buchreihe offenbart Seelengeheimnisse und vermittelt praktische Techniken des Seelenwissens für das tägliche Leben. Die Seelenkraft kann heilsam wirken, vor Krankheiten schützen, verjüngen, das Leben verlängern, das Bewusstsein und alle Aspekte des Lebens einschließlich Beziehungen und Finanzen transformieren. Die Kraft der Seele ist unerlässlich, um der Menschheit und Mutter Erde während dieser Zeit der Umwandlung zu dienen. Es ist die Seelenkraft, die das Bewusstsein der Menschheit und aller Seelen erwecken und transformieren wird.

Im 20. Jahrhundert und während einiger Jahrhunderte davor galt das Prinzip *Geist lenkt Materie*. Der Geist spielte eine wichtige Rolle im Prozess der Selbstheilung, Verjüngung und Lebenstransformation. Im Seelenlicht-Zeitalter wird das Prinzip *Seele lenkt Materie* – Kraft der Seele – *die* entscheidende Rolle in der Selbstheilung, Verjüngung und Transformation des gesamten Lebens übernehmen.

Es gibt unzählige Seelen auf Mutter Erde – die der Menschen, der Tiere, der Pflanzen und der scheinbar unbelebten Dinge. *Alle Lebewesen und alle Dinge haben eine Seele.*

Jede Seele besitzt ihre eigene Frequenz und Kraft. Jesus besaß wundersame Heilkraft. Wir haben viele berührende Geschichten gehört, in denen Guan Yin[1] mit ihrem Mitgefühl Menschenleben rettete. Es gibt viele herzbewegende Berichte über die Liebe von Mutter Maria. Allen diesen großen Seelen übertrug das Göttliche die Seelenkraft, um der Menschheit zu dienen. In allen großen Weltreligionen und spirituellen Schulen der Welt, wie dem Buddhismus, Taoismus, Christentum, Judentum, Hinduismus, Islam und anderen finden sich ähnliche Schilderungen von großen spirituellen Heil- und Segnungskräften.

Ich ehre jede Religion und jede spirituelle Tradition, dennoch lehre ich keine Religion. Ich lehre die Seelenkraft. Sie umfasst Seelengeheimnisse, Seelenweisheiten, Seelenerkenntnisse und praktische Techniken. Ihre Seele hat die Kraft, heilsam zu wirken, zu verjüngen und das Leben zu transformieren. Die Seele eines Tieres hat die Kraft, heilsam zu wirken, zu verjüngen und das Leben zu transformieren. Die Seelen der Sonne, des Mondes, eines Ozeans, einer Pflanze und eines Berges haben die Kraft, heilsam zu wirken, zu verjüngen und das Leben zu transformieren. Die Seelen der Heilungsengel, der aufgestiegenen Meister, der christlichen, taoistischen, hinduistischen Heiligen und anderer hoher spiritueller Wesen haben eine große Seelenkraft, die heilsam wirkt, verjüngt und das Leben transformiert.

---

1 Guan Yin ist bekannt als Bodhisattva des Mitgefühls und im Westen als die Göttin der Barmherzigkeit.

Jede Seele hat ihren eigenen Seelenstand. Der spirituelle Stand oder Seelenstand hat unzählige verschiedene Ebenen. Die Seelenkraft besitzt ebenso Ebenen. Nicht jede Seele kann Wunder wie die eines Jesus, einer Guan Yin oder einer Mutter Maria vollbringen. Die Seelenkraft hängt vom spirituellen Stand der Seele im Himmel ab. Je höher eine Seele dort angesiedelt ist, desto mehr Kraft wird ihr vom Göttlichen gegeben. Jesus, Guan Yin und Mutter Maria hatten alle einen sehr hohen spirituellen Stand.

Wer bestimmt den spirituellen Stand einer Seele? Wer überträgt einer Seele die angemessene Seelenkraft? Wer entscheidet über die Entwicklung der Menschheit, von Mutter Erde und allen Universen? Die höchste Führung der spirituellen Welt ist der Entscheidungsträger. Diese oberste Führung ist das Göttliche. Das Göttliche ist der Schöpfer und Offenbarer aller Universen.

Im Seelenlicht-Zeitalter werden sich alle Seelen vereinen und ihr Bewusstsein wird sich auf das göttliche Bewusstsein ausrichten. In dieser historischen Phase hat das Göttliche entschieden, der Menschheit und allen Seelen, göttliche Seelenschätze zu übertragen, um der Menschheit und allen Seelen während der Umwandlung von Mutter Erde zu helfen.

Lassen Sie mich an dieser Stelle zwei persönliche Erlebnisse erzählen, um zu erklären, wie ich zu dieser Erkenntnis kam.

Im April 2003 gab ich einen Power-Healing-Workshop mit etwa einhundert Teilnehmer(inne)n im Heilungszentrum »Land of Medicine Buddha« in Soquel/Kalifornien. Während ich lehrte, erschien das Göttliche. Ich sagte zu den Teilnehmer(inne)n: »Das Göttliche ist hier. Bitte gebt mir einen Moment Zeit.« Ich kniete nieder und verneigte mich, um das Göttliche zu ehren. (Im Alter von sechs Jahren lehrte man mich, dass ich mich vor meinen Tai-Chi-Meistern zu verneigen habe. Mit zehn Jahren verneigte ich mich vor meinen Qi-Gong-Meistern und mit zwölf Jahren verneigte ich mich vor meinen Kung-Fu-Meistern. Als Chinese lernte ich diese Höflichkeit während meiner ganzen Kindheit.) Ich erklärte meinen Teilnehmer(inne)n: »Versteht bitte, dass dieses meine Art ist, wie ich das Göttliche, meine spirituellen Väter und Mütter ehre. Nun werde ich mit dem Göttlichen sprechen.«

Dann sagte ich im Stillen: »Liebes Göttliche, ich fühle mich sehr geehrt, dass Du hier bist.«

Das Göttliche, das sich vor mir über meinem Kopf befand, antwortete: »Zhi Gang, ich komme heute, um Dir ein spirituelles Gesetz zu überbringen.«

Ich antwortete: »Es ist mir eine Ehre, dieses spirituelle Gesetz zu empfangen.«

Das Göttliche sprach weiter: »Dieses spirituelle Gesetz wird ›das universelle Gesetz des universellen Dienens‹ genannt. Es ist eines der höchsten spirituellen Gesetze des Universums. Es gilt sowohl für die spirituelle als auch für die physische Welt.«

Das Göttliche zeigte auf sich selbst und sagte: »Ich bin ein universeller Diener.« Das Göttliche zeigte auf mich und sagte: »Du bist ein universeller Diener.« Das Göttliche machte eine ausladende Handbewegung und sagte: »Alle Lebewesen und alle Dinge sind universelle Diener. Ein universeller Diener bietet bedingungslosen universellen Dienst an. Das universelle Dienen umfasst die universellen Merkmale Liebe, Vergebung, Frieden, Seelenheilung, Blessing (Anmerk. d. Übers.: Segnung mit den Divine Healing Hands oder anderen göttlichen Übertragungen), Harmonie und Erleuchtung. *Wenn jemand einen kleinen Dienst anbietet, erhält er vom Universum und von mir einen kleinen Segen. Wenn jemand einen größeren Dienst anbietet, erhält er vom Universum und von mir einen größeren Segen. Wenn jemand bedingungslosen Dienst anbietet, erhält er grenzenlosen Segen.*

Das Göttliche hielt einen Moment inne, bevor es fortfuhr: »Es gibt eine andere Art des Dienens. Es sind unangemessene Dienste und dazu gehören: das Töten, Verletzen, Übervorteilen anderer, Betrügen, Stehlen, aber auch das Beklagen und mehr.

Wenn jemand kleine unangemessene Dienste leistet, lernt er kleine Lektionen vom Universum und von mir. Wenn jemand größere unangemessene Dienste leistet, widerfahren ihm ernstere Lektionen. Wenn jemand äußerst unangemessene Dienste leistet, lernt er gewaltige Lektionen.«

Ich fragte: »Welche Arten der Lektionen könnten das sein?«

Das Göttliche antwortete: »Zu diesen Lektionen gehören Krankheiten, Unfälle, Verletzungen, finanzielle Not, gescheiterte Beziehungen, emotionale Störungen, mentale Verwirrung und andere Störungen im Leben.« Das Göttliche betonte: »So verfährt das Universum. Dies ist eines meiner wichtigsten spirituellen Gesetze, das alle Seelen im Universum befolgen müssen.«

Nachdem das Göttliche mir dieses universelle Gesetz überbracht hatte, legte ich umgehend ein stilles Gelübde ab:

*Liebes Göttliche,
ich bin außerordentlich geehrt, Dein »Gesetz des universellen Dienens« zu erhalten. Ich gelobe Dir, der gesamten Menschheit und allen Seelen in allen Universen, dass ich ein bedingungsloser universeller Diener sein werde. Ich werde Dir mein totales GOLD [Gratitude = Dankbarkeit, Obedience = Gehorsam, Loyalty = Treue, Devotion = Hingabe] geben und dienen. Ich bin geehrt, Dein Diener und ein Diener der ganzen Menschheit und aller Seelen zu sein.*

Nachdem das Göttliche das gehört hatte, lächelte es und zog sich zurück.

Mein zweites Erlebnis ereignete sich drei Monate später, im Juli 2003, während ich einen Workshop zum Thema »Seelenstudium« in der Nähe von Toronto leitete. Erneut erschien das Göttliche. Wieder erklärte ich meinen Schülern, dass das Göttliche anwesend sei. Ich bat sie einen Moment zu warten, während ich mich einhundertacht Mal verneigte und der Botschaft des Göttlichen zuhörte. Bei diesem Anlass teilte es mir mit: »Zhi Gang, heute komme ich und wähle Dich als meinen direkten Diener, Mittler und Kanal.«

Ich war zutiefst bewegt und antwortete dem Göttlichen: »Ich bin sehr geehrt. Was bedeutet es, Dein direkter Diener, Mittler und Kanal zu sein?«

Das Göttliche antwortete: »Rufe mich, wenn Du anderen Soul Healing (Anmerk. d. Übers.: Selbstheilung durch Seelenkraft; Selbstheilung und Soul Healing werden im Folgetext abwechselnd verwendet) und Blessings gibst. Ich werde sofort zur Stelle sein und ihnen mein Soul Healing und meine Blessings bringen.«

Ich war sehr gerührt und antwortete: »Ich danke Dir so sehr, dass Du mich als Deinen direkten Diener ernannt hast.«

Das Göttliche fuhr fort: »Ich kann mein Soul Healing und meine Blessings dadurch anbieten, indem ich meine immerwährenden Schätze für Soul Healing und Blessings übertrage.«

Ich fragte: »Wie machst Du das?«

Das Göttliche antwortete: »Wähle eine Person aus und ich werde es Dir vorführen.«

Ich bat um einen Freiwilligen mit einem schweren gesundheitlichen Problem. Ein Mann namens Walter meldete sich. Er stand auf und erklärte, dass er Leberkrebs habe, mit einem zwei mal drei Zentimeter großen bösartigen Tumor, der kurz zuvor mittels einer Biopsie diagnostiziert worden war.

Dann bat ich das Göttliche: »Bitte segne Walter und zeige mir, wie Du Deine immerwährenden Schätze überträgst.« Sofort sah ich, wie das Göttliche von seinem Herzen einen Lichtstrahl zu Walters Leber aussandte. Der Strahl schoss in seine Leber, wurde dort zu einer goldenen Lichtkugel und begann sich umgehend zu drehen. Walters gesamte Leber leuchtete mit einem wunderschönen goldenen Licht.

Das Göttliche fragte mich: »Weißt Du, was eine Software ist?«

Diese Frage überraschte mich und ich antwortete: »Ich verstehe nicht viel von Computern. Ich weiß nur, dass es sich bei Software um Computerprogramme handelt. Ich habe von Buchhaltungs-, Büro- und Grafiksoftware gehört.«

»Genau«, sagte das Göttliche. »Software ist ein Programm. Da Du mich darum gebeten hast, habe ich meine Seelen-Software für die Leber (Anmerk. d. Übers.: aus diesem Begriff wurde später Seelentransplantat und im Deutschen Seelenübertragung) auf Walter übertragen bzw. heruntergeladen. Es ist einer meiner immerwährenden Schätze für Soul Healing und Blessings. Du hast darum gebeten, und ich habe die Übertragung ausgeführt. Auf diese Weise bist Du mein direkter Diener und Kanal.«

Ich war überrascht. Begeistert, inspiriert und mit Demut sagte ich zum Göttlichen: »Ich bin so sehr geehrt, Dein direkter Diener zu sein. Wie gesegnet ich doch bin, diese Ernennung zu erhalten.« Fast sprachlos fragte ich das Göttliche: »Warum ist Deine Wahl auf mich gefallen?«

Das Göttliche sagte: »Ich habe Dich gewählt, weil Du der Menschheit seit mehr als eintausend Leben gedient hast. Du warst während all Deiner Leben ein sehr hingebungsvoller Diener meiner Mission. Ich ernenne Dich in diesem Leben zu meinem direkten Diener. Du wirst unzählige meiner immerwährenden Schätze für Soul Healing und Blessings auf die Menschheit und alle Seelen übertragen. Dies ist die Ehrung, die ich Dir jetzt gebe.«

Ich war zu Tränen gerührt und verneigte mich sofort erneut einhundertacht Mal und leistete dieses stille Gelübde:

*Liebes Göttliche,
ich kann mich nicht genug vor Dir verneigen, für die Ehre,
die Du mir erwiesen hast. Keine Worte vermögen die Größe
meiner Dankbarkeit auszudrücken. Ich bin so sehr gesegnet,
Dein direkter Diener zu sein, um der Menschheit und allen
Seelen Deine immerwährenden Schätze für Soul Healing
und Blessings zu übertragen. Die Menschheit und alle Seelen
werden Deine großen Segnungen, durch meinen Dienst als Dein
direkter Diener, empfangen. Ich gebe mein Leben für Dich und
die Menschheit. Ich werde Deine Aufgaben ausführen. Ich werde
ein reiner Diener der Menschheit und aller Seelen sein.*

Ich verneigte mich nochmals. Dann fragte ich das Göttliche: »Wie soll Walter seine Seelen-Software nutzen?«

»Walter muss sich Zeit nehmen, um mit meiner Seelen-Software zu üben«, sagte das Göttliche. »Sag ihm, dass der Empfang meiner Seelen-Software allein nicht gleich seine Heilung bedeutet. Um seine Gesundheit wieder herzustellen, muss er jeden Tag mit diesem Schatz üben, Schritt für Schritt.«

Ich fragte: »Wie soll er denn üben?«

Das Göttliche gab mir folgende Anweisung: »Sag Walter, er soll wiederholt ›Göttliche Leber-Seelensoftware wirkt heilsam auf mich. Göttliche Leber-Seelensoftware wirkt heilsam auf mich. Göttliche Leber-Seelensoftware wirkt heilsam auf mich. Göttliche Leber-Seelensoftware wirkt heilsam auf mich‹ chanten.«

Ich fragte: »Und wie lange sollte Walter chanten?«

Das Göttliche antwortete: »Mindestens zwei Stunden am Tag. Je länger er übt, desto besser. Wenn Walter dies tut, könnte er in drei bis sechs Monaten sich selbst heilen.«

Ich teilte Walter, der aufgeregt und tief bewegt war, diese Informationen mit. Walter meinte: »Ich werde jeden Tag zwei Stunden und länger üben.«

Schließlich fragte ich das Göttliche: »Wie funktioniert denn die Seelen-Software?«

Das Göttliche antwortete: »Meine Seelen-Software ist eine goldene Heilkugel, die sich dreht und energetische und spirituelle Blockaden in Walters Leber auflöst.«

Wieder verneigte ich mich vor dem Göttlichen einhundertacht Mal, dann stand ich auf, und bot allen Teilnehmern des Workshops drei Übertragungen der Seelen-Software als Geschenk des Göttlichen an. Als es dies sah, lächelte das Göttliche und entfernte sich.

Walter begann sofort, entsprechend der Anweisung, täglich mindestens zwei Stunden zu üben. Zweieinhalb Monate später zeigten eine Computertomografie und eine Kernspinuntersuchung, dass sein Leberkrebs vollkommen zurückgegangen war. Ende 2006 traf ich Walter erneut in Toronto bei einer Signierung meines Buches »*Seele Geist Körper Medizin*«[2]. Im Mai 2008 nahm Walter an einer meiner Veranstaltungen in der Unity Church of Truth in Toronto teil. Bei beiden Treffen sagte er mir, dass es immer noch kein Anzeichen von Krebs in seiner Leber gäbe. Vor nahezu fünf Jahren hat seine Göttliche Seelenübertragung seinen Leberkrebs geheilt. Er war dem Göttlichen sehr dankbar.

Dieses wichtige Ereignis, als das Göttliche mich zu seinem direkten Diener wählte, fand im Juli 2003 statt. Wie ich bereits erwähnte, begann am 8. August 2003 für Mutter Erde und alle Universen ein neues Zeitalter, das Seelenlicht-Zeitalter. Der Zeitpunkt mag zufällig erscheinen, aber ich glaube, es könnte hierfür einen spirituellen Grund geben. Seit Juli 2003 bot ich den Menschen fast jeden Tag göttliche Übertragungen an. Ich habe mehr als zehn davon an alle Seelen in allen Universen übertragen.

Ich schildere diese Ereignisse, um Sie an die Kraft der Göttlichen Seelenübertragungen heranzuführen. In meinem ersten Buch der Buchreihe Soul Power, *Seelenweisheiten*[3], bin ich eine Verpflichtung eingegangen, die ich seither in jedem meiner Bücher erneuert habe:

Von nun an werde ich in jedem Buch, das ich schreibe, Göttliche Seelenübertragungen anbieten.

---

2 »*Seele Geist Körper Medizin*« – *Eine Anleitung zur Selbstheilung durch Seelenkraft* (KOHA-Verlag, 2007)

3 *Seelenweisheiten – Kostbarkeiten zur Transformation des Lebens* (KOHA-Verlag, 2008)

Göttliche Seelenübertragungen sind immerwährende göttliche Schätze für Soul Healing und Blessings, um das Leben zu transformieren. Es gibt ein altes Sprichwort: »*Willst Du wissen, ob eine Birne süß ist, so koste sie.*« Wollen Sie die Kraft der Göttlichen Seelenübertragungen kennenlernen, so erleben Sie es.

Göttliche Seelenübertragungen tragen die göttliche Frequenz von Liebe, Vergebung, Mitgefühl und Licht. Göttliche Frequenz transformiert die Frequenz des gesamten Lebens. Göttliche Liebe schmilzt alle Blockaden, einschließlich energetischer und spiritueller Blockaden, und transformiert das gesamte Leben. Göttliche Vergebung bringt inneren Frieden und innere Freude. Göttliches Mitgefühl stärkt Energie, Ausdauer, Vitalität und Immunität. Göttliches Licht wirkt heilsam, schützt vor Krankheiten, verjüngt und verlängert das Leben.

Eine Göttliche Seelenübertragung ist eine neue Seele, die vom Herzen des Göttlichen erschaffen wird. Die Göttliche Seelenübertragung, die Walter empfing, war so eine Seelenübertragung. Seit damals führe ich verschiedene andere Arten Göttlicher Seelenübertragungen durch, einschließlich »Göttlicher Seelenkräuter«, »Göttlicher Seelenakupunktur«, »Göttlicher Seelenmassage«, »Göttlicher Soul Operation« (Anmerk. d. Übers: Seelenoperation) und »Göttlicher Seele-Geist-Körperübertragungen«.

Eine Göttliche Seelenübertragung ist eine neue göttliche Seele für ein Organ, ein Körperteil, ein Körpersystem, Zellen, DNS und RNS, für die kleinste Materie in Zellen oder Zellzwischenräumen. Wird sie übertragen, ersetzt sie die ursprüngliche Seele des Organs, Körperteils, Körpersystems, der Zellen, der DNS und RNS, der kleinsten Materie in den Zellen oder den Zellzwischenräumen des Empfängers. Eine neue göttliche Seele kann auch die Seele einer Wohnstätte oder eines Unternehmens ersetzen. Eine neue göttliche Seele kann an ein Haustier, einen Berg, eine Stadt oder ein Land übertragen werden, um deren ursprüngliche Seele zu ersetzen. Eine neue göttliche Seele kann sogar die Seele von Mutter Erde austauschen.

Eine Göttliche Geistübertragung ist ebenfalls ein Lichtwesen, das vom Göttlichen erschaffen wird. Sie trägt göttliches Bewusstsein, um das ursprüngliche Bewusstsein des Systems, Organs, Körperteils, der Zellen, Zelleinheiten, DNS, RNS, kleinsten Materie oder Körperräume des Empfängers zu ersetzen.

Eine Göttliche Körperübertragung ist ein weiteres Lichtwesen, das vom Göttlichen erschaffen wird. Dieses Lichtwesen trägt göttliche Energie und kleinste Materie, um die ursprüngliche Energie und kleinste Materie des Systems, Organs, Körperteils, der Zellen, Zelleinheiten, DNS, RNS, kleinsten Materie oder Körperräume des Empfängers zu ersetzen.

Alle Lebewesen und alle Dinge haben eine Seele. Das Göttliche kann jede Seele, die man sich nur vorstellen kann, übertragen. Diese Göttlichen Seelenübertragungen sind, wie gesagt, immerwährende göttliche Schätze mit heilsamen, segnenden und lebenstransformierenden Eigenschaften. Sie können das Leben aller Lebewesen und aller Dinge transformieren. Da das Göttliche diese Seelenschätze erschaffen hat, tragen sie göttliche Seelenkraft in sich, die der größten Seelenkraft unter allen Seelen entspricht. Alle Seelen der höchsten Ebenen des Himmels werden mitwirken und die Göttlichen Seelenübertragungen unterstützen. Göttliche Seelenübertragungen sind die wertvollsten Heiligtümer der Seelenkraft.

Göttliche Seelenübertragungen bedeuten göttliche Präsenz. Je mehr Sie davon empfangen, desto schneller können Ihre Seele, Ihr Herz, Ihr Geist und Ihr Körper transformiert werden. Je mehr göttliche Übertragungen Ihr Heim oder Ihr Unternehmen, eine Stadt oder ein Land erhalten, desto schneller können sich ihre Seele, Herz, Geist und Körper transformieren.

Im Seelenlicht-Zeitalter wird die Evolution der Menschheit durch die göttliche Seelenkraft erschaffen werden. Seelenkraft wird die Menschheit transformieren. Seelenkraft wird Tiere transformieren. Seelenkraft wird die Natur und die Umwelt transformieren. Seelenkraft wird auf dem Gebiet des menschlichen Forschens eine führende Rolle einnehmen. Die Menschheit wird ein tiefes Verständnis dafür erlangen, dass *die Seele der Boss* ist.

Die Seelenkraft mit ihren Seelengeheimnissen, Seelenweisheiten, Seelenerkenntnissen und praktischen Seelentechniken wird alle Aspekte des menschlichen Lebens transformieren. Die Seelenkraft wird alle Aspekte von Organisationen und Gesellschaften transformieren. Die Seelenkraft wird Städte, Länder, Mutter Erde, alle Planeten, Sterne, Galaxien und Universen transformieren. Die göttliche Seelenkraft mit ihren Göttlichen Seelenübertragungen, wird diese Transformation bewirken.

Es ist mir eine Ehre, ein ernannter Diener des Göttlichen zu sein, um der Menschheit, Beziehungen, Heimen, Unternehmen, Haustieren, Städten, Ländern u. v. m. Göttliche Seelenübertragungen anbieten zu können. Während der letzten Jahre habe ich bereits unzählige göttliche Seelen an die Menschheit und alle Universen übertragen. Ich wiederhole es nochmals: *Ich werde in jedem Buch der Buchreihe Soul Power, das ich schreibe, Göttliche Seelenübertragungen anbieten.* Klare Anleitungen, wie Sie die Göttlichen Seelenübertragungen, und seit 2010 die Tao Seelenübertragungen[4] erhalten, werden im folgenden Abschnitt »Wie Sie die Göttlichen und Tao Seelenübertragungen der Buchreihe Soul Power empfangen« sowie auf den entsprechenden Seiten jedes Buches angegeben.

Ich bin ein Diener der Menschheit. Ich bin ein Diener des Universums. Ich bin ein Diener des Göttlichen. Es ist mir eine große Ehre, allen Seelen zu dienen und ich verpflichte mich, mit meinem ganzen Leben und Sein, ein bedingungsloser universeller Diener zu sein.

Ich werde mein ganzes Leben Göttliche Seelenübertragungen anbieten, und werde allen Seelen immer mehr Göttliche und Tao Seelenübertragungen für alle Aspekte des Lebens anbieten.

Es ist mir eine Ehre, ein Diener der Göttlichen und Tao Seelenübertragungen zu sein.

Menschen, Organisationen, Städte und Länder werden immer mehr Göttliche und Tao Seelenübertragungen empfangen, die alle Aspekte des Lebens transformieren und Seele, Herz, Geist und Körper erleuchten. Das Seelenlicht-Zeitalter wird Seelenkraft ausstrahlen. Die Bücher der Buchreihe Soul Power werden Göttliche und Tao Seelenübertragungen verbreiten, und gemeinsam mit der Seelenkraft, d. h. mit Seelengeheimnissen, Seelenweisheiten, Seelenerkenntnissen und praktischen Seelentechniken, werden sie der Menschheit, Mutter Erde und allen Universen dienen. Die Buchreihe Soul Power ist eine reine Dienerin der Menschheit und aller Seelen. Es ist den Büchern der Buchreihe Soul Power eine Ehre, dem Göttlichen, der Menschheit und allen Seelen Diener im totalen GOLD[5] zu sein.

---

4 Tao Seelenübertragungen werden im sechsten und achten Buch der Buchreihe Soul Power angeboten, *Tao I: The Way of All Life* und *Tao II: The Way of Healing, Rejuvenation, Longevity, and Immortality,* sowie in diesem Buch.

5 Totales GOLD steht für Gratitude = Dankbarkeit, Obedience = Gehorsam, Loyalty = Treue, Devotion = Hingabe an das Göttliche und Tao.

Das höchste Ziel des Seelenlicht-Zeitalters wird es sein, alle Seelen in Liebe, Frieden und Harmonie zu vereinen. Dies bedeutet, dass das Bewusstsein aller Seelen auf das göttliche Bewusstsein ausgerichtet sein wird. Wir werden Schwierigkeiten und Herausforderungen auf dem Weg zum Ziel begegnen. Gemeinsam werden wir sie bewältigen. Wir rufen alle Seelen der Menschheit und alle Seelen in allen Universen, damit wir gemeinsam bedingungslosen universellen Dienst, der universelle Liebe, universelle Vergebung, universellen Frieden, universelle Seelenheilung, universelle Harmonie und universelle Erleuchtung einschließt, anbieten. Je mehr bedingungslosen universellen Dienst wir anbieten, desto schneller wird sich der Erfolg einstellen.

Das Göttliche und Tao geben uns ihre Herzen. Das Göttliche und Tao schenken uns ihre Liebe. Das Göttliche und Tao geben uns ihre Göttlichen und Tao Seelenübertragungen. Unsere Herzen werden mit den Herzen des Göttlichen und Tao verschmelzen. Unsere Seelen werden mit den Seelen des Göttlichen und Tao verschmelzen. Unser Bewusstsein wird sich auf das Bewusstsein des Göttlichen und Tao ausrichten. Wir werden Herzen und Seelen miteinander vereinen, um Liebe, Frieden und Harmonie für die Menschheit, Mutter Erde und alle Universen zu erschaffen.

Ich liebe mein Herz und meine Seele.
Ich liebe die ganze Menschheit.
Vereinet Herzen und Seelen.
Liebe, Frieden und Harmonie.
Liebe, Frieden und Harmonie.

Lieben Sie die ganze Menschheit. Lieben Sie alle Seelen.
Danken Sie der ganzen Menschheit. Danken Sie allen Seelen.
Danke. Danke. Danke.

Zhi Gang Sha

Wie Sie die Göttlichen und Tao Seelenübertragungen der Buchreihe Soul Power empfangen

DIE BUCHREIHE SOUL POWER IST EINZIGARTIG. ERSTMALS in der Geschichte übertragen das Göttliche und das Tao ihre Seelenschätze an die Leser, wenn sie diese Bücher lesen. Jedes Buch der Buchreihe Soul Power enthält Göttliche und Tao Seelenübertragungen, die bereits programmiert sind. Lesen Sie die entsprechenden Abschnitte und halten Sie für einen Moment inne, so werden diese göttlichen Geschenke an Ihre Seele übertragen.

Im April 2005 sagte mir das Göttliche, ich solle »der Geschichte die Göttlichen Seelenübertragungen hinterlassen.« Ich dachte: »Ein menschliches Leben ist begrenzt. Selbst wenn ich sehr, sehr alt werde, muss ich eines Tages in den Himmel zurückkehren. Wie kann ich da der Geschichte die Göttlichen Seelenübertragungen hinterlassen?«

Zu Beginn des Jahres 2008, als ich die Taschenbuchausgabe von *Seelenweisheiten* (Anmerk. d. Übers.: siehe Fußnote 2) redigierte, sagte das Göttliche plötzlich: »Zhi Gang, biete meine Übertragungen in diesem Buch an.« Das Göttliche sagte: »Ich werde meine Übertragungen in dieses Buch hineinladen. Jeder Leser bzw. jede Leserin kann sie während des Lesens der jeweiligen Seiten empfangen.« In dem Moment, da mir das Göttliche diese Anweisung gab, begriff ich, wie ich der Geschichte Göttliche Seelenübertragungen hinterlassen kann.

Das Göttliche ist der Schöpfer, der spirituelle Vater und die spirituelle Mutter aller Seelen. Tao ist die Quelle und der Schöpfer unzähliger Planeten, Sterne, Galaxien und Universen.

Tao ist der Weg allen Lebens. Tao ist die spirituellen Prinzipien und Gesetze.

Ende 2008 wählte mich das Tao als Diener, Mittler und Kanal aus, um Tao Seelenübertragungen anzubieten. Ich war zutiefst geehrt. Mittlerweile habe ich unzählige Göttliche und Tao Seelenübertragungen an die Menschheit und Wan Ling (allen Seelen) auf unzähligen Planeten, Sternen und in unzähligen Galaxien und Universen übertragen.

Die bereits programmierten Göttlichen und Tao Seelenübertragungen in diesem Buch und in allen anderen Büchern der Buchreihe Soul Power sind immerwährend. Lesen Menschen dieses Buch in ferner Zukunft, werden sie auch dann die immerwährenden Tao Seelenübertragungen erhalten. Solange dieses Buch existiert und gelesen wird, werden die Leser die Tao Seelenübertragungen erhalten.

Lassen Sie mich das genauer erklären. Tao hat in bestimmten Abschnitten dieses Buches immerwährende Blessings eingefügt. Diese Blessings erlauben es Ihnen, Tao Seelenübertragungen als immerwährende Geschenke für Ihre Seele zu empfangen. Da diese Tao Schätze in Ihrer Seele verbleiben, sind sie für Sie rund um die Uhr für Soul Healing, Blessings und Lebenstransformation zugänglich – so oft Sie wollen und wo immer Sie sind.

Es ist sehr einfach, die Göttlichen und Tao Seelenübertragungen der Buchreihe Soul Power zu empfangen. Nachdem Sie den speziellen Abschnitt der bereits programmierten Übertragungen gelesen haben, schließen Sie die Augen und empfangen den jeweiligen besonderen Schatz. Die Anwendung der göttlichen und Tao Schätze ist genauso einfach. Nachdem Sie eine Göttliche oder Tao Seelenübertragung erhalten haben, werde ich Sie umgehend anleiten, wie sie für Soul Healing, Blessings und Lebenstransformation angewandt werden können.

Es ist Ihnen völlig freigestellt, ob Sie eine Göttliche oder Tao Seelenübertragung empfangen wollen. Sind Sie nicht bereit dazu, sagen Sie einfach: »*Ich bin nicht bereit, dieses Geschenk zu empfangen.*« Sie können dann den speziellen Abschnitt durchlesen, aber Sie erhalten das jeweilige Geschenk nicht. Das Göttliche und Tao bieten die Göttlichen und Tao Seelenübertragungen niemandem an, der nicht bereit oder willens ist, ihre Schätze zu empfangen. Aber sobald Sie bereit sind, können Sie einfach zu den entsprechenden Abschnitten zurückgehen und dem Göttlichen und Tao mitteilen: »Ich bin bereit.« Wenn Sie den Abschnitt erneut lesen, dann erhalten Sie die programmierte, besondere Übertragung.

Das Göttliche und Tao haben sich bereit erklärt, allen Lesern dieses Buches die speziellen Göttlichen und Tao Seelenübertragungen anzubieten, wenn sie bereit sind, diese zu empfangen. Das Göttliche und Tao haben Schätze in unbegrenzter Anzahl. Dennoch können Sie nur diejenigen erhalten, die auf den festgelegten Seiten angeboten werden. Bitten Sie nicht um andere oder zusätzliche Geschenke. Das wird nicht funktionieren.

Nachdem Sie die Göttlichen und Tao Seelenübertragungen von diesem Buch empfangen und mit ihnen geübt haben, können Sie bemerkenswertes, erfolgreiches Soul Healing in Ihrem spirituellen, mentalen, emotionalen und physischen Körper erfahren. Sie können unglaubliche Blessings für Ihre partnerschaftlichen sowie Ihre anderen Beziehungen empfangen. Sie können finanzielle und verschiedene andere Blessings erhalten.

Göttliche und Tao Seelenübertragungen sind unbegrenzt. Es gibt für alles, was in der physischen Welt existiert, eine Göttliche und Tao Seelenübertragung. Der Grund dafür ist sehr einfach. *Alles hat eine Seele, einen Geist und einen Körper.* Ein Haus hat eine Seele, einen Geist und einen Körper. Das Göttliche und Tao können Ihrem Haus eine Seele übertragen, die eine Transformation seiner Energie bewirkt. Das Göttliche und Tao können Ihrem Unternehmen eine Seele übertragen, die seine Transformation ermöglicht. Auch der Ring, den Sie tragen, hat eine Seele. Lädt das Göttliche eine neue Seele in Ihren Ring, können Sie die göttliche Seele in Ihrem Ring bitten, Blessings zu übermitteln.

Es ist mir eine Ehre, als Diener der Menschheit und des Göttlichen ausgewählt worden zu sein, um Göttliche und Tao Seelenübertragungen anzubieten, und das werde ich für den Rest meines Lebens tun. Ich werde weiterhin viele Göttliche und Tao Seelenübertragungen für alle Aspekte des gesamten Lebens anbieten.

Ich bin geehrt, ein Diener der Göttlichen und Tao Seelenübertragungen zu sein.

Was Sie nach dem Empfang von Göttlichen und Tao Seelenübertragungen erwartet

Göttliche und Tao Seelenübertragungen sind neue Seelen, die vom Herzen des Göttlichen und Tao erschaffen werden. Wenn diese übertragen werden, spüren Sie eventuell eine starke Schwingung. Sie können beispielsweise Wärme oder starke Bewegtheit empfinden. Ihr Körper mag leicht zittern. Sind Sie nicht sensitiv, kann es sein, dass Sie nichts spüren. Spirituelle Menschen mit einem weit geöffneten Dritten Auge können eine große goldene, regenbogen-, purpur- oder kristallfarbene Lichtseele sehen, die in ihren Körper eintritt. Diese Seelen des Göttlichen und Tao sind Ihre Yin-Begleiter[6]. Sie werden für immer bei Ihrer Seele verbleiben. Selbst nach dem Ende Ihres physischen Lebens werden diese göttlichen und Tao Schätze Sie in Ihrem nächsten und allen zukünftigen Leben begleiten. In diesem Buch werde ich Sie lehren, wie Sie diese göttlichen und Tao Seelen jederzeit und überall anrufen können, um Ihnen in diesem Leben göttliche und Soul Healing Blessings des Göttlichen und Tao zu übermitteln. Sie können diese Seelen auch anrufen, um anderen Menschen Soul Healing Blessings des Göttlichen und Tao zu überbringen. Diese göttlichen und Tao Seelen besitzen außergewöhnliche Fähigkeiten, die heilsam wirken, Blessings geben und transformieren. Wenn Sie in Ihrem nächsten Leben höhere spirituelle Fähigkeiten entwickeln, werden Sie entdecken, dass diese göttlichen und Tao Seelen bei Ihnen sind. So werden Sie auch in Ihren zukünftigen Leben fähig sein, diese Seelen auf die gleiche Weise anzurufen, um auf alle Aspekte Ihres Lebens heilsam zu wirken, ihnen Blessings zu geben und sie zu transformieren.

Es ist eine große Ehre, eine göttliche oder Tao Seele auf Ihre eigene Seele übertragen zu bekommen. Die göttliche oder Tao Seele ist eine reine Seele, frei von negativem Karma. Die göttliche oder Tao Seele trägt die Fähigkeiten der Soul Healing Blessings des Göttlichen und Tao. Die Übertragung hat keinerlei Nebenwirkungen. Sie erhalten Liebe und Licht mit göttlicher und Tao Frequenz. Ihnen werden Fähigkeiten des Göttlichen und Tao gegeben, damit Sie sich selbst und anderen dienen können. Aus diesem Grund ist die Menschheit sehr geehrt, dass das Göttliche und Tao ihre Göttlichen und Tao Seelenübertragungen anbieten. Ich bin sehr geehrt, ein Diener des Göttlichen, des Tao, der Menschheit und aller Seelen zu sein, um Göttliche und Tao Seelenübertragungen anbieten zu können. Ich kann dem Göttlichen und Tao nicht genug danken. Ich kann Ihnen, der Menschheit und allen Seelen nicht genügend für die Möglichkeit danken, dienen zu können.

Danke. Danke. Danke.

---

6   Ein Yang-Begleiter ist ein physisches Wesen, wie ein Familienmitglied, ein Freund oder ein Haustier. Ein Yin-Begleiter ist ein Seelenbegleiter ohne physische Form, wie die spirituellen Väter und Mütter im Himmel.

Vorwort zur Buchreihe Soul Power

SEIT EINIGEN JAHREN BEWUNDERE ICH DIE ARBEIT von Dr. Zhi Gang Sha und erinnere mich noch sehr genau daran, als ich ihn zum ersten Mal hörte, wie er sein System des Soul Healing, die »Seele Geist Körper Medizin«, erklärte. Ich wusste sofort, dass ich diesen begabten Heiler in seinem Auftrag unterstützen wollte, also stellte ich ihn meiner spirituellen Gemeinschaft »Agape« vor. Seither freue ich mich immer wieder, Zeuge zu sein, wie diejenigen, die seine Lehren und Techniken anwenden, zunehmende Energie, Freude, Harmonie und Frieden in ihrem Leben erfahren.

Die Techniken von Dr. Sha erwecken in uns die bereits vorhandene Heilkraft und bestärken uns darin, unser Wohlbefinden selbst in die Hand zu nehmen. Seine Untersuchungen zu Energie und Botschaft und wie diese mit dem Bewusstsein, Geist, Körper und der Seele verbunden sind, bilden ein dynamisches Informationsnetzwerk in einer Sprache, die einfach zu verstehen und, noch wichtiger, einfach anzuwenden ist.

Die vielfach bestätigten Ergebnisse seiner Techniken haben Tausenden von Schüler(inne)n und Leser(inne)n bewiesen, dass heilende Energie und Botschaften von bestimmten Tönen, Bewegungen und affirmativen Wahrnehmungen ausgehen. Durch das Einbinden seiner persönlichen Erfahrungen sind Dr. Shas Theorien über den direkten Umgang mit den Lebensenergien und der Seele sowie die Übungen praktisch, ganzheitlich und tief greifend. Seine Erkenntnis lautet, dass die Seelenkraft unerlässlich für alle Aspekte des Lebens ist, um den Herausforderungen des Lebens im 21. Jahrhundert begegnen zu können.

Als weltweiter Repräsentant seines bekannten Lehrers, Dr. Zhi Chen Guo, einem der weltweit größten Qi-Gong-Meister und Heiler, ist Dr. Sha selbst ein Meister altehrwürdiger Disziplinen wie Tai Chi, Qi Gong, Kung-Fu, dem *I Ging* und Feng Shui. Er hat die Seele der natürlichen Heilmethoden seiner Kultur mit seiner Ausbildung als westlicher Arzt verbunden und bietet uns in seiner Buchreihe Soul Power freizügig seine Weisheiten an. Sein Beitrag für Menschen in Heilberufen ist unentbehrlich. Die Art, durch die er seine Leser(innen) darin bestärkt, sich selbst, ihre Gefühle und die Verbindung zwischen ihrem Körper, ihrem Geist und ihrer Seele zu verstehen, ist ein Geschenk an die Welt.

Durch seine Buchreihe Soul Power führt Dr. Sha die Leser(innen) in ein Bewusstsein für Soul Healing nicht nur des Körpers, des Geistes und der Seele, sondern auch des Herzens. Ich sehe seine Methode des Soul Healings als eine universelle spirituelle Übung, eine Reise der wahren Transformation. Seine professionelle Integrität und sein mitfühlendes Herz bilden die Wurzel für sein Wirken als Diener der Menschheit. Mein Herzenswunsch für seine Leser(innen) ist, dass sie seiner Einladung folgen, die Kraft der Seele in sich zu erwecken und sich der natürlichen Schönheit ihrer Existenz bewusst zu werden.

Dr. Michael Bernard Beckwith
Gründer des Agape International Spiritual Center

Wie Sie den größtmöglichen Nutzen meiner Bücher erhalten

WIE VIELE MENSCHEN WELTWEIT HABEN SIE VIELLEICHT schon zuvor meine Bücher gelesen. Möglicherweise ist es das erste Mal, dass Sie ein Buch von mir lesen. Wenn Sie mit dem Lesen beginnen, werden Sie schnell feststellen, dass meine Bücher viele Übungen für das Soul Healing, die Verjüngung und Langlebigkeit sowie für die Transformation von Beziehungen und Finanzen beinhalten.

Ich lehre die »Vier Kraft Techniken«, um das gesamte Leben zu transformieren. Jede einzelne der »Vier Kraft Techniken« werde ich in einem Satz zusammenfassen:

Körperkraft: Dort, wo Sie Ihre Hände hinlegen, werden Sie den Nutzen für Soul Healing und Verjüngung erhalten.

Seelenkraft: Verwenden Sie die »*Sag Hallo Anrufung*« für Soul Healing Blessings, um das Göttliche, das Tao, den Himmel, Mutter Erde und unzählige Planeten, Sterne, Galaxien und Universen sowie alle Arten der spirituellen Mütter und Väter auf Mutter Erde und in allen Ebenen des Himmels darum zu bitten, Ihnen bei der Selbstheilung, Verjüngung sowie bei der Transformation von Beziehungen und Finanzen zu helfen.

Geisteskraft: Dort, wohin Sie mit kreativer Visualisierung Ihren Geist richten, werden Sie den Nutzen für das Soul Healing, die Verjüngung und Transformation von Beziehungen und Finanzen erhalten.

Klangkraft: Sie werden zu dem, was Sie chanten.

Meine Bücher sind einzigartig. Jedes von ihnen enthält viele Übungen, die mit Chanten (Klangkraft) ausgeführt werden. Manchmal wiederholt sich das Chanten in den Büchern. Der wichtigste Aspekt für Sie, liebe Leser(innen), ist, dass Sie nicht denken: »*Das kenne ich schon*«, und dann den Text überfliegen, ohne die Übungen zu machen. Das wäre ein großer Fehler. Sie verpassen so einen der wichtigsten Bestandteile meiner Lehre: die Übungen.

Stellen Sie sich vor, Sie sind in einem Workshop. Wenn der Lehrer Ihnen Anleitungen für die Meditation oder das Chanten gibt, dann müssen Sie diese ausführen, ansonsten werden Sie keinen Nutzen aus der Meditation oder aus dem Chanten schöpfen. Menschen kennen die altehrwürdige chinesische Kampfsportart Kung-Fu und ihre Lehren. Ein Kung-Fu-Meister verbringt ein ganzes Leben damit Kraft zu entwickeln. In einem Satz ausgedrückt:

Zeit ist Kung-Fu und Kung-Fu ist Zeit.

Sie müssen Zeit aufbringen, um zu chanten und zu meditieren. Erinnern Sie sich an das Ein-Satz-Geheimnis der Klangkraft: *Sie werden zu dem, was Sie chanten*. Also wenn Sie die Übungen lesen, in denen ich Ihnen Anleitungen zum Chanten gebe, dann tun Sie es bitte. Überspringen Sie diesen Teil nicht. Die Übungen bilden das heilige Kernstück meiner Lehren. Übung ist notwendig, um alle Bereiche Ihres Lebens, einschließlich Gesundheit, Beziehungen, Finanzen, Intelligenz, Erfolg u. v. m., zu transformieren.

Es gibt eine sehr bekannte spirituelle Lehre im Buddhismus. Im Laufe der Geschichte haben Millionen von Menschen *Na Mo A Mi Tuo Fo* als einziges Mantra gechantet. Sie konnten stundenlang *Na Mo A Mi Tuo Fo* chanten, Tag für Tag. Das ist eine hervorragende Übung. Sind Sie aufgebracht, chanten Sie *Na Mo A Mi Tuo Fo*. Sind Sie krank, chanten Sie *Na Mo A Mi Tuo Fo*. Fühlen Sie sich schwach, chanten Sie *Na Mo A Mi Tuo Fo*. Sind Sie emotional, chanten Sie *Na Mo A Mi Tuo Fo*. Werden Sie in Ihren Beziehungen gefordert, chanten Sie *Na Mo A Mi Tuo Fo*. Haben Sie finanzielle Herausforderungen, chanten Sie *Na Mo A Mi Tuo Fo*. Das Leben zu transformieren braucht seine Zeit. Sie müssen diese spirituelle Weisheit verstehen, sodass Sie das Chanten und Meditieren mehr und mehr üben. Je mehr Sie üben, desto mehr Soul Healing und Lebenstransformation können Sie erhalten.

Um erfolgreich im Beruf zu sein, muss man immer wieder lernen und üben, um Meister seines Fachs zu werden. Meine Lehren umfassen das Soul Healing und die Seelentransformation für alle Aspekte des Lebens. Sie sollten die »Vier Kraft Techniken« immer wieder anwenden, um den maximalen Nutzen des Soul Healing und der Seelentransformation für alle Aspekte des Lebens zu schöpfen.

Gehen Sie in den Zustand: *Sie werden zu dem, was Sie chanten.* Es könnte sich plötzlich ein Wunder der Seelenheilung einstellen und die Transformation von Beziehungen und Finanzen folgen. Vielleicht haben Sie Aha-Erlebnisse oder Wow-Momente!

Ich bringe meine Workshops und Retreats in Form meiner Bücher zu Ihnen. Üben Sie mit Aufrichtigkeit. Chanten und meditieren Sie, indem Sie die »Vier Kraft Techniken« anwenden.

Meine Bücher haben einen weiteren einzigartigen Aspekt: Das Göttliche und Tao bieten Ihnen während des Lesens Seele-Geist-Körperübertragungen an. Diese Seele-Geist-Körperübertragungen sind immerwährende Schätze für Soul Healing und Blessings des Göttlichen und Tao.

Diese Schätze tragen göttliche und Tao Frequenz und -Schwingung, welche die Frequenz und Schwingung Ihrer Gesundheit, Beziehungen, Finanzen, Intelligenz u. v. m. transformieren können.

Diese Schätze tragen ebenso göttliche und Tao Liebe, die alle Blockaden schmilzt und das gesamte Leben transformiert.

Diese Schätze tragen göttliche und Tao Vergebung, die innere Freude und inneren Frieden bringt.

Diese Schätze tragen göttliches und Tao Mitgefühl, das die Energie, Ausdauer, Vitalität und Immunität stärkt.

Diese Schätze tragen göttliches und Tao Licht, das heilsam wirkt, vor Krankheiten schützt, Seele, Herz, Geist und Körper reinigt und verjüngt, Beziehungen, Finanzen und alle Aspekte des Lebens transformiert.

Lassen Sie mich die zwei wirklich einzigartigen Aspekte meiner Bücher noch einmal zusammenfassen und hervorheben: Erstens bringe ich meine Workshops und Retreats in Form meiner Bücher zu Ihnen. Bitte üben Sie ernsthaft, so als ob Sie persönlich an einem meiner Workshops teilnehmen würden. Zweitens erhalten Sie während des Lesens immerwährende Schätze (Seele-Geist-Körperübertragungen) des Göttlichen und Tao, um Ihre Gesundheit,

Beziehungen, Finanzen u. v. m. zu transformieren. Schenken Sie diesen beiden einzigartigen Aspekten Ihre besondere Aufmerksamkeit, um den größten Nutzen aus diesem und all meinen anderen Büchern zu schöpfen.

Mögen Sie den größten Nutzen dieses Buches erhalten, um alle Aspekte Ihres Lebens zu transformieren.

Üben Sie. Üben Sie. Üben Sie.

Transformieren Sie. Transformieren Sie. Transformieren Sie.

Erleuchten Sie. Erleuchten Sie. Erleuchten Sie.

Gutes Gelingen. Gutes Gelingen. Gutes Gelingen.

Übersicht der Göttlichen Seelenübertragungen

1. »Göttliche Goldene Lichtkugel und Goldene Quelle der Göttlichen Vergebung Seele-Geist-Körperübertragungen«
2. »Divine Healing Hands Seele-Geist-Körperübertragungen« (in dieses Buch)
3. »Göttliche Purpurfarbene Lichtkugel und Purpurfarbene Quelle des Göttlichen Unteren Dan Tian Seele-Geist-Körperübertragungen«
4. »Göttliche Purpurfarbene Lichtkugel und Purpurfarbene Quelle der Göttlichen Vergebung Seele-Geist-Körperübertragungen«
5. »Göttliche Purpurfarbene Lichtkugel und Purpurfarbene Quelle der Göttlichen Klarheit Seele-Geist-Körperübertragungen«
6. »Göttliche Purpurfarbene Lichtkugel und Purpurfarbene Quelle der Göttlichen Liebe Seele-Geist-Körperübertragungen«
7. »Göttliche Purpurfarbene Lichtkugel und Purpurfarbene Quelle des Göttlichen Lichts Seele-Geist-Körperübertragungen«
8. »Göttliche Purpurfarbene Lichtkugel und Purpurfarbene Quelle des Göttlichen Mitgefühls für Gehirn, Herz und Seele Seele-Geist-Körperübertragungen«
9. »Göttliche Purpurfarbene Lichtkugel und Purpurfarbene Quelle des Göttlichen Gleichgewichts für Seele, Herz, Geist und Körper Seele-Geist-Körperübertragungen«
10. »Göttliche Purpurfarbene Lichtkugel und Purpurfarbene Quelle der Göttlichen Nahrung und des Göttlichen Gleichgewichts Seele-Geist-Körperübertragungen«
11. »Göttliche Purpurfarbene Lichtkugel und Purpurfarbene Quelle der Göttlichen Seelensprache Seele-Geist-Körperübertragungen«
12. »Göttliche Purpurfarbene Lichtkugel und Purpurfarbene Quelle der Göttlichen Reinigung Seele-Geist-Körperübertragungen«

13. »Göttliche Purpurfarbene Lichtkugel und Purpurfarbene Quelle des Göttlichen Botschaftenzentrums Seele-Geist-Körperübertragungen«
14. »Göttliche Purpurfarbene Lichtkugel und Purpurfarbene Quelle der Göttlichen Kundalini Seele-Geist-Körperübertragungen«

Abbildungen

1. Körperkraft für die Vergebung von Herzen
2. Die »Gebetshaltung des Seelenlicht-Zeitalters«
3. Die Lage von Kundalini/Ming-Men-Bereich
4. »Ying-Yang-Handhaltung«
5. Der »Göttliche Innere Yin-Yang-Kreislauf«
6. Der äußere Yin-Yang-Kreislauf
7. Körperkraft für die Entwicklung des »Göttlichen Inneren Yin-Yang-Kreislaufes«
8. »Fünf Elemente Handhaltung«
9. Die Lage des Zhong
10. Heilige Zahlen für die Entwicklung des gesamten Gehirns
11. Der göttliche heilige Zahlencode 3396815
12. Der Kanal der Seelensprache
13. Die neun Ebenen des Himmels (Jiu Tian)

Einführung

WANN IMMER ICH ÜBER DIE DIVINE HEALING Hands spreche: Denke ich stets, welch ein Segen es ist, ein Diener der Menschheit, von Mutter Erde und des Göttlichen zu sein.

Denke ich stets, welch ein Segen es ist, dass mir die Ehre sowie die Berechtigung des Göttlichen gegeben wurde, den von ihm genehmigten Personen die Divine Healing Hands-Übertragung zu geben.

Denke ich stets, dass mir das Göttliche so viel geschenkt hat, dass ich all das niemals begleichen kann, egal, wie viel ich auch immer dienen würde.

Denke ich stets, dass ich der Menschheit, Mutter Erde und allen Seelen für immer als bedingungsloser universeller Diener dienen werde.

Denke ich stets an die unzähligen Menschen, die in allen Aspekten des Lebens wie Gesundheit, Beziehungen, Finanzen und mehr leiden.

Denke ich stets daran, die Divine Healing Hands zu verbreiten, um Liebe, Frieden und Harmonie für die Menschheit, Mutter Erde und alle Universen zu bewirken.

Bin ich stets zu Tränen gerührt und im Herzen und in der Seele bewegt, wenn ich an die Großzügigkeit des Göttlichen denke, dass er den von ihm genehmigten Menschen seine seelenheilenden Hände gibt.

Ich kann mich nicht genügend vor dem Göttlichen verneigen.

Ich finde keine Worte dafür.

Am 8. August 2003 hielt das Göttliche eine Konferenz im Himmel ab und verkündete, dass das letzte universelle Zeitalter endete und an diesem Tag ein neues Zeitalter, das Seelenlicht-Zeitalter begann. Ein universelles Zeitalter dauert 15 000 Jahre.

Menschen reinkarnieren, aber vielleicht wissen Sie nicht, dass die Zeit ebenfalls reinkarniert. Es gibt drei Zeitalter, die auf Mutter Erde reinkarnieren:

- Xia Gu – 下古 (ausgesprochen *Schia Gu*) bedeutet »nahes Altertum«. Dieses Zeitalter begann 15 000 Jahre vor dem 8. August 2003 und endete an diesem Tag.
- Zhong Gu – 中古 (ausgesprochen *Dschjong Gu*) bedeutet »mittleres Altertum«. Dieses Zeitalter begann vor ca. 30 000 Jahren und endete vor ca. 15 000 Jahren.
- Shang Gu – 上古 (ausgesprochen *Schang Gu*) bedeutet »weit entferntes Altertum«. Dieses Zeitalter begann vor ca. 45 000 Jahren und endete vor ca. 30 000 Jahren.

Am 8. August 2003 endete das Xia Gu und das Shang Gu kehrte wieder. Das derzeitige Shang-Gu-Zeitalter wird 15 000 Jahre anhalten, und danach wird das Zhong Gu wiederkehren. Das kommende Zhong Gu wird ebenfalls 15 000 Jahre anhalten. Danach wird das nächste Xia Gu wiederkehren.

Kurz zusammengefasst: Die Zeitalter Shang Gu, Zhong Gu und Xia Gu wechseln im Turnus, aufeinanderfolgend. Dies ist die Reinkarnation der Zeit und eine heilige Weisheit.

Als das aktuelle Shang Gu am 8. August 2003 begann, beschleunigte sich die Umwandlung von Mutter Erde. Was heißt Umwandlung von Mutter Erde? Es ist der Übergang vom Xia Gu, das am 8. August 2003 endete, ins Shang Gu, das am selben Tag begann.

Sie sowie die Menschheit können die immer größer werdenden Herausforderungen auf Mutter Erde, darunter natürliche sowie von Menschen gemachte Katastrophen, Kriege, Klimaveränderungen, Wirtschaftskrisen u. v. m., deutlich sehen. Warum geschehen diese Katastrophen? Sie sind auf negatives Karma zurückzuführen.

Seit Hunderten und Tausenden von Jahren erschafft die Menschheit negatives Karma von enormem Ausmaß, indem sich die Menschen gegenseitig, aber auch Mutter Erde verletzen. In einem meiner maßgebenden Bücher, *Seelenkraft – Erkenne deine innere Stärke*[7], vermittelte ich eine Lehre, die ich vom Göttlichen erhielt. Es ist das Ein-Satz-Geheimnis des Karmas:

---

[7] Knaur Verlag, 2011

Einführung

Karma ist die Grundursache für Erfolg und Misserfolg in allen Aspekten des Lebens.

Karma ist die Aufzeichnung von Diensten. Karma wird auch in den unterschiedlichen spirituellen Lehren als »Tat«, »Tugend« oder »Te« (chinesisch; ausgesprochen *De*) bezeichnet. Es kann in positives und negatives Karma unterteilt werden. Positives Karma sind die Aufzeichnungen der angemessenen Dienste in allen Leben, dem gegenwärtigen sowie den vergangenen. Positives Karma umfasst das bedingungslose Anbieten von Liebe, Vergebung, Fürsorge, Mitgefühl, Aufrichtigkeit, Ehrlichkeit, Großzügigkeit sowie alle Arten angemessener Dienste für die Menschheit und alle Seelen. Negatives Karma ist die Aufzeichnung von unangemessenen Diensten für die Menschheit und allen Seelen in allen Leben, darunter das Töten, Verletzen, Ausnutzen anderer, Betrügen, Bestehlen, Lügen, Beklagen und alle anderen Arten von unangemessenen Diensten.

Karma ist ein universelles Gesetz. Der karmische Lehrsatz besagt:

Positives Karma kann Segnungen in allen Aspekten des Lebens wie Gesundheit, Beziehungen, Intelligenz, Eltern und Kindern bewirken.

Negatives Karma kann Lektionen in allen Aspekten des Lebens wie Gesundheit, Beziehungen, Intelligenz, Eltern und Kindern bewirken.

Seit Hunderten und Tausenden von Jahren erschafft die Menschheit negatives Karma von enormem Ausmaß durch:

- das Töten in multinationalen Kriegen, Bürgerkriegen, politischen, religiösen sowie ethnischen Kriegen
- das Testen und das Einsetzen von Nuklearwaffen
- die vielseitige Schädigung von Menschen, Tieren und der Natur
- das Ausnutzen und Verschwenden natürlicher Rohstoffe
- Gier
- Betrug
- Diebstahl
- u. v. m.

Karma steht für Ursache und Wirkung. Die oben genannten Beispiele verursachen teilweise die jetzigen Naturkatastrophen, die wirtschaftlichen Belastungen und andere Herausforderungen auf Mutter Erde.

Unzählige Menschen sind besorgt wegen der Umwandlung von Mutter Erde. Wie können wir die Umwandlung von Mutter Erde transformieren? Wie können wir Naturkatastrophen und andere Herausforderungen für die Menschheit und Mutter Erde vermindern?

Da Karma die Grundursache für die Umwandlung auf Mutter Erde ist, wäre die Reinigung des negativen Karmas die Lösung. Wenn unzählige Menschen wüssten, wie man das eigene Karma selbst reinigt, würde die Umwandlung von Mutter Erde sich mildern, so dass man es kaum in Worte fassen kann.

Wie kann man das eigene Karma selbst reinigen? Die wichtigste und kraftvollste Methode ist eine regelmäßige Vergebungsübung. Wenden Sie die »Vier Kraft Techniken« für die Selbstreinigung von negativem Karma an, die ich in all meinen vorangegangenen Büchern[8] vermittelte.

Die »Vier Kraft Techniken« sind: Körperkraft, Klangkraft, Geisteskraft und Seelenkraft.

Körperkraft ist die Anwendung von speziellen Hand- und Körperhaltungen für die Selbstheilung, Verjüngung, Langlebigkeit und Lebenstransformation.

Klangkraft ist das Chanten von heiligen Mantren, göttlichen Seelenliedern, Tao Gesängen oder speziellen Schwingungen und Tönen für das Soul Healing und Verjüngung.

Geisteskraft ist kreative Visualisierung.

Seelenkraft ist die »*Sag Hallo Anrufung*«. Es ist die Anrufung des Göttlichen, des Tao, des Himmels, von Mutter Erde und unzähligen Planeten, Sternen, Galaxien und Universen sowie allen Arten von spirituellen Vätern und Müttern auf Mutter Erde und in allen Ebenen des Himmels, um sie um Unterstützung für die Selbstheilung, Verjüngung und Transformation von Beziehungen und Finanzen zu bitten.

Wir nutzen nun die »Vier Kraft Techniken« für die Reinigung des eigenen Karmas:

---

8   Schlagen Sie beispielsweise in meinen Buch »*Seele Geist Körper Medizin*« – *Eine Anleitung zur Selbstheilung durch Seelenkraft* (KOHA-Verlag, 2007) nach.

Körperkraft: Setzen Sie sich aufrecht hin und lehnen Sie sich nicht an. Stellen Sie die Füße flach auf den Boden. Sie können sich auch entspannt und gerade hinstellen, wobei die Knie leicht gebeugt sind. Legen Sie eine Handfläche auf den Unterbauch unterhalb des Bauchnabels. Legen Sie die andere Handfläche über Ihr Herz. Die Vergebung sollte von Herzen kommen. Vor 5 000 Jahren lehrte die traditionelle chinesische Medizin die Weisheit, dass das Herz den Geist und die Seele beherbergt. Achten Sie darauf, dass Sie von Herzen um Vergebung bitten und diese anbieten.

Abbildung 1. Körperkraft für die Vergebung von Herzen

Es gibt viele großartige Lehren über die Seelenreise von den unterschiedlichen Religionen und allen möglichen spirituellen Gruppen auf Mutter Erde. Ich lehre keine Religion, sondern achte alle großartigen Lehren. Ich glaube, dass wahre spirituelle Lehren den Menschen immer vermitteln, wie sie ihr Herz reinigen.

Seelenkraft: *»Sag Hallo Anrufung«:*

Mein geliebtes Herz,
ich liebe Dich.
Es ist mir eine Ehre, eine Vergebungsübung zu machen.
Danke.

Die Vergebungsübung ist eine Übung, durch die wir unser negatives Karma selbst reinigen. Das positive Karma müssen wir nicht reinigen, sondern wir wollen es beibehalten, um Blessings für die Gesundheit, Beziehungen, Finanzen u. v. m. zu erhalten. Karmareinigung bedeutet, das negative Karma, das durch Fehler in vergangenen sowie in diesem Leben entstanden ist, zu reinigen. Ein Fehler verursacht spirituelle Schulden. Wir haben Schulden bei den Menschen und Seelen, die wir verletzt oder denen wir geschadet haben. Das negative Karma zu reinigen bedeutet, dass uns unsere spirituellen Schulden vergeben werden.

Fahren Sie mit der Vergebungsübung fort, indem Sie die Seelenkraft anwenden:

All Ihr lieben Seelen, denen ich durch meine Fehler in diesem
sowie in all meinen vergangenen Leben geschadet habe,
all Ihr lieben Seelen der Menschen, Tiere, der Umwelt
und Mutter Erde, denen meine Ahnen durch ihre Fehler
in diesem sowie in all ihren Leben geschadet haben,
ich liebe Euch.
Ich entschuldige mich aufrichtig bei allen
Seelen, denen wir geschadet haben.
Bitte vergebt meinen Ahnen und mir.
Um Eure vollständige Vergebung zu erhalten,
werde ich bedingungslos dienen.
Danke.

Wenn unzählige Menschen die Bedeutung der Vergebungsübung wirklich verstehen, wenn sie wüssten, wie eine Vergebungsübung geht, und sie diese sogar täglich machen, würde sich das Karma der Menschheit transformieren. Die Umwandlung von Mutter Erde wäre ruhiger.

Einführung

Wenn Sie eine Vergebungsübung machen, dann ist es wichtig, sie mit einem aufrichtigen und demütigen Herz zu formulieren. Erwarten Sie nicht, dass Ihnen mit einträchtigem Aufsagen einfach vergeben wird. Es könnte sogar erschwerend sein, die Vergebung von einigen Seelen, denen Sie oder Ihre Ahnen geschadet haben, zu erhalten. Ihre Fehler könnten beträchtlich gewesen sein und die Verletzungen sehr gewaltsam.

Sprechen Sie weiterhin aus tiefstem Herzen:

Ich werde der Menschheit dienen.
Ich werde den Tieren dienen.
Ich werde der Gesellschaft dienen.
Ich werde Mutter Erde dienen, um Vergebung zu erhalten.
Ich danke für Eure Vergebung.

So bitten Sie um Vergebung für Ihre Fehler. Sie sollten Ihre Ahnen einschließen, weil jeder von uns einen Teil des positiven wie negativen Karmas unserer Ahnen trägt. Man nennt dies auch Ahnenkarma. Stellen Sie sich vor, es wäre Ihr genetisches oder geerbtes Karma. Es umfasst nicht nur die Ahnen aus diesem Leben, sondern Ihre Ahnen aus allen Ihren vergangenen Leben. Es könnten Millionen von Seelen sein.

Die Vergebungsübung besteht aus zwei Teilen. Im ersten Teil bitten Sie um Vergebung für alle Fehler, die Sie und Ihre Ahnen in allen vergangenen sowie in diesem Leben begangen haben. Im zweiten Teil vergeben Sie und Ihre Ahnen allen Seelen, von denen Sie in diesem sowie in allen Leben verletzt, geschädigt sowie ausgenutzt wurden. Diese beiden Seiten der Vergebung sind unerlässlich, da sie für Sie, Ihre Familienangehörigen, Ihr Umfeld, Ihre Stadt, Ihre Gesellschaft, Ihr Land und Mutter Erde Liebe, Frieden und Harmonie bewirken.

Nun lassen Sie uns den zweiten Teil der Vergebungsübung machen, in dem Sie und Ihre Ahnen den anderen vergeben:

All Ihr lieben Menschen und Seelen, die mir und meinen
Ahnen in einem unserer Leben geschadet haben,
wir lieben Euch.
Wir vergeben Euch vollständig.
Es ist uns eine Ehre, Euch unsere Vergebung anzubieten.
Danke.

Geisteskraft: Visualisieren Sie das goldene Licht der Vergebung, das Sie, Ihre Ahnen und alle gerufenen Seelen umhüllt.

Klangkraft: Chanten Sie einige Minuten im Stillen oder laut, aber immer von Herzen:

Vergebung
Vergebung
Vergebung
Vergebung
Vergebung
Vergebung
Vergebung ...

Machen Sie dies für drei Minuten.
    Dann chanten oder singen Sie im Stillen oder laut:

Ich vergebe Euch.
Ihr vergebt mir.
Bringt Liebe, Frieden und Harmonie.
Bringt Liebe, Frieden und Harmonie.

Ich vergebe Euch.
Ihr vergebt mir.
Bringt Liebe, Frieden und Harmonie.
Bringt Liebe, Frieden und Harmonie.

Ich vergebe Euch.
Ihr vergebt mir.
Bringt Liebe, Frieden und Harmonie.
Bringt Liebe, Frieden und Harmonie.

Ich vergebe Euch.
Ihr vergebt mir.
Bringt Liebe, Frieden und Harmonie.
Bringt Liebe, Frieden und Harmonie.

Hao! Hao! Hao!
Danke. Danke. Danke.
Gong Song. Gong Song. Gong Song. Ausgesprochen *Gong Song*, bedeutet auf Chinesisch *hochachtungsvolle Rückkehr*. So lassen wir die unzähligen Seelen, die für diese Vergebungsübung gekommen sind, zurückkehren.

Im Juli 2003 ernannte mich das Göttliche zum Diener der Menschheit, aller Seelen sowie des Göttlichen. Das Göttliche gab mir die Ehre und die Berechtigung, der Menschheit Seele-Geist-Körperübertragungen des Göttlichen anzubieten.

Was ist eine Göttliche Seelenübertragung? Das Göttliche erschafft ein Lichtwesen in seinem Herzen und überträgt es durch einen Divine Channel (einer meiner weltweiten Repräsentant(inn)en oder ich) (Anmerk. d. Übers.: die höchste Ausbildungsstufe) an die Empfänger(innen). Es ist eine neue, karmafreie göttliche Seele, welche die ursprüngliche Seele des gewünschten Organs, Systems oder Körperteils ersetzt.

Was ist eine Göttliche Geistübertragung? Das Göttliche erschafft göttliches Bewusstsein, also ein weiteres Lichtwesen, in seinem Herzen und überträgt es durch einen Divine Channel an die Empfänger(innen), indem das Bewusstsein des gewünschten Organs, Systems oder Körperteils durch göttliches Bewusstsein ersetzt wird.

Was ist eine göttliche Körperübertragung? Das Göttliche erschafft göttliche Energie und göttliche Materie, also wiederum ein Lichtwesen in seinem Herzen, und überträgt es durch einen Divine Channel an die Empfänger(innen), indem die Energie und Materie des gewünschten Organs, Systems oder Körperteils durch göttliche Energie und Materie ersetzt wird.

Wenn meine weltweiten Repräsentant(inn)en oder ich göttliche Seele-Geist-Körperübertragungen anbieten, übertragen wir diese drei Lichtwesen gleichzeitig. 2008 bot ich in meinem ersten Buch der Buchreihe Soul Power, *Seelenweisheit – Kostbarkeiten zur Transformation des Lebens,*[9] Seele-Geist-Körperübertragungen an. Es war das erste Mal, dass ich immerwährende göttliche Schätze in einem meiner Bücher anbot. Seitdem biete ich in jedem Buch der Buchreihe Soul Power göttliche Seele-Geist-Körperübertragungen oder Tao Seele-Geist-Körperübertragungen an. Wenn Sie zum ersten Mal mein Buch

---
9 KOHA-Verlag, 2008

lesen, gebe ich Ihnen am Anfang dieses Buches eine Einführung zu den Seele-Geist-Körperübertragungen in dem Abschnitt »Wie Sie die Göttlichen und Tao Seelenübertragungen der Buchreihe Soul Power empfangen«.

Göttliche Seele-Geist-Körperübertragungen tragen die Frequenz und Schwingung von Liebe, Vergebung, Mitgefühl und Licht des Göttlichen, welche die Seele-Geist-Körperblockaden aller Aspekte des Lebens wie Gesundheit, Beziehungen, Finanzen, Geschäftliches, Intelligenz, die eigenen Kinder u. v. m. auflösen können.

Jetzt biete ich die ersten Seele-Geist-Körperübertragungen in diesem Buch an:

»Göttliche Goldene Lichtkugel und Goldene Quelle der Göttlichen Vergebung Seele-Geist-Körperübertragungen«

Bereiten Sie sich vor. Setzen Sie sich aufrecht hin. Schließen Sie die Augen. Entspannen Sie vollständig. Legen Sie beide Handflächen auf Ihren Unterbauch.

»Göttliche Anordnung: Göttliche Goldene Lichtkugel und Goldene Quelle der Göttlichen Vergebung Seele-Geist-Körperübertragungen«

Übertragung!

Herzlichen Glückwunsch! Sie sind sehr gesegnet.

Danke dem Göttlichen für seine Großzügigkeit, dass es diese unvergleichlichen, immerwährenden Schätze allen Lesern zum Geschenk macht.

Die »Göttliche Vergebung Seelenübertragung« ist die Seele der göttlichen Vergebung.

Die »Göttliche Vergebung Geistübertragung« ist das Bewusstsein der göttlichen Vergebung.

Die »Göttliche Vergebung Körperübertragung« ist die Energie und Materie der göttlichen Vergebung.

Jede Übertragung ist ein großes goldenes Lichtwesen aus dem Herzen des Göttlichen.

Nun werde ich Sie anleiten, wie Sie die »Göttliche Vergebung Seele-Geist-Körperübertragungen« für die Reinigung des eigenen negativen Karmas anwenden.

Körperkraft: Legen Sie eine Handfläche auf Ihren Unterbauch, unterhalb des Bauchnabels. Legen Sie die andere Handfläche über Ihr Botschaftenzentrum (Herzchakra), das sich in der Mitte des Brustkorbs befindet.[10]

Seelenkraft: »*Sag Hallo Anrufung*«:

All Ihr lieben Seelen, die meine Ahnen oder ich jemals in
irgendeinem unserer Leben verletzt oder denen wir geschadet haben,
ich liebe Euch.
Ich entschuldige mich aufrichtig bei allen Seelen,
denen wir jemals geschadet haben.
Bitte vergebt meinen Ahnen und mir.
Um Eure vollständige Vergebung zu erhalten,
werde ich bedingungslos dienen.
Danke.
Alle lieben Menschen und alle Seelen, die mir oder meinen
Ahnen in irgendeinem Eurer Leben geschadet haben.
Wir lieben Euch.
Wir vergeben Euch vollständig.
Es ist uns eine Ehre, Euch zu vergeben.
Danke.
Meine liebe »Göttliche Vergebung Seele-Geist-Körperübertragungen«,
ich liebe Dich.
Bitte schalte Dich ein, um diese Vergebungsübung zu segnen.
Danke.

Geisteskraft: Visualisieren Sie das goldene Licht der Vergebung, das Sie, Ihre Ahnen und all die gerufenen Seelen umhüllt.

---

10 Das Botschaftenzentrum, auch als Herzchakra bekannt, ist ein faustgroßes Energiezentrum und befindet sich in der Mitte der Brust, hinter dem Brustbein. Das Botschaftenzentrum ist sehr wichtig, um die Fähigkeiten der Seelenkommunikation und Soul Healing zu entwickeln. Es ist ebenso das Zentrum für Liebe und Vergebung. Es ist das Karma-Zentrum, das emotionale Zentrum, das Zentrum für Lebenstransformation und das Zentrum für Seelenerleuchtung. Entscheidend für die Fähigkeit, mit der eigenen Seele und anderen Seelen zu kommunizieren, ist die Reinigung der Blockaden vom Botschaftenzentrum, damit es sich öffnen und entwickeln kann.

Klangkraft: Chanten Sie einige Minuten im Stillen oder laut, aber immer von Herzen:

Göttliche Vergebung
Göttliche Vergebung
Göttliche Vergebung
Göttliche Vergebung
Göttliche Vergebung
Göttliche Vergebung
Göttliche Vergebung ...

Legen Sie das Buch zur Seite und chanten oder singen Sie nun für fünf Minuten.

Machen Sie täglich diese Vergebungsübung und wenden Sie Ihre »Göttliche Vergebung Seele-Geist-Körperübertragungen« an. Alle Aspekte Ihres Lebens könnten dadurch unglaublich transformieren.

Üben Sie öfters.

Schöpfen Sie den großen Nutzen durch die göttliche Vergebungsübung.

Die göttliche Vergebungsübung ist eine tägliche Übung. Es gibt keine zeitlichen Beschränkungen. Lernen Sie sie. Je öfter Sie sie machen, desto besser. Bei chronischen und lebensbedrohlichen Beschwerden chanten Sie mindestens zwei Stunden täglich. Alle Übungszeiten zusammengerechnet sollten mindestens zwei Stunden am Tag ergeben.

Mit der Reinigung des eigenen negativen Karmas helfen Sie nicht nur sich selbst, sondern helfen auch der Menschheit, sich zu wandeln. Je mehr Menschen auf Mutter Erde die Vergebungsübung machen, desto mehr negatives Karma könnte gereinigt werden, und desto geringer könnten die Katastrophen und Herausforderungen auf Mutter Erde werden.

Wenn man hohes negatives Karma hat, aufgrund der schweren Fehler, die man in einigen Leben begangen hat, könnte es Jahre oder sogar einige Leben dauern, dieses negative Karma selbst zu reinigen, selbst mit der göttlichen Vergebungsübung. Dieses Buch soll Ihnen und der Menschheit die Lehre der Divine Healing Hands vermitteln. Sie sind heilige Schätze, die dabei helfen, die Umwandlung von Mutter Erde zu mildern sowie die Menschen, Tiere und die Natur gesunden zu lassen.

Die Divine Healing Hands tragen die Frequenz und Schwingung von Liebe, Vergebung, Mitgefühl und Licht des Göttlichen, die alle Arten von Seele-Geist-Körperblockaden in allen Aspekten des Lebens auflösen können.

2005 wurde mir die Ehre sowie die Berechtigung übertragen, Menschen die Divine Healing Hands zu übertragen. 2011 erhielten meine weltweiten Repräsentant(inn)en ebenso die Ehre sowie die Berechtigung, die Divine Healing Hands zu übertragen.

Bis August 2012 haben meine weltweiten Repräsentant(inn)en und ich mehr als 3 500 genehmigten Menschen die Divine Healing Hands übertragen. Jeder, der die Übertragung der Divine Healing Hands erhalten möchte, muss sich beim Göttlichen über einen Divine Channel für diese Ehre bewerben. Das Göttliche muss der Bereitschaft des Bewerbers, diesen heiligen Schatz zu erhalten und ein Divine Healing Hands Soul Healer zu werden, zustimmen. Jeder Divine Healing Hands Soul Healer muss verstehen, dass er mit der Übertragung dieses Schatzes der Menschheit hilft, diese schwierigen Zeiten zu überstehen.

In den letzten Jahren haben die Divine Healing Hands Soul Healer Tausende herzberührende und bewegende Erlebnisse des Soul Healings geschehen lassen.

Die Divine Healing Hands tragen die göttliche Kraft, die heilsam wirkt.

Die Worte reichen nicht aus.

Der Geist reicht nicht aus.

Die Vorstellungskraft reicht nicht aus.

Die Auffassungsgabe reicht nicht aus, um die Kraft der Divine Healing Hands zu ermessen. Es ist ein sehr großer Segen, dass sich der Menschheit die Gelegenheit bietet, Divine Healing Hands zu erhalten.

Im Kapitel 2 werde ich das Göttliche darum bitten, seine heilenden Hände in dieses Buch zu übertragen. Ein Sprichwort besagt: Willst Du wissen, ob eine Birne süß ist, so koste sie. Wenn Sie die Kraft der Divine Healing Hands kennenlernen wollen, so spüren Sie es selbst. Dieses Buch wird zu einem Träger der Divine Healing Hands. Jedoch hat mir das Göttliche ganz klar gesagt, dass alle Leser(innen) die Divine Healing Hands-Übertragung in diesem Buch nur um 20 Soul Healing Blessings bitten kann. (Bitten Sie über die zwanzig Soul Healing Blessings hinaus, so wird dies nicht wirken.) Sie werden aber zwanzig Mal die Kraft der Divine Healing Hands dieses Buches spüren. Sie sind sehr gesegnet.

Wenn Sie weiterhin Soul Healing Blessings von den Divine Healing Hands erhalten wollen, sollten Sie Kontakt mit einem Divine Healing Hands Soul Healer aufnehmen. Sie haben auch die Möglichkeit, die Divine Healing Hands zu erhalten und ein Divine Healing Hands Soul Healer zu werden. Es gibt ein Divine Healing Hands Soul Healer-Ausbildungsprogramm, das meine weltweiten Repräsentant(inn)en und ich auf der ganzen Welt anbieten.

Die Divine Healing Hands sind heilige Schätze des Göttlichen, die Ihnen, Ihrer Familie und Ihren Freunden, der Menschheit sowie Mutter Erde Blessings geben und heilsam wirken.

Die Divine Healing Hands sind heilige Schätze des Göttlichen, die den Beziehungen Blessings geben und sie transformieren.

Die Divine Healing Hands sind heilige Schätze des Göttlichen, die den Finanzen Blessings geben und sie transformieren.

Die Divine Healing Hands sind heilige Schätze des Göttlichen, die Ihren Kindern Blessings geben und sie transformieren.

Die Divine Healing Hands sind heilige Schätze des Göttlichen, die Tieren Blessings geben und sie transformieren.

Die Divine Healing Hands sind heilige Schätze des Göttlichen, die der Natur Blessings geben und sie transformieren.

Die Divine Healing Hands sind heilige Schätze des Göttlichen, die der Intelligenz Blessings geben und sie erhöhen.

Die Divine Healing Hands sind heilige Schätze des Göttlichen, die allen Aspekten des Lebens Blessings geben und sie transformieren.

Die Divine Healing Hands sind heilige Schätze des Göttlichen, die für Sie, Ihre Familie, Ihre Freunde, den Gesellschaften, Städten, Ländern, Mutter Erde sowie allen Universen Liebe, Frieden und Harmonie bewirken.

Ich danke dem Göttlichen für seine Großzügigkeit und Bereitschaft, den genehmigten Menschen seine heilenden Seelenlicht-Hände zu geben. Diejenigen, die genehmigt sind und sie empfangen, wollen dienen und das Leid der Menschheit, der Tiere, der Natur sowie aller Seelen auflösen. Sie wollen auch der Menschheit helfen, diese schwierige Zeit zu überstehen.

*Divine Healing Hands sind heilsam für
mich und geben mir Blessings.
Divine Healing Hands sind heilsam für meine Familie
und Freunde und geben ihnen Blessings.
Divine Healing Hands sind heilsam für die
Menschheit und geben ihr Blessings.
Divine Healing Hands sind heilsam für alle
Seelen und geben ihnen Blessings.
Divine Healing Hands sind heilsam für Mutter
Erde und geben ihr Blessings.
Divine Healing Hands sind heilsam für alle
Universen und geben ihnen Blessings.*

*Ich liebe mein Herz und meine Seele.
Ich liebe die ganze Menschheit.
Vereinet Herzen und Seelen.
Liebe, Frieden und Harmonie.
Liebe, Frieden und Harmonie.*

Divine Healing Hands: Was, Warum und Wie

WENN SIE MEINE BÜCHER LESEN, KÖNNTE IHNEN auffallen, dass ich in jedem Buch, in jedem Kapitel und in jeder Lehre immer das *Was, Warum und Wie* erkläre.

Was? »Was« ist das Konzept. Das Konzept muss klar und genau sein. Die Naturwissenschaften, die Wissenschaft, die Unternehmen und alle Bereiche des Lebens sollten ein klares und genaues Konzept haben, sonst werden die Leser(innen) und Schüler(innen) die Bedeutung nicht verstehen. Ein Buch zu schreiben bedeutet, den Leser(inne)n Lehren und Übungen sowie ein sehr klares Konzept zu vermitteln. Die Unterweisungen zu allen Lehren, Geheimnissen, Weisheiten, Erkenntnissen und praktischen Techniken, die ich in allen meinen Büchern gebe, vermitteln den Leser(inne)n ein sehr klares Konzept.

Warum? »Warum« bedeutet: *Warum sollten Menschen dies lernen oder ausüben?* Es umfasst die Kraft und die Bedeutung dessen, was ich lehre. Es bezieht sich auf das Dienen. Wenn ich ein Geheimnis oder einige spezielle Weisheiten, Erkenntnisse oder praktische Übungen erkläre oder ich einen Dienst anbiete, dann sollten Sie wissen, warum ich das tue. Nützt Ihnen dieser Dienst? Wenn er keinen Nutzen hat, warum sollte ich ihn weitergeben? Warum sollten Sie ihn anwenden? Deshalb ist das *Warum* so wichtig in allen meinen Schriften und Lehren.

Wie? »Wie« bezieht sich auf die Methode oder die Technik, um etwas zu erreichen. Wie gehe ich vor, wenn ich lehre oder diene? Wie können Sie diese Methoden und Vorgehensweisen umsetzen? In meiner Buchreihe Soul

Power umfasst das *Wie* die praktischen Techniken für Soul Healing, Verjüngung und Transformation von Beziehungen und Finanzen sowie allen Aspekten des Lebens. Techniken sind sehr wichtig. Die göttliche Vergebungsübung wäre hier ein Beispiel.

Es gibt zwei Bereiche, um zu lehren oder etwas im Leben zu erreichen: Theorie und Praxis. Theorie und Praxis sind Yin und Yang, Gegensätze, die dennoch eine Einheit bilden. Sie ergänzen einander. Um etwas zu verwirklichen, müssen Sie beide Bereiche Yin und Yang einbeziehen. Sie können Ihre Aufgabe nicht erfüllen oder Ihr Ziel nicht erreichen, wenn Sie nur das Yin oder nur das Yang anwenden.

Ich bin sehr gesegnet, dass das Göttliche mich als Diener, Mittler und Kanal für die Menschheit und das Göttliche wählte. Das Göttliche gab mir die Berechtigung, der Menschheit immerwährende göttliche Schätze anzubieten. Die göttlichen Schätze tragen die göttliche Kraft für das Soul Healing und die Transformation des gesamten Lebens. Aber die Empfänger(innen) müssen Übungen machen, um den Nutzen zu erhalten. Das gehört zu dem *Wie*.

Kurz zusammengefasst: Meine Lehren beruhen auf dem *Was*, *Warum* und *Wie*. Ich lehre *Da Tao Zhi Jian* (ausgesprochen *Da Dau Dschr Dschi-än*) und bedeutet: *Der Große Weg ist überaus einfach*. Die einfachsten Weisheiten und Techniken sind die besten. Einfach bedeutet kraftvoll. Ich bin der Diener der Menschheit. Ich liebe die Einfachheit.

Unzählige Menschen benötigen Soul Healing.

Unzählige Menschen brauchen die Transformation ihrer Beziehungen.

Unzählige Menschen brauchen die Transformation ihrer Finanzen.

Unzählige Menschen benötigen Verjüngung.

Unzählige Menschen sollen Seele, Herz, Geist und Körper reinigen.

Unzählige Menschen benötigen die Erhöhung ihrer Intelligenz.

Unzählige Menschen sollen ihre Herzen und ihre Seelen öffnen.

Unzählige Menschen sollen Liebe, Vergebung, Mitgefühl und Licht anwenden, um sich selbst, die Menschheit, Mutter Erde und alle Seelen zu transformieren.

Unzählige Menschen sollen Herzen und Seelen vereinen, um die Umwandlung von Mutter Erde zu transformieren und um Liebe, Frieden und Harmonie für die Menschheit, Mutter Erde und alle Universen zu bewirken.

Umständlichkeit kann den unzähligen Menschen sowie allen Seelen nicht dienen. Einfachheit ist die Methode, unzähligen Menschen und allen Seelen zu dienen.

Ich bin ein Diener der Menschheit und unzähliger Seelen. Seitdem ich mein erstes Buch geschrieben habe, hat das Göttliche mich angeleitet, dass die Einfachheit entscheidend für das Dienen ist. Das *Was, Warum und Wie* ist die Methode, um zu schreiben, zu lehren und allen Aspekten meines Lebens zu dienen. Das *Was, Warum und Wie* ist die Methode, um allen Aspekten Ihres Lebens zu dienen.

Was sind Divine Healing Hands?

Die Divine Healing Hands sind die Seelenhände Gottes. Gott erschafft neue Seelenhände und überträgt sie durch den Dienst eines Divine Channels (einer meiner weltweiten Repräsentant(inn)en oder ich) an genehmigte Personen. *Genehmigte Person* bedeutet, dass diese Person einen Bewerbungsprozess durchlief, durch göttliche Führung genehmigt wurde und sich für die Übertragung der Divine Healing Hands angemeldet hat.

Im Juli 2003 ernannte mich das Göttliche zum Diener der Menschheit und des Göttlichen und ehrte mich mit der Berechtigung, der Menschheit immerwährende göttliche Schätze zu übertragen. 2011 erhielten an die 20 meiner weltweiten Repräsentant(inn)en, die ebenfalls Divine Channels sind, die Ehre sowie Berechtigung, die Divine Healing Hands zu übertragen. Wenn Sie kein Divine Channel sind, können Sie anderen Menschen keine Divine Healing Hands anbieten. Die Divine Healing Hands zu übertragen ist eine Ehre, die über unsere Worte, unseren Geist und unsere Vorstellungskraft hinausgeht. Die Divine Channels sind göttliche Präsenz auf Mutter Erde. Sie sind Diener(innen) des Göttlichen, das sie repräsentieren, um der Menschheit, Mutter Erde und allen Seelen zu dienen.

Die Divine Healing Hands, die vom Göttlichen erschaffen werden, sind über hundert Meter hoch und über hundert Meter breit. Ist die Übertragung der Divine Healing Hands an eine genehmigte Person erfolgt, brauchen die göttlichen Schätze zwei bis drei Tage, um sich zu verkleinern und sich auf die zwei- oder dreifache Handgröße dieser Person zu verdichten.

Nach der Übertragung der Divine Healing Hands werden die Empfänger-(innen) von einem Divine Channel ausgebildet, um als Divine Healing Hands Soul Healer zertifiziert zu werden.

Wenn ein Divine Healing Hands Soul Healer ein Soul Healing Blessing (Anmerk. d. Übers.: Segnung für die Selbstheilung der Seele) anbietet, gehen die göttlichen Schätze der Divine Healing Hands des Divine Healing Hands Soul Healer zu den Empfänger(innen) des Blessings, um ihnen zu dienen. Die Divine Healing Hands Soul Healer können Soul Healing Blessings entweder persönlich oder über die Ferne anbieten. Sie können Einzelpersonen oder Gruppen Soul Healing Blessings geben. Es gibt keine Beschränkungen für die Anzahl von Personen, die Soul Healing Blessings von den Divine Healing Hands empfangen können.

Warum wirken die Divine Healing Hands?

Warum wird ein Mensch krank? Krankheit ist auf Seele-Geist-Körperblockaden zurückzuführen.

Seelenblockaden sind negatives Karma. Karma ist die Aufzeichnung der Dienste von vorherigen sowie von diesem Leben. Karma wird in positives und negatives Karma unterteilt. Positives Karma nimmt durch die angemessenen Dienste in allen Leben zu. Es sind Dienste der Liebe, Fürsorge, des Mitgefühls, Aufrichtigkeit, Ehrlichkeit, Großzügigkeit, Freundlichkeit, Integrität, Reinheit u. v. m.

Negatives Karma nimmt durch die Fehler in allen Leben zu. Es sind Dienste wie das Töten, Verletzen, Ausnutzen anderer Menschen, Betrügen, Lügen u. v. m.

Wie anfangs schon erwähnt, gibt es ein karmisches Gesetz im Himmel:

Angemessene Dienste bewirken Belohnungen.
Unangemessene Dienste bewirken Lektionen.

Dieses Gesetz gilt für alle Seelen in allen Universen. Es gibt ein altes Sprichwort: *Der Himmel ist äußerst gerecht.* Keine gute Tat bleibt unbeachtet, keine böse Tat bleibt unbemerkt.

Im Juli 2003 ernannte mich das Göttliche zum Diener der Menschheit und des Göttlichen. Ich erhielt von ihm die Ehre sowie Berechtigung, der Menschheit die göttliche Karmareinigung sowie göttliche Seele-Geist-Körperübertragungen anzubieten.

Was ist eine göttliche Karmareinigung? Es bedeutet, dass durch die Vergebung des Göttlichen die spirituellen Schulden eines Menschen beglichen werden, und so sein negatives Karma gereinigt wird.

Wenn ein Mensch negatives Karma hat, kann er dadurch in allen Aspekten des Lebens karmische Lektionen in Beziehungen, Finanzen, im Geschäftlichen, mit seinen Kindern u. v. m. erhalten. Es gibt nur eine Methode, das negative Karma selbst zu reinigen: anderen Menschen bedingungslos zu dienen. Anderen zu dienen heißt, andere glücklicher und gesünder zu machen. Bedingungslos zu dienen heißt, frei von Erwartungen zu dienen.

Wenn ein Mensch schwerwiegendes Karma hat, müsste er in einem Leben 30 bis 50 Jahre bedingungslosen universellen Dienst anbieten, um dieses schwerwiegende Karma aufzulösen und Vergebung zu erhalten. Es könnte auch viele Leben dauern, in denen er bedingungslosen universellen Dienst anbietet, bis sich dieses schwerwiegende Karma aufgelöst hat.

Negatives Karma ist die Gesamtheit der spirituellen Schulden, die beglichen werden müssen. Wie wird Karma beglichen? Normalerweise geschieht dies, indem man karmische Lektionen erhält – Blockaden in der Gesundheit, in den Beziehungen und Finanzen sowie in allen Aspekten des Lebens. Göttliche Karmareinigung bedeutet, dass das Göttliche seine Tugend – d. h. spirituelle Währung – aufwendet, um die karmischen Schulden eines Menschen zu begleichen. Das ist göttliche Großzügigkeit. Wenn ein Mensch negatives Karma hat, dann befinden sich dunkle Blockaden in seinem Körper. Während das Göttliche die Tugend anbietet, wird das Dunkle den Körper verlassen. Das Dunkle ist die Grundursache für Krankheiten, gescheiterte Beziehungen, finanzielle Herausforderungen u. v. m.

Meine über zwanzig weltweiten Repräsentant(inn)en und ich sind Diener, Mittler und Kanäle des Göttlichen. Zehntausende Menschen haben von uns eine göttliche Karmareinigung erhalten. Wir haben Tausende herzberührende und bewegende Erlebnisberichte über Wunder der Seelenheilung durch göttliche Karmareinigung aufgezeichnet. Diese Videos können Sie auf meinem YouTube-Kanal unter YouTube.com/zhigangsha anschauen. Meine Anregung wäre, sich einige Videos anzuschauen. Zusätzlich werden Sie in diesem Buch Erlebnisberichte mit den Divine Healing Hands lesen. Die Blessings der Divine Healing Hands können nach und nach negatives Karma auflösen.

In einem Satz zusammengefasst:

**Mit der Reinigung der Seelenblockaden wird
das Dunkle im Körper aufgelöst.**

Die zweite Ursache von Krankheiten sind Geistblockaden wie negative Denkweisen, negative Überzeugungen, negative Einstellungen, Ego, Anhaftungen u. v. m. Millionen von Menschen haben alle Arten von Geistblockaden.

Die dritte Ursache von Krankheiten sind Körperblockaden, also Energie- und Materieblockaden.

Die altehrwürdigen spirituellen Lehren besagen, dass ein Mensch drei innere Schätze besitzt: Jing, Qi, Shen. Jing ist die *Materie*. Qi (ausgesprochen *Tschi*) ist die *Lebensenergie* oder *Lebenskraft*. Shen ist die *Seele*.

Jing-Qi-Shen sind Seele, Geist und Körper. Das Auflösen von Seele-Geist-Körperblockaden ist das Auflösen von Jing-Qi-Shen-Blockaden. Seele, Geist, Körper oder Jing-Qi-Shen sind unterschiedliche Begriffe, die das Gleiche ausdrücken. »Jing-Qi-Shen« ist der altehrwürdige Begriff. »Seele Geist Körper« ist der neue Begriff des Seelenlicht-Zeitalters.

Wie wirken die Divine Healing Hands? In einem Satz zusammengefasst:

**Die Divine Healing Hands lösen Seele-Geist-Körperblockaden,
also Blockaden im Jing-Qi-Shen des Körpers, auf und bewirken
Soul Healing und Verjüngung sowie das Auflösen von Seele-Geist-
Körperblockaden, um alle Aspekte des Lebens wie Beziehungen,
Finanzen, Kinder, Intelligenz u. v. m. zu transformieren.**

Die Divine Healing Hands tragen göttliche Kraft:

- der göttlichen Frequenz und Schwingung, welche die Frequenz und Schwingung des gesamten Lebens, einschließlich Gesundheit, Beziehungen, Finanzen, Geschäftliches, die eigenen Kinder sowie alle Aspekte des Lebens transformieren können.

- der göttlichen Liebe, die alle Blockaden schmilzt und das gesamte Leben transformiert.
- der göttlichen Vergebung, die innere Freude und inneren Frieden für das gesamte Leben bewirkt.
- des göttlichen Mitgefühls, das die Energie, Ausdauer, Vitalität und Immunität des gesamten Lebens stärkt.
- des göttlichen Lichtes, das heilsam wirkt, vor Krankheiten schützt, Seele, Herz, Geist und Körper reinigt und verjüngt sowie die Gesundheit, Beziehungen, Finanzen, Intelligenz und alle Aspekte des Lebens transformiert.

Die Kraft der Divine Healing Hands kann nicht mit Worten beschrieben werden.

Die Bedeutung der Divine Healing Hands kann nicht mit dem Geist erklärt werden.

Die Ehre, die Divine Healing Hands zu erhalten, kann nicht mit unserer Vorstellungskraft erfasst werden.

Wir sind gesegnet, dass das Göttliche Menschen genehmigt und befähigt, mit seinen Seelenhänden zu dienen. Jeder, der die Divine Healing Hands erhalten kann, wird die Ehre, Wertschätzung und Segnung kaum in Worte fassen können, ein Divine Healing Hands Soul Healer zu sein.

Ich lehre immer mit einem Sprichwort: Wollen Sie wissen, ob eine Birne süß ist, so kosten Sie sie. Wollen Sie wissen, ob die Divine Healing Hands kraftvoll sind, so erleben Sie es.

Hier eine Geschichte als Kostprobe:

Ich bin Akupunkteurin in Honolulu, Hawaii, und habe mich auf Unfruchtbarkeit und Vorbeugung von Fehlgeburten spezialisiert. Kürzlich hatte ich eine Patientin, die in der 13. Woche mit Zwillingen schwanger war (nachdem sie mehr als fünf Jahre versuchte, schwanger zu werden) und beim Aufwachen plötzlich starke Blutungen hatte. Der zuständige Arzt sagte ihr, dass man nichts für sie tun könnte und sie zu Hause bleiben sollte.

Sie hat mich sofort nach dem Gespräch mit diesem Arzt angerufen. Zu diesem Zeitpunkt war es mir nicht möglich, sie zu Hause zu besuchen.

Ich gab ihr mit den Divine Healing Hands ein Fernblessing mit einer angeleiteten Selbstheilung für ca. 30 Minuten. Zwei Stunden später stand sie auf und die Blutung hatte sich bedeutend beruhigt. Nach fünf Stunden hatte ich sie angerufen und gab ihr nochmals ein Divine Healing Hands Blessing mit einer angeleiteten Selbstheilung mit den »Vier Kraft Techniken« und einer Vergebungsübung.
Ich bat sie, am nächsten Morgen so lange im Bett zu bleiben, bis sie zu ihrer Ultraschall-Untersuchung musste. Als sie an diesem Abend ins Bett ging, schien die Blutung aufgehört zu haben. Die Blutung war tatsächlich vorüber und der Ultraschall am nächsten Tag zeigte, dass beide Föten gesund waren!
Sie macht nun täglich eine Vergebungsübung und kommt einmal die Woche zu mir. Sie ist nun in der 20. Woche und der letzte Ultraschall ergab, dass sie zwei gesunde Jungen erwartet!
Danke dem Göttlichen, dem Tao und Master Sha. Danke für die Kraft der Divine Healing Hands und anderer göttlicher Schätze. Ich bin sehr dankbar.
Danke. Danke. Danke.
Mit Liebe. Mit Liebe. Mit Liebe.

Gina Musetti, Zertifizierte Akupunkteurin
Honolulu, Hawaii

Zum ersten Mal gibt das Göttliche den Menschen seine Seelenhände

Im Juli 2003 ernannte mich das Göttliche zum Diener der Menschheit. Ich werde jeden Tag von ihm unterrichtet. Das Göttliche teilt sich mir über Seelenkommunikation mit. Es erscheint über meinem Kopf und wir führen täglich Gespräche durch Seelenkommunikation. In diesem Moment befinde ich mich in Seelenkommunikation mit ihm. Ich stelle dem Göttlichen Fragen und ich erhalte seine Antworten. In diesem Buch teile ich Ihnen und der Menschheit dieses Gespräch mit.

Dieses Buch ist das zehnte meiner Buchreihe Soul Power. Im zweiten Buch *Seelensprache – Erkenne deine innere Wahrheit*[11] lehre ich, wie man die vier spirituellen Kanäle öffnet. Es sind die folgenden spirituellen Kanäle:

- **Kanal der Seelensprache** – Öffnen Sie diesen Kanal, kommunizieren Sie über Seelensprache mit der Seelenwelt, einschließlich mit der eigenen Seele, allen Arten von spirituellen Vätern und Müttern, der Natur sowie mit dem Göttlichen.
- **Kanal der direkten Seelenkommunikation** – Öffnen Sie diesen Kanal, dann kommunizieren Sie direkt mit dem Göttlichen und allen Seelen.
- **Kanal des Dritten Auges** – Öffnen Sie diesen Kanal, erhalten Sie Führung und Lehren durch spirituelle Bilder.
- **Kanal des direkten Wissens** – Öffnen Sie diesen Kanal, haben Sie das direkte Wissen durch augenblickliche Seelenkommunikation mit dem Göttlichen und allen Seelen.

In Kapitel 7 dieses Buches lehre ich, wie Sie die Divine Healing Hands anwenden, um Ihre spirituellen Kanäle zu öffnen. Ich werde nun dieses Gespräch mit dem Göttlichen wiedergeben.

Ich stellte dem Göttlichen eine Frage:

Liebes Göttliches, geliebter Vater,
wie vielen Menschen hast Du im Laufe der Geschichte
Deine Divine Healing Hands gegeben?

Das Göttliche antwortete:

Mein lieber Sohn,
im Laufe der gesamten Geschichte habe ich insgesamt
sieben Menschen meine Divine Healing Hands gegeben.

---

11 Knaur Verlag, 2010

Dann fragte ich:

> Kannst Du mir die Namen von denjenigen nennen,
> die ich aus der Geschichte kenne?

Darauf antwortete das Göttliche:

> Ich habe meine seelenheilenden Hände an die folgenden,
> Dir bekannten Buddhas und Heiligen gegeben:
>
> - Shi Jia Mo Ni Fuo, der auch als Shakyamuni, Siddhartha Gautama oder der Buddha bekannt ist
> - Guan Yin, Bodhisattva des Mitgefühls und Göttin der Gnade
> - Jesus
> - Mutter Maria
>
> Mein lieber Sohn, Zhi Gang, die Namen der anderen drei, die meine göttlichen Seelenhände erhalten haben, kennst Du nicht.

Ich befragte das Göttliche weiter:

> Hast Du jemals der breiten Öffentlichkeit Deine
> seelenheilenden Hände gegeben?

Das Göttliche antwortete:

> Nein, mein Sohn. Es war noch nicht an der Zeit, dass ich der
> breiten Öffentlichkeit meine Divine Healing Hands gebe.

Aus Dankbarkeit verneigte ich mich einhundertacht Mal.

Warum gibt das Göttliche seine Seelenhände?

Ich fuhr fort, das Göttliche zu befragen:

> Liebes Göttliche,
> Du hast mir im Jahr 2005 Divine Healing Hands gegeben. Dann habe ich die Ehre sowie Berechtigung erhalten, genehmigten Personen die Divine Healing Hands zu geben. Bis jetzt haben meine weltweiten Repräsentant(inn)en und ich mehr als 3 500 Empfänger(inne)n weltweit Deine seelenheilenden Hände gegeben.
> Warum gibst Du jetzt so vielen Menschen Deine Divine Healing Hands?

Das Göttliche antwortete:

> Mein lieber Sohn,
> es ist nun die Zeit, da ich vielen genehmigten Personen meine göttlichen Seelenhände gebe. Dies hängt mit der Umwandlung von Mutter Erde zusammen. In den vergangenen acht Jahren hast Du immer häufiger Naturkatastrophen und andere Herausforderungen auf Mutter Erde beobachten können. In den kommenden elf Jahren könnte Mutter Erde eine sehr ernsthafte Umwandlung durchlaufen. Das bedeutet, dass Mutter Erde schwerwiegendere Katastrophen und größere Herausforderungen in allen Aspekten des Lebens durchmachen wird.
> Ich habe Dich als meinen Diener, Mittler und Kanal ernannt. Du hast mehr als zwanzig Diener, Mittler und Kanäle für mich ausgebildet. Meine ausgewählten Kanäle erhielten ebenfalls die Berechtigung sowie Ehre, meine Divine Healing Hands an genehmigte Personen auf der ganzen Welt zu geben.

Das Göttliche fuhr fort:

> Jeder, der meine Divine Healing Hands erhalten möchte, muss sich darum bewerben. Ich muss jedem meine persönliche Genehmigung durch die Divine Channels geben. Die Empfänger(innen) müssen eine richtige Ausbildung abschließen, um die Zertifizierung als Divine Healing

Hands Soul Healer zu erhalten. Ich gebe meine Divine Healing Hands, damit die Menschheit unterstützt wird, diese schwierige Zeit zu überbestehen, und um Menschenleben zu retten.
Denjenigen, die meine Genehmigung erhalten, gebe ich die Divine Healing Hands deshalb, weil sie meinem Aufruf gefolgt sind, in dieser historisch wichtigen Zeit und darüber hinaus mit den Divine Healing Hands das Leiden der Menschheit aufzulösen und um allen Aspekten des Lebens der Menschheit, von Mutter Erde sowie aller Seelen Blessings zu geben.

Ich antwortete:

Danke, mein geliebter Vater. Es ist mir und allen Divine Channels eine große Ehre, Deine Divine Healing Hands, die unvergleichliche Schätze sind, zu übertragen.

Das Göttliche fuhr fort:

Jeder, der meine Divine Healing Hands übertragen bekommt, erhält eine besondere Lichtverbindung mit mir. Sobald sie Soul Healing Blessings mit den Divine Healing Hands geben, erfahre ich es umgehend und segne diese Soul Healing Blessings.

Ich sagte:

Danke. Danke. Danke.

Ich verneigte mich wiederum einhundertacht Mal und sagte abschließend:

Ich kann mich nicht genügend verbeugen.

Ich verspüre tiefste Wertschätzung, dass mir das Göttliche direkt auf meine Fragen antwortete. Es ist mir eine große Ehre, dass mir zum jetzigen Zeitpunkt die Berechtigung gegeben wurde, der Menschheit die Divine Healing Hands anzubieten.

Mutter Erde durchläuft eine ernstzunehmende Umwandlung. Das Göttliche sagte, dass diese Umwandlung noch weitere elf Jahre anhalten und sich gewaltig verstärken wird. Ich spüre in meinem Herzen und in meiner Seele, dass die Divine Healing Hands jetzt dringend gebraucht werden, da göttliche Heilkraft durch die Divine Healing Hands gegeben wird. Es ist kein Zufall, dass zum jetzigen Zeitpunkt in der Geschichte der breiten Öffentlichkeit dieser kraftvolle göttliche Heilschatz angeboten wird.

Das Göttliche sagte, dass, wenn die Divine Healing Hands Soul Healer Soul Healing Blessings geben, es dies augenblicklich erfährt und seinen Segen gibt. Das bedeutet, dass das Göttliche persönlich an jedem Soul Healing Blessing eines Divine Healing Hands Soul Healers beteiligt ist. Wir sind so gesegnet. Die Menschheit ist so gesegnet.

Die Kraft und Bedeutung der Divine Healing Hands werde ich im nächsten Kapitel weiter ausführen. Sie werden auch die Kraft der Divine Healing Hands sehr bald spüren. Ich werde Divine Healing Hands in dieses Buch übertragen. Sie können die Divine Healing Hands dann anrufen und ihre Kraft direkt spüren.

Ich betone noch mal, dass Sie nur zwanzig Mal die Möglichkeit haben, die Kraft der in dieses Buch übertragenen Divine Healing Hands zu spüren. Sollten Sie nach diesen zwanzig Erlebnissen von der Kraft der Divine Healing Hands bewegt oder berührt sein, können Sie sich über www.drsha.com darum bewerben, ein Divine Healing Hands Soul Healer zu werden. Wenn Sie durch die göttliche Führung genehmigt wurden, werden Sie an einem dreitägigen Workshop teilnehmen, der von einem meiner weltweiten Repräsentant(inn)en oder mir geleitet wird, um die Ausbildung zu erhalten. Nachdem Sie als Divine Healing Hands Soul Healer zertifiziert wurden, können Sie Soul Healing Blessings mit den Divine Healing Hands geben, um die Gesundheit, Beziehungen, Finanzen, Kinder, Intelligenz sowie alle Aspekte des Lebens zu transformieren.

So wenden Sie die Divine Healing Hands für Soul Healing, Blessings sowie Lebenstransformation an

Um die Divine Healing Hands für Soul Healing, Blessings und Lebenstransformation anzuwenden, riet mir das Göttliche, alle Divine Healing Hands Soul Healers anzuleiten, stets die »Vier Kraft Techniken« zu nutzen:

Körperkraft: Divine Healing Hands Soul Healer nutzen die »Gebetshaltung des Seelenlicht-Zeitalters«, indem sie die linke Handfläche vor das Botschaftenzentrum und die rechte Hand in der traditionellen Gebetshaltung halten (siehe Abbildung 2). Schütteln Sie die rechte Hand.

Abbildung 2. Die »Gebetshaltung des Seelenlicht-Zeitalters«

Seelenkraft: *»Sag Hallo Anrufung«:*

Liebe Divine Healing Hands,
ich liebe, ehre und wertschätze Euch.
Bitte gebt Soul Healing, Blessings und Lebenstransformation, so
wie es angemessen ist, für ___ (Nennen Sie das Anliegen.).
Ich bin sehr dankbar.
Danke.

Geisteskraft: Visualisieren Sie goldenes-, regenbogen-, purpur- oder kristallfarbenes Licht, das in dem erkrankten Bereich für seine Selbstheilung und Verjüngung schwingt. Wenn ein Blessing für Beziehungen oder Finanzen gegeben wird, muss der Geist des Divine Healing Hands Soul Healers auf die Seele der Beziehung oder Finanzen gerichtet sein.

Klangkraft: Chanten Sie im Stillen:

Divine Healing Hands, bitte wirkt heilsam, verjüngt und
transformiert ___ (Nennen Sie das Anliegen für das Soul
Healing, Blessing und die Lebenstransformation!).
Danke.

Eine weitere Möglichkeit wäre, Seelensprache[12] zu chanten, während Sie das Soul Healing, Blessing oder die Lebenstransformation mit den Divine Healing Hands geben. In dem Fall sollte der Divine Healing Hands Soul Healer sagen:

Meine lieben Divine Healing Hands,
bitte gebt Soul Healing und Blessings und transformiert
weiterhin ___, so wie es angemessen ist.
Unterstützend werde ich meine Seelensprache sprechen.
Danke.

---

12 Seelensprache ist die Sprache Ihrer Seele. Es ist die Stimme Ihrer eigenen Seele. Lernen Sie mehr über Seelensprache, einschließlich wie Sie Ihre Seelensprache hervorbringen, in den Kapiteln 5 und 7 in diesem Buch. Lesen Sie darüber auch im ersten Buch meiner Buchreihe Soul Power, *Seelenweisheit – Kostbarkeiten zur Transformation deines Lebens* (KOHA-Verlag, 2009)

Wenn Sie nicht wissen, wie man Seelensprache spricht, chanten Sie einfach:

*Divine Healing Hands, bitte wirkt heilsam,
verjüngt und transformiert. Danke.*

Wiederholen Sie das im Stillen.

Wie lange kann ein Blessing mit den Divine Healing Hands gegeben werden?

Meine Empfehlung lautet: zehn Minuten bei einem einmaligen Blessing mit den Divine Healing Hands. Ein Divine Healing Hands Soul Healer kann täglich drei oder vier Blessings für eine Beschwerde oder ein Anliegen geben.

Handelt es sich um chronische und lebensbedrohliche Beschwerden, empfehle ich dreißig Minuten für ein Blessing.

Bei Notfällen wie Herzinfarkt, Schlaganfall, Blutung, Atembeschwerden, einem Autounfall oder anderen ernsthaften Umständen soll der Divine Healing Hands Soul Healer unverzüglich den medizinischen Notdienst kontaktieren. Der Divine Healing Hands Soul Healer muss diese wichtige Richtlinie verstehen. Notfälle müssen unverzügliche medizinsche Versorgung erhalten oder ins Krankenhaus gebracht werden. Natürlich können Sie zusätzliche Blessings mit den Divine Healing Hands geben.

In einem Notfall kann der Divine Healing Hands Soul Healer seine Divine Healing Hands-Übertragung zu einer Person aussenden mit der Bitte, dass sie bei dieser Person für ein paar Tage verbleibt, damit weiterhin Soul Healing Blessings, *so wie es angemessen ist*, gegeben werden. Achten Sie in dieser Zeit darauf, dass Sie so oft wie möglich im Stillen chanten.

Geben Sie in Notfällen Ihrer Divine Healing Hands-Übertragung vor dem Aussenden eine Anweisung, wann sie zurückkehren soll. Ein Beispiel:

Meine lieben Divine Healing Hands, bitte gebt für drei Tage durchgehende Blessings, so wie es angemessen ist, und kehrt dann zurück zu mir. Danke.

Die Divine Healing Hands Soul Healer werden diese wichtige Schulung, wie lange Notfall-Blessings mit den Divine Healing Hands ausgesendet werden und wie man deren Dauer bestimmt, in dem Zertifizierungsworkshop erhalten.

So wenden Sie die Divine Healing Hands richtig an

Ein Divine Healing Hands Soul Healer zu sein, ist eine sehr große Ehre. Die Divine Healing Hands zu erhalten bedeutet, dass Sie zu einem Diener oder einer Dienerin des Göttlichen ernannt wurden. Die Divine Healing Hands zu erhalten bedeutet, dass Sie ein besserer Diener oder eine bessere Dienerin der Menschheit, Tiere, Natur, von Mutter Erde u. v. m. werden.

Wenn Sie ein Divine Healing Hands Soul Healer sind, müssen Sie einige wichtige Richtlinien befolgen, wenn Sie Soul Healing Blessings mit den Divine Healing Hands geben.

Ehren und respektieren Sie Ihre Divine Healing Hands mit Seele, Herz, Geist und Körper.

Zeigen Sie Ehre und Respekt in dem Moment, wenn Sie mit Ihren Divine Healing Hands ein Blessing geben. Sagen Sie Ihren Divine Healing Hands im Stillen:

> *Meine lieben Divine Healing Hands,*
> *ich fühle mich sehr geehrt, Euch vom Göttlichen erhalten zu haben.*
> *Es ist mir eine große Ehre, ein Diener oder eine Dienerin*
> *zu sein, und ich bitte Dich darum, Soul Healing,*
> *Blessing und Lebenstransformation zu geben.*
> *Danke.*

Während Sie ein Soul Healing Blessing mit den Divine Healing Hands geben, beruhigen Sie umgehend Ihr Herz und Ihren Geist. Halten Sie die linke Handfläche vor das Botschaftenzentrum und die rechte Hand in der traditionellen Gebetshaltung. Das ist die »Gebetshaltung des Seelenlicht-Zeitalters« (Abbildung 2, Seite 66). Nehmen Sie diese Handhaltung ein und zeigen Sie Ehre und Ihren Respekt sowie Ihre Hingabe, im Seelenlicht-Zeitalter zu dienen.

In der »Gebetshaltung des Seelenlicht-Zeitalters«, machen Sie folgende »*Sag Hallo Anrufung*«:

Meine lieben Divine Healing Hands,
ich liebe, ehre und wertschätze Euch.
Ich kann Euch nicht genügend ehren.
Ihr habt die Kraft, Seele-Geist-Körperblockaden für das Soul Healing, Blessing und die Lebenstransformation aufzulösen.
Ich danke Euch aus der Tiefe meines Herzens für Eure Blessings.

Merken Sie sich: Bitten Sie die Divine Healing Hands, das angemessene Blessing zu geben:

Bitte gebt ein Soul Healing, Blessing und
Lebenstransformation, so wie es angemessen ist.

Dies ist eine sehr wichtige Lehre. Viele Menschen leiden an chronischen sowie lebensbedrohlichen Beschwerden. Sie können schwerwiegende Seele-Geist-Körperblockaden haben.

Seelenblockaden sind negatives Karma. Es gibt viele Arten von negativem Karma wie persönliches Karma, Ahnenkarma, Beziehungskarma, negative Erinnerungen, Mentalkörper-Karma, Emotionalkörper-Karma, Systemkarma, Organkarma, Zellkarma u. v. m.

Geistblockaden umfassen negative Denkweisen, negative Überzeugungen, negative Einstellungen, Ego, Anhaftungen u. v. m.

Körperblockaden umfassen Energie- und Materieblockaden.

Einige Menschen haben äußerst schwerwiegendes Karma und tragen viel Dunkles in sich. Die Divine Healing Hands können dies ganz allmählich auflösen. Deshalb sollten Sie immer das Folgende sagen, wenn Sie die Divine Healing Hands anrufen:

Meine lieben Divine Healing Hands,
bitte gebt Soul Healing, Blessing und
Lebenstransformation, so wie es angemessen ist.

Die Worte »*so wie es angemessen ist*« sind entscheidend. **Befehlen oder erzwingen Sie niemals ein Soul Healing**, indem Sie sagen: »*Du musst gesund werden*« oder »*Du musst sofort gesund werden.*«

Auch wenn die Divine Healing Hands Blessings das negative Karma nach und nach reinigen können, haben Sie als Divine Healing Hands Soul Healer keine Berechtigung erhalten, negatives Karma zu reinigen. Um den Dienst der göttlichen Karmareinigung anbieten zu können, muss man ein Divine Channel sein, der diese Berechtigung vom Göttlichen erhalten hat.

Wenn Sie Soul Healing befehlen oder erzwingen, könnte sich das Dunkle auf den hohen Ebenen beunruhigt fühlen oder sehr wütend werden und Ihnen als Divine Healing Hands Soul Healer schaden. Das könnte sehr gefährlich werden. Diese Aussage sollte Ihnen und allen Divine Healing Hands Soul Healern sehr klar sein. Vermeiden Sie diesen Fehler.

Als Divine Healing Hands Soul Healer erhalten Sie ein »Göttliches Schutzpaket«.[13] Sie sind sicher, wenn Sie keine Heilung anordnen oder darum bitten, dass negatives Karma gereinigt wird. Wenn ein Divine Healing Hands Soul Healer Soul Healing Blessings anbietet, dann trägt das Göttliche die Verantwortung. Erzwingen Sie die Heilung nicht. Überlassen Sie es dem Göttlichen, das angemessene Soul Healing zu geben. Wenn Sie das beachten, sind Sie vollständig sicher. Diese Lehre soll sicherstellen, dass alle Divine Healing Hands Soul Healer die Worte *so wie es angemessen ist* bei jedem Divine Healing Hands Soul Healing, Blessing und jeder Lebenstransformation einschließen.

Der Divine Healing Hands Soul Healer soll kein Soul Healing, Blessing oder keine Lebenstransformation erzwingen. Das Göttliche weiß, wie viel Soul Healing, Blessing oder Lebenstransformation es Empfänger(inne)n zu geben hat. Es bedarf mehr als nur ein Blessing mit den Divine Healing Hands, um heilsam auf chronische und lebensbedrohliche Beschwerden zu wirken. Manche herausfordernde Fälle könnten Wochen oder Monate brauchen, um vollständig zu genesen. Manche äußerst herausfordernde Fälle könnten kein vollständiges Soul Healing erlangen.

---

13 Wenn Sie ein Divine Healing Hands Soul Healer werden, erhalten Sie ein göttliches Schutzpaket. Es beinhaltet den »Göttlichen Schutz Seele-Geist-Körperübertragungen«, den »Göttlichen Lichtwall Seele-Geist-Körperübertragungen« sowie den »Göttlichen Schutz und die göttliche Hilfe bei ansteckenden Krankheiten Seele-Geist-Körperübertragungen«. Das göttliche Schutzpaket schützt die Divine Healing Hands Soul Healer vor physischen und spirituellen Schäden.

Deshalb achten Sie darauf, Folgendes immer zu sagen:

Divine Healing Hands, bitte gebt ein Soul Healing, Blessing und Lebenstransformation, so wie es angemessen ist.

Zusätzlich ist Folgendes zu beachten:
- Geben Sie keinerlei Versprechungen für eine Selbstheilung. Das Göttliche gibt auch keine Versprechungen. Das Göttliche gibt uns das Blessing.
- Berühren Sie die Person nicht, welche das Soul Healing Blessing empfängt.
- Es ist nicht angemessen, die Divine Healing Hands zu bitten, der gesamten Menschheit, allen Tieren und der gesamten Natur zu helfen.
- Es ist nicht angemessen, die Divine Healing Hands zu bitten, Naturkatastrophen, Kriege, wirtschaftliche Herausforderungen oder andere Aspekte der Umwandlung von Mutter Erde aufzuhalten.
- Es ist nicht angemessen, die Divine Healing Hands um Blessings für finanzielle Gewinne an der Börse, bei Geldanlagen, beim Glücksspiel oder in der Lotterie zu bitten.
- Es ist nicht angemessen, die Divine Healing Hands darum zu bitten, jegliche Art des Karmas zu reinigen.
- Es ist nicht angemessen, die Divine Healing Hands um Blessings für politische Erfolge zu bitten.
- Es ist nicht angemessen, die Divine Healing Hands um Blessings für Polizeiermittlungen zu bitten.
- Es ist nicht angemessen, die Divine Healing Hands um Blessings zu bitten, die einer Person Vorteile auf Kosten eines Dritten verschaffen.

Zusammenfassung: Beachten Sie, die Divine Healing Hands immer um *angemessene* Soul Healing Blessings und Lebenstransformation zu bitten.

Spüren Sie die Kraft der Divine Healing Hands

ICH LEHRE IMMER MIT EINEM SPRICHWORT: WOLLEN Sie wissen, ob eine Birne süß ist, so kosten Sie sie. Wollen Sie wissen, ob die Divine Healing Hands kraftvoll sind, so erleben Sie es.

Die Divine Healing Hands sind die Seelenhände des Göttlichen, welche die göttliche Kraft für Soul Healing tragen.

Unsere Worte können die Kraft der Divine Healing Hands nicht beschreiben.
Unser Geist kann die Bedeutung der Divine Healing Hands nicht erklären.
Unsere Vorstellungskraft kann die Ehre, die Divine Healing Hands zu erhalten, nicht erfassen.

Kraft und Bedeutung der Divine Healing Hands

Mutter Erde befindet sich in einer ernsthaften Umwandlung. Die Menschheit leidet. Das Göttliche bietet genehmigten Personen seine kraftvollen Schätze an, da die Menschheit Hilfe benötigt.

Die Kraft und Bedeutung der Divine Healing Hands sind unermesslich. Die Divine Healing Hands können angewendet werden für:

- das göttliche Soul Healing des spirituellen, mentalen, emotionalen und physischen Körpers
- das göttliche Soul Healing des spirituellen, mentalen, emotionalen und physischen Körpers anderer Menschen

- das göttliche Soul Healing einer Gruppe für den spirituellen, mentalen, emotionalen und physischen Körper
- das göttliche Soul Healing auf die Ferne für den spirituellen, mentalen, emotionalen und physischen Körper
- die göttliche Transformation von Beziehungen
- die göttliche Transformation von Finanzen
- die göttliche Transformation der Intelligenz
- die göttliche Transformation aller Aspekte des Lebens
- göttliche Blessings für die Stärkung der Energie, Ausdauer, Vitalität und Immunität
- göttliche Blessings für die Reinigung und Verjüngung von Seele, Herz, Geist und Körper
- göttliche Blessings für die Verlängerung des Lebens
- göttliche Blessings, um Ihnen, Ihren Familienangehörigen und Freunden, der Gesellschaft, Organisationen, Städten, Ländern, Mutter Erde und den unzähligen Planeten, Sternen, Galaxien und Universen Liebe, Frieden und Harmonie zu bringen
- göttliche Blessings, um der Menschheit und Mutter Erde zu helfen, diese schwierige Phase in der Geschichte zu bestehen

In diesem Buch werde ich viele wunderbare, herzberührende und bewegende Erlebnisberichte des Soul Healing mit den Divine Healing Hands weitergeben.

Bis August 2012 haben meine weltweiten Repräsentant(inn)en (Divine Channels) und ich mehr als 3 500 genehmigten Personen weltweit die Divine Healing Hands übertragen. Die genehmigten Personen wollen das Leiden der Menschheit auflösen und ihr helfen, die schwierige Phase in der Erdgeschichte zu bestehen.

Ich erhielt die Botschaft vom Himmel, dass die Umwandlung von Mutter Erde noch weitere elf Jahre, bis in das Jahr 2023, andauern könnte. Es könnten sich äußerst schwere Naturkatastrophen und einschneidende finanzielle Zusammenbrüche ereignen. Es könnte ein großflächiger Krieg ausbrechen. Es könnten sehr folgenschwere, neue ansteckende Krankheiten auftreten. Es könnten sich noch viele weitere Herausforderungen in allen Aspekten des Lebens ereignen.

Spüren Sie die Kraft der Divine Healing Hands

Die Divine Healing Hands sind heilige göttliche Schätze, die der Menschheit helfen, mit diesen Katastrophen und Herausforderungen umzugehen. Die Divine Healing Hands tragen göttliches Soul Healing und Blessings. Die genehmigten Personen wollen dienen. Sie fühlen sich geehrt und sind hocherfreut, der Menschheit in dieser schwierigen Zeit mit all ihren potenziellen Katastrophen und Herausforderungen zu helfen.

Ich werde nun eine Geschichte weitergeben, wie die Divine Healing Hands einem Flugzeug mit einem elektrischen Fehler und zwei Arbeitskollegen mit Schulterschmerzen Blessings gaben.

An einem Abend im Dezember 2011 in Sydney, Australien, gab ich unserem Flugzeug, einer Boeing 767, ein Blessing mit den Divine Healing Hands, da es einen elektrischen Fehler hatte.

Als diensthabende Purserin des Fluges wurde ich ins Cockpit gerufen, wo mir die schlechte Nachricht mitgeteilt wurde. Der Flug müsste storniert werden, wenn wir nicht um 22:59 Uhr startklar wären. Es war bereits 21:30 Uhr. Was anfangs ein kleines mechanisches Problem war, entpuppte sich als ein schweres Problem, da der elektrische Fehler nicht gefunden werden konnte. Die 241 Passagiere des vollbesetzten Flugzeuges müssten von Bord gehen, für diese Passagiere hätten Hotels gefunden werden müssen und der Flug wäre storniert worden. Diese Situation hätte das Unternehmen Tausende von Dollar gekostet und die Passagiere sehr unglücklich gemacht.

Die Mechaniker arbeiteten eine Stunde daran, das elektrische Problem zu lösen. Ich sah in ihren Gesichtern diesen finsteren Ausdruck, den auch unser Kapitän hatte.

Da ich erst kurz zuvor meine Zertifizierung als Divine Healing Hands Soul Healer abgeschlossen hatte, gab ich dem elektrischen System des Flugzeuges ein Blessing. Dann bat ich unseren Kapitän, die Maschinen zu starten. Ich bat auch Master Sha, das Göttliche und das Tao um Hilfe. Sekunden nach dem Blessing startete die Crew die Triebwerke, und zu unserem großen Erstaunen schaltete sich alles im Cockpit ein und alle Lichter am Armaturenbrett gingen an. Zwei weitere Besatzungsmitglieder guckten mich an und fragten, was ich gemacht hätte.

Ich antwortete ihnen, dass ich nichts mit der Instandsetzung des elektrischen Systems zu tun hätte, sondern das Göttliche durch mich arbeitete. Sie hatten einen ehrfürchtigen Gesichtsausdruck. Ich wusste, dass wir alle Zeuge eines Wunders waren!

Ich gab auch zwei Kollegen Blessings, da sie Schmerzen in den Schultern hatten. Bei einem Piloten war es so schlimm, dass er seinen Arm nicht mehr heben konnte, um die Maschinen zu starten. Eine Stunde, nachdem ich ihm das Divine Healing Hands Blessing gegeben hatte, rief er mich an und sagte, dass seine Schmerzen unglaublich nachgelassen hatten. Ein anderer Bekannter bat mich um Hilfe wegen seiner Schulterschmerzen. Er ließ mich unmissverständlich wissen, dass er für gewöhnlich niemanden an sich heranließe. Da ich zugelassene Massage-Therapeutin bin, massierte ich seine Schultern und gab ihm ein Blessing. Er wusste, dass es dunkle Seelen sind, welche die Schmerzen auslösten. Ich bat ihn, eine Vergebungsübung zu machen, um die Schmerzen zu lindern. Er sagte, dass er nicht bereit wäre, diesem Menschen zu vergeben, der ihn verletzt hatte.

Am darauffolgenden Tag schrieb mir seine Frau eine E-Mail, in der sie ihre Dankbarkeit für das Blessing, das ich ihrem Mann für seine Schulter gegeben hatte, ausdrückte. Er hatte bereits Monate unter Schmerzen gelitten und bereits alles unternommen, wie Arztbesuche, Medikamente, chiropraktische Behandlungen, aber nichts hatte geholfen. Sie teilte mit, dass seine Schulterschmerzen stark nachgelassen hatten, und dass sie wüssten, dass es ein Segen ist, dass ich in ihrem Leben bin!

Cherilyn Moloney
Kapolei, Hawaii

DAS GÖTTLICHE ÜBERTRÄGT SEINE SEELENHEILENDEN HÄNDE IN DIESES BUCH

In diesem Moment fragte ich das Göttliche:

Ist es jetzt an der Zeit, dass ich die Divine Healing Hands in dieses Buch übertrage?

Das Göttliche antwortete:

Ja, aber ich möchte vorher noch etwas sagen. Nachdem ich meine göttlichen Seelenhände in dieses Buch übertrage, kann jeder Leser bzw. jede Leserin nur um zwanzig Soul Healing und Blessings bitten. Wenn man nach diesen zwanzig Blessings die Kraft und Ehre meiner Divine Healing Hands spüren möchte, dann sollten sich diejenigen bewerben, um die Divine Healing Hands zu erhalten.

Ein Divine Healing Hands Soul Healer zu werden bedeutet, dem göttlichen Aufruf zu folgen. Spüren Sie zuerst einmal die Kraft der Divine Healing Hands, dann spüren Sie den Aufruf, für die Divine Healing Hands genehmigt zu werden.

Das Göttliche wird Ihre Bereitschaft, die Divine Healings Hands zu erhalten, auf der Ebene von Seele, Herz, Geist und Körper genehmigen. Mit der Genehmigung können Sie an der nächsten Ausbildung, die von mir oder einem meiner weltweiten Repräsentant(inn)en geleitet wird, teilnehmen, um so ein zertifizierter Divine Healing Hands Soul Healer zu werden.

Es ist der 16. März 2012, 19:07 Uhr kanadische Ortszeit in Toronto, Ontario. Ich verbinde mich über das Internet per Videogespräch mit Master Peter Hudoba und Master G. K. Khoe, zwei meiner weltweiten Repräsentanten, die in Vancouver, in der kanadischen Provinz British Columbia, leben. Zu diesem Zeitpunkt leiten diese beiden Master einen Workshop »Das Öffnen der spirituellen Kanäle«.

Ich begrüße alle mit einem »Hallo« und die ganze Gruppe antwortet mit einem »Hallo«. Wir können uns sehen. Das ist das Schöne an der Technik. Master Cynthia Marie Deveraux tippt gerade meinen Flow.

Ich bitte alle Teilnehmer(innen) des Workshops in Vancouver, sich darauf vorzubereiten, dass die Divine Healing Hands in dieses Buch übertragen werden. Sie wenden die »Vier Kraft Techniken« an, die ich in jedem Buch meiner Buchreihe Soul Power vermittle, wie auch in der Einleitung zu diesem Buch. Nun möchte ich ein wenig auf die »Vier Kraft Techniken« eingehen.

Die erste Krafttechnik ist die Körperkraft. Darunter versteht man spezielle Hand- und Körperhaltungen für die Selbstheilung, Verjüngung, Lebensverlängerung sowie für die Transformation aller Aspekte des Lebens, einschließlich Beziehungen und Finanzen.

Körperkraft kann in einem Satz zusammengefasst werden:

> **Körperkraft bedeutet: Dort, wo Sie Ihre Hände hinlegen, empfangen Sie Blessings für die Selbstheilung, Verjüngung, Lebensverlängerung und Transformation aller Aspekte des Lebens wie Beziehungen und Finanzen.**

Die zweite Krafttechnik ist die Seelenkraft. Darunter versteht man die Anrufung von inneren und äußeren Seelen für die Selbstheilung, Verjüngung, Lebensverlängerung und Transformation von allen Aspekten des Lebens wie Beziehungen und Finanzen.

Innere Seelen umfassen die Seelen Ihrer Systeme, Organe, Zellen, Zelleinheiten, DNS, RNS, Zellzwischenräume und Körperräume zwischen den Organen sowie der kleinsten Materie in Ihren Zellen. Äußere Seelen umfassen die Seelen des Göttlichen, des Tao, des Himmels, von Mutter Erde und von unzähligen Planeten, Sternen, Galaxien und Universen, sowie die Seelen von unzähligen Heilungsengeln, Erzengeln, aufgestiegenen Meistern, Lamas, Gurus, Buddhas, Bodhisattvas, Kahunas, hohen Heiligen und allen Arten von spirituellen Vätern und Müttern im Himmel und auf Mutter Erde. Seelenkraft ist sehr außergewöhnlich, da Sie nicht einen Schritt tun müssen, um das Göttliche und andere Seelen anzutreffen, und sie um Soul Healing oder ein Blessing zu bitten.

Seelenkraft kann in einem Satz zusammengefasst werden:

> **Seelenkraft bedeutet: Sie wenden die »Sag Hallo Anrufung« und das »Sag-Hallo-Blessing« an, indem Sie innere und äußere Seelen anrufen.**

Die dritte Krafttechnik ist die Geisteskraft. Geist bedeutet hier Bewusstsein. Geisteskraft nutzt und wendet die Kraft des Bewusstseins von Seele, Herz, Geist und Körper für das Soul Healing und für Blessings an.

Geisteskraft kann in einem Satz zusammengefasst werden:

Geisteskraft bedeutet: kreative Visualisierung für die Selbstheilung und für Blessings aller Aspekte des Lebens.

Die vierte Krafttechnik ist die Klangkraft. Darunter versteht man das Chanten von heiligen Mantren, schwingenden heilsamen Tönen, göttlichen Seelenliedern sowie Tao Liedern, die spezielle Frequenzen und Schwingungen für Soul Healing und Blessings tragen.

Klangkraft kann in einem Satz zusammengefasst werden:

Klangkraft bedeutet: Sie werden zu dem, was Sie chanten.

Viele Heilmethoden nutzen eine Krafttechnik. Die Anwendung einer Krafttechnik ist kraftvoll. Diese vier Krafttechniken gleichzeitig anzuwenden, ist äußerst kraftvoll.

Nun bin ich so weit, dass ich das Göttliche bitte, seine Divine Healing Hands in dieses Buch zu übertragen. Ich bitte die Teilnehmer des Workshops in Vancouver, die »Vier Kraft Techniken« anzuwenden:

Körperkraft: Setzen Sie sich aufrecht hin, stellen Sie beide Füße flach auf den Boden. Gehen Sie mit der Zungenspitze sanft ans Gaumendach. Schließen Sie Ihre Augen.

Seelenkraft: »*Sag Hallo Anrufung*«:

> *Liebes Göttliche,*
> *es ist uns eine große Ehre, dass wir Zeugen der Übertragung der Divine Healing Hands in dieses Buch sind und diese dann spüren können.*
> *Danke.*

Geisteskraft: Visualisieren Sie die Divine Healing Hands, wie sie in dieses Buch kommen. Wenn Ihr Drittes Auge geöffnet ist, könnten Sie das Göttliche sehen, wie es die Divine Healing Hands erschafft und in dieses Buch überträgt.

Seelenkraft: Nachdem das Göttliche seine Divine Healing Hands in dieses Buch übertragen hat, werden wir chanten.

Ich bin nun bereit, dass Göttliche zu bitten, seine Divine Healing Hands in dieses Buch zu übertragen. Wir haben derzeit noch kein physisches Buch, da es mir gerade von der Seelenwelt diktiert wird. Das Göttliche kann seine seelenheilenden Hände in das Buch übertragen, das auf Master Cynthias Computer ist. Wenn das Buch veröffentlicht wird, gehen die Divine Healing Hands automatisch in jedes gedruckte Exemplar. Was wir uns auch ausdenken – oder auch nicht ausdenken können –, vermag das Göttliche zu tun. Das ist die Kraft des Göttlichen. Das hat mir das Göttliche zum jetzigen Zeitpunkt mitgeteilt.

Bereiten Sie sich vor!

Ich werde zuerst die Divine Healing Hands in den Text auf diesem Computer übertragen. Ich bitte Master Peter, Master G. K. und Master Cynthia sowie einige Teilnehmer des Workshops »Öffnen der spirituellen Kanäle« darum, die Kraft der Divine Healing Hands zu beobachten und zu spüren. Master Cynthia und ich sind in Toronto. Master Peter, Master G. K. und ihre fortgeschrittenen Schüler sind in Vancouver. Ich bitte das Göttliche, seine Divine Healing Hands in diesen Computer sowie in dieses Buch zu übertragen. Dann werde ich jeden Teilnehmer bitten, sich mit den Divine Healing Hands in diesem Computer zu verbinden, um ein Soul Healing Blessing zu erhalten. Danach werde ich sie bitten, ihre persönlichen Erfahrungen mitzuteilen.

Göttliche Anordnung: Divine Healing Hands Seele-Geist-Körperübertragungen in dieses Buch

Übertragung!

Ich bitte Master Peter, die Bilder, die er mit dem Dritten Auge wahrnimmt, mitzuteilen und in die direkte Seelenkommunikation mit dem Göttlichen zu gehen. Ich bitte ebenso Master G. K. und Master Cynthia sowie einige der Schüler(innen) in Vancouver, ihre Erfahrungen mitzuteilen.

Zuerst teilte Master Peter Hudoba seine Erfahrungen mit:

Wir sind sehr begeistert und sehr dankbar für diese erstaunliche Gelegenheit. Dies gab es noch nie, dass Master Sha sich direkt in unseren Workshop einwählte, doch die moderne Technik macht es möglich. Ich werde die Bilder meines Dritten Auges mitteilen. Was ich sah, war, dass das Göttliche in der rechten Hand ein offenes Buch vor sich hielt. Es schaute auf die Seiten und als Master Sha die Anordnung gab, kam ein sehr schönes, helles Licht aus dem Herzen des Göttlichen, das auf das Buch überging und eine Lichtexplosion verursachte. Ich bin äußerst dankbar und gesegnet, diese wunderschönen Bilder gesehen zu haben.

Dann bat ich Master Peter, in die direkte Seelenkommunikation mit dem Göttlichen zu gehen. Master Peter erhielt vom Göttlichen die folgenden Worte:

Mein von ganzem Herzen geliebter Zhi Gang Sha,
wir sind Dir sehr dankbar, dass diese Gelegenheit geschaffen wurde, der Menschheit die Divine Healing Hands zu bringen. Dies ist ein innovativer Ansatz, welcher der göttlichen Mission auf großartige Weise dienen wird. Dies wird innerhalb kürzester Zeit Tausenden von Menschen die Divine Healing Hands bringen. Der Himmel ist hocherfreut. Alle Seelen sind hocherfreut. Die Menschheit ist sehr gesegnet.
Dein Dich liebendes Göttliches.

Danach bat ich Master G. K., seine Erfahrungen mitzuteilen:

Danke, Master Sha, dem Göttlichen und dem Tao für die Gelegenheit, dienen zu können. Zuerst sah ich, wie sich der Himmel öffnete. Die Wolken teilten sich und ich sah den Himmel und das Göttliche. Ich sah das Herz des Göttlichen vor dem Buch und ein starkes, helles Licht strahlte vom Herzen des Göttlichen zum Buch. Der gesamte Himmel war ebenfalls Zeuge. Eine große Feier fand im Himmel statt. Viele heilige Wesen und Heilige hielten eine Prozession mit Bannern und Musikinstrumenten. Als das Blessing begann, ging eine Lichtexplosion aus dem Buch auf uns hinüber, die uns alle hier mit einem intensiven Licht umhüllte. Es fühlt sich sehr gut an und ist sehr angenehm.

Es gibt uns allen das Gefühl, mit dem Göttlichen verbunden zu sein. Es ist wie das Wan Ling Rong He (alle Seelen werden eins), das sich augenblicklich mit diesem Blessing offenbarte.

Anschließend bat ich Master G. K., in die direkte Seelenkommunikation mit dem Göttlichen zu gehen.

Mein lieber Sohn Zhi Gang Sha,
ich danke Dir für all Deine großartigen Gebete. Ich danke Dir für Dein so großes Mitgefühl für die Menschheit. Deine Gebete werde ich Dir erfüllen und Dir dieses Geschenk machen, um der Menschheit zu dienen. Es soll ihr helfen, die Umwandlungsphase auf Mutter Erde zu überwinden sowie sich mehr auf den Himmel und auf Mutter Erde auszurichten. Sie soll sich der Seelenkraft bewusst werden und innerlich im totalen GOLD mit mir verbunden sein: in Dankbarkeit, Gehorsam, Treue und Demut. Dies ist eine wichtige Zeit und ich bin glücklich, Dich mit den Mitteln zu belohnen, dies umzusetzen.
Du bist unbeschreiblich gesegnet.
Danke. Danke. Danke.

Dann bat ich Master Cynthia mitzuteilen, welche Erfahrungen sie mit der Übertragung und dem Blessing der Divine Healing Hands gemacht hatte.
Sie teilte mit:

Als Master Sha mit der Übertragung der Divine Healing Hands begann, sah ich, wie sich viele Ebenen des Himmels öffneten. Alles blieb in diesem Moment stehen. So etwas ist auf Mutter Erde noch niemals passiert. Es war so bedeutsam, dass selbst die Seelen in der Seelenwelt dies beobachteten und miterlebten.
Das Göttliche saß auf einem sehr besonderen Sessel oder Thron. Aus ihm kam das Buch Divine Healing Hands *hervor. Dieses Buch befand sich an einem sehr speziellen Platz in der Akasha-Chronik. Als Master Sha die göttliche Anordnung gab, sah und hörte ich, dass nicht nur Mutter Erde, sondern auch darüber hinaus alles vibrierte.*

Die Frequenz und Schwingung aller Seelen hat sich auf den inneren Ebenen verändert, ob sie das auf einer mentalen oder bewussten Ebene wahrnehmen oder nicht. Die Liebe, das Licht und das Mitgefühl, die von diesem Buch ausstrahlen werden, erwecken das Herz und die Seele wie niemals zuvor.

Als das Buch die Übertragung erhalten hat, sagte das Göttliche das Folgende:

Mein geliebter Zhi Gang,
ich danke Dir, dass Du der Leiter und mein speziell ausgewählter Diener bist, der Menschheit meine Divine Healing Hands zu überbringen. Es gab viele, die auf Mutter Erde die Fähigkeit besaßen zu heilen. Es ist aber das erste Mal, dass meine Divine Healing Hands vielen Menschen gegeben werden.
Du hast den Weg eingeschlagen und bist mutig die Schritte gegangen, der Menschheit durch dieses Buch meine Divine Healing Hands zu bringen. Deren Kraft und Bedeutung kann weder übergangen noch unterschätzt werden. Die Kraft und Bedeutung dessen, was die Menschheit und die genehmigten Personen erhalten werden, liegt weit über dem, was der menschliche Verstand erfassen kann. All dies ist wirklich notwendig für die bevorstehende Umwandlung auf Mutter Erde.
Meine Divine Healing Hands werden das erwecken, was in Seele, Herz, Geist und Körper geschlafen hat.
Meine Divine Healing Hands werden die Selbstheilung von Seele, Herz, Geist und Körper der Menschheit, von Mutter Erde und allen Universen bewirken.
Meine Divine Healing Hands werden Herzen und Seelen vereinen.
Ich danke Dir, mein lieber Sohn Zhi Gang, dass Du ein Teil meiner Essenz, meine mit Liebe und Licht erfüllten Hände, all denen bringst, die dieses Buch lesen werden.
Heute ist ein Feiertag, nicht nur hier im Himmel und in der Seelenwelt, sondern auch für die ganze Menschheit.
Ich danke Dir.
Ich liebe Dich.
Ich bin Dein Dich liebendes Göttliches.

Schließlich bat ich die Teilnehmer(innen) in Vancouver, die an dem Workshop »Öffnen der spirituellen Kanäle« mit Master Peter Hudoba und Master G. K. Khoe teilnahmen, ihre Erfahrungen mitzuteilen, die sie machten, als die Divine Healing Hands in dieses Buch übertragen wurden.

A. V. teilte mit:

Als die Kraft in das Buch übertragen wurde, sah ich eine unglaubliche Menge goldenen Lichts, die in dieses Buch ging. Das Licht, das in diesem Buch ist, hat die Form einer großen goldenen Lichtkugel. Dieses Licht besitzt Intelligenz, Weisheit, Liebe und Mitgefühl. Das Licht, das im Buch ist, wird immer in diesem Buch bleiben. Es soll heilsam und erdend auf Menschen wirken. Es bringt allen Licht. Es war eindrucksvoll, dies zu sehen.

Marina Hubbard war die zweite Teilnehmerin, die sich mitteilte:

Ich sah ein strahlend goldenes Licht, das in dieses Buch ging. Dann gab es eine Lichtexplosion, die so schön war. Das Licht strömte bereits in das Buch, obwohl es noch gar nicht veröffentlicht ist. Das Licht strahlte in viele Richtungen. Ich sah die Seiten dieses Buches und sie hatten unermesslich viel Liebe und Licht. In diesem Augenblick berührte etwas mein Herz. Es ist die Liebe und das Licht des Göttlichen, wonach wir alle suchen.

Es ist ein solcher Segen für uns, einen so mitfühlenden Lehrer wie Master Sha und das wohlwollende Göttliche zu haben, die immer großzügig und liebevoll sind. Kurz danach erkannte ich, dass sich die Liebe und das Licht über das Buch hinaus ausweiteten, und ich sah die Freude des Himmels, die zu allen kommt, die von diesem Buch berührt werden. Ich bin dankbar für die Möglichkeit, meine Erfahrungen mitzuteilen.

Ich dankte Master Peter, Master G. K., Master Cynthia, A. V. und Marina, dass sie die Bilder ihres Dritten Auges sowie die direkte Seelenkommunikation mit dem Göttlichen mitgeteilt hatten.

Ich übertrug die Divine Healing Hands in dieses Buch während eines Workshops, in dem es um Seelenkommunikation ging. Dies bot allen eine großartige Gelegenheit, mit dem Göttlichen zu kommunizieren und die Bilder ihres Dritten Auges und die direkte Seelenkommunikation des Göttlichen mitzuteilen.

ANWENDUNG DER DIVINE HEALING HANDS FÜR DAS SOUL HEALING

Dies ist das erste Mal, dass die Divine Healing Hands, die in dieses Buch übertragen wurden, allen Teilnehmer(innen) des Workshops in Vancouver, Ihnen, den Leser(inne)n, ein Soul Healing und Blessing geben.

Ich lehre immer, die »Vier Kraft Techniken« anzuwenden, wenn andere Menschen ein Soul Healing Blessing für die Selbstheilung erhalten.

Körperkraft: Liebe Leser(innen), bitte setzen Sie sich aufrecht hin. Es ist das erste Mal, dass Sie die Divine Healing Hands in diesem Buch anwenden, die Ihnen ein Soul Healing Blessing für Ihr Anliegen geben. Schließen Sie Ihre Augen. Verbinden Sie sich mit den Divine Healing Hands in diesem Buch.

Seelenkraft oder »*Sag Hallo Anrufung***«:** Sie können um Soul Healing für Ihren physischen Körper bitten, wie z. B. bei Rückenschmerzen, Knieschmerzen, steifem Hals, oder Sie können einen anderen Bereich Ihres Körpers nennen, der sich selbst heilen soll.

Oder:

Sie können um Soul Healing für Ihren emotionalen Körper bitten, wie z. B. bei Depressionen, Angstzuständen, Furcht, Wut, Besorgtheit, Schuld u. v. m.

Oder:

Sie können um Soul Healing für Ihren mentalen Körper bitten, wie z. B. bei mentaler Verwirrung, schlechtem Gedächtnis oder sogar bei mentalen Störungen.

Oder:

Sie können um Soul Healing für Ihr Herz und Ihre Seele bitten, wie z. B. für die Öffnung von Herz und Seele, sowie um ein Blessing für Herz und Seele.

Oder:

Sie können um Soul Healing für Ihre Beziehungen bitten. Sie bitten die Divine Healing Hands in der Stille um ein Blessing für die Beziehung zwischen Ihnen und einer anderen Person (Nennen Sie im Stillen seinen/ihren Namen).

Oder:
Sie bitten um ein Blessing für Ihr Unternehmen und Ihre Finanzen.
Oder:
Sie bitten um ein Blessing, eine neue Arbeitsstelle oder berufliche Karriere zu finden.
Oder:
Sie bitten um ein Blessing, das Ihre Intelligenz erhöht.
In einem Satz zusammengefasst:

Sie können die Divine Healing Hands bitten, Blessings für alle Aspekte Ihres Lebens zu geben.

Jeder könnte ein anderes Anliegen haben. Die Divine Healing Hands, die in dieses Buch übertragen wurden, geben Ihnen nun ein Soul Healing Blessing, das Ihrem spezifischen Anliegen dient.

Jeder bittet nun in der Stille:

Liebe Divine Healing Hands, die in dieses Buch übertragen wurden,
Bitte gebt mir ein Soul Healing, oder Blessing
für _____ *(Nennen Sie im Stillen Ihr Anliegen).*

Der wichtigste Satz, der den Divine Healing Hands im Stillen zu sagen ist:

Liebe Divine Healing Hands, bitte gebt mir ein Soul
Healing, und Blessing, so wie es derzeit angemessen ist.
Danke.

Divine Healing Hands sind die seelenheilenden Hände des Göttlichen. Wenn Sie den vorhergehenden Satz sagen, werden die Divine Healing Hands es hören. Das Göttliche hört es. Divine Healing Hands Soul Healer haben eine besondere Lichtverbindung zum Göttlichen. Wenn Sie die Divine Healing Hands bitten, Soul Healing oder ein Blessing zu geben, wird das Göttliche aufmerksam, da es durch diese besondere Lichtleitung mit Ihnen verbunden ist.

Deshalb muss jeder, der die Divine Healing Hands um Soul Healing bittet, oder jeder Divine Healing Hands Soul Healer diesen Satz sagen, bevor er oder sie ein Soul Healing erhält bzw. andere Personen Soul Healing Blessings erhalten. Merken Sie sich diese Weisheit.

Erzwingen Sie kein Soul Healing oder Blessing, indem Sie sagen: »Du musst heilen« oder »Du musst transformieren«. Dies ist respektlos. Die Divine Healing Hands und das Göttliche werden das angemessene Soul Healing und Blessing geben. Es ist das beste Soul Healing und Blessing für das Anliegen. Bei chronischen und lebensbedrohlichen Beschwerden dauert es seine Zeit, bis die Gesundheit wieder hergestellt ist. Es ist ein *Muss*, bei jedem Anliegen die Divine Healing Hands um ein angemessenes Soul Healing und Blessing zu bitten, auch wenn Sie dies einer anderen Person anbieten.

Es gibt einige mögliche Reaktionen auf ein Soul Healing oder Blessing durch die Divine Healing Hands in diesem Buch, oder wenn dies von einem Divine Healing Hands Soul Healer gegeben wird.

Man könnte Folgendes wahrnehmen:

- augenblickliche herzberührende und bewegende Ergebnisse, so wie Soul Healing, das an ein Wunder grenzt
- deutliche Verbesserung
- geringe Verbesserung
- keinerlei Verbesserung

Ungeachtet der Ergebnisse sollte man ein Blessing immer abschließen, indem man »Danke. Danke. Danke« sagt. So zeigen Sie dem Göttlichen und den Divine Healing Hands den angemessenen Respekt.

Wenn Sie keine Verbesserung verspüren, bedeutet das nicht, dass es nichts bewirkt hat. Nach meinen Lehren der »Seele Geist Körper Medizin«, den Buchreihen Soul Power und Divine Power werden alle Krankheiten durch Seele-Geist-Körperblockaden verursacht.

Die Divine Healing Hands können Seele-Geist-Körperblockaden auflösen. Bei chronischen und lebensbedrohlichen Beschwerden sowie ernsthaften Herausforderungen in Beziehungen und Finanzen können die Divine Healing Hands die Seele-Geist-Körperblockaden teilweise auflösen. Es könnten mehrere Divine Healing Hands Blessings notwendig sein, um eine deutliche Verbesserung zu sehen. Also, wenn Sie keine Verbesserung verspüren, bedeutet es nicht, dass Sie keinen Fortschritt machen. Es gibt ein altehrwürdiges Sprichwort:

病来如山倒；病去如抽丝
Bing Lai Ru Shan Dao; Bing Qu Ru Chou Si

»Bing« bedeutet *Krankheit*. »Lai« bedeutet *zu bekommen*. »Ru« bedeutet *so wie*. »Shan« bedeutet *Berg*. »Dao« bedeutet *zu fallen*. »Qu« bedeutet *loszulassen*. »Chou Si« bedeutet *Seide spinnen*.

»Bing Lai Ru Shan Dao; Bing Qu Ru Chou Si« (ausgesprochen *Bing Lai Ru Schahn Dau, Bing Tschü Ru Tscho Sz*) bedeutet: *Eine Krankheit zu bekommen ist, als ob ein Berg plötzlich zusammenfällt. Eine Krankheit loszulassen ist, wie Seide zu spinnen.* Dies lehrt uns, dass Krankheiten plötzlich auftreten und ernsthaft sein können, wie ein Berg, der zusammenfällt. Eine Krankheit loszulassen kann ein langsamer Prozess sein, wie das Seidenspinnen.

Es lehrt uns, geduldig zu sein, wenn wir in der Selbstheilung sind. Haben Sie Geduld, wenn Sie Soul Healing von den Divine Healing Hands erhalten oder wenn Sie anderen Soul Healing Blessings geben. Erwarten Sie nicht, dass jemand augenblicklich kuriert wird. Bei chronischen und lebensbedrohlichen Beschwerden kann es eine Weile dauern, bis sie kuriert sind, wenn dennoch Heilung geschieht, grenzt dies an ein Wunder.

Es spielt keine Rolle, ob Sie augenblickliches Soul Healing oder bemerkenswerte Verbesserung, geringe Verbesserung oder keine spürbaren Veränderungen erhalten. Es ist immer wichtig, dem Göttlichen und den Divine Healing Hands die Dankbarkeit Ihres Herzens zu zeigen. Die Blockaden können schon sehr lange vorhanden sein. Sie können sehr stark sein. Das Soul Healing könnte dauern. Sie sollen wissen, dass das Göttliche sowie die Divine Healing Hands Ihnen immer das bedingungslose und angemessene Soul Healing und Blessing geben.

Lassen Sie uns nun mit den Divine Healing Hands Blessings aus diesem Buch fortfahren:

Geisteskraft: Visualisieren Sie goldenes Licht, das unentwegt in dem Bereich Ihres Anliegens strahlt.

Klangkraft: Chanten Sie wiederholt, im Stillen oder laut:

> *Divine Healing Hands wirken heilsam und segnen mich. Danke.*
> *Divine Healing Hands wirken heilsam und segnen mich. Danke.*
> *Divine Healing Hands wirken heilsam und segnen mich. Danke.*
> *Divine Healing Hands wirken heilsam und segnen mich. Danke ...*

Wenn Sie die Divine Healing Hands anrufen und chanten, so kommen die Divine Healing Hands aus diesem Buch hervor, gehen zu Ihnen, um Ihrem Anliegen mit einem Soul Healing Blessing zu dienen.

Für die Workshop-Teilnehmer(innen) in Vancouver werden nun die Divine Healing Hands aus dem Computer kommen, in dem dieses Buch gespeichert ist. Dieses Buch ist der Träger der Divine Healing Hands, die nun zu Euch kommen, um ein Soul Healing Blessing zu geben.

Alle, die im Workshop sind, stellen nun im Stillen eine Bitte und erhalten das Blessing. Wir werden zehn Minuten still sein, um ein großes Blessing von den Divine Healing Hands zu erhalten. Danach werde ich fünf Teilnehmer bitten, ihre Erfahrungen mitzuteilen. Ich werde ebenso die drei Divine Channels, Master Peter, Master G. K. und Master Cynthia, bitten, ihre Erfahrungen mitzuteilen. Alle bereiten sich darauf vor, dieses Blessing jetzt zu erhalten.

Ihr könnt auch eine Bitte an die Divine Healing Hands stellen, damit sich Eure spirituellen Kanäle öffnen. Ihr könnt jetzt darum bitten.

Wir blieben für zehn Minuten still, während die Divine Healing Hands des Buches allen Workshop-Teilnehmer(innen) ein Soul Healing Blessing gaben.

Hao! Ihr seid alle sehr gesegnet. Ich möchte nun, dass die drei Divine Channels und vier Schüler ihre Erfahrungen mit diesem Blessing mitteilen.

Master Peter:

> *Ich danke Master Sha, dem Göttlichen und den Divine Healing Hands. Ich bat um ein Soul Healing Blessing für meinen Husten, den ich seit zwei Tagen habe. So fühle ich mich gesund, aber ich huste. Vor mir sah ich eine enorm große Seele und ein erlesenes Licht floss in jede Zelle meines Körpers. Ich sah, wie das Licht auf alle Teilnehmer des Workshops überging. Mein Körper fühlt sich leicht und sehr wohlig an. Ich*

weiß nicht, wie sich das auf meinen Husten ausgewirkt hat, aber im Moment fühle ich mich großartig! Es ist eine große Ehre, dieses Blessing erhalten zu haben. Wir sind alle sehr gesegnet.

Sara Baker:

Ich bat um ein Blessing für meine spirituelle Reise. Ich sah ein kurzes Bild. Es war symbolisch. Ich sah mich selbst eine Straße entlang gehen. Sie symbolisiert die vielen Leben, die noch vor mir liegen. Plötzlich sah ich so viele heilige Wesen, die mich unterstützten und Blockaden auflösten, und erhielt die Hilfe, auf meiner Reise voranzukommen. Ich fühlte mich so gesegnet und geliebt, dass diese Hilfe immer bei mir sein wird.
Ich bin sehr dankbar. Danke.

Master G. K.:

Ich danke Master Sha, dem Göttlichen und den Divine Healing Hands. Ich kann mich nicht genügend bedanken. Ich bin fast weggetreten. Ich bat um ein Blessing für meine Knie. Ich sah blendendes Licht, das in jede Zelle und jede DNS ging, also nicht nur in meine Knie. Ich war in einem erweiterten Zustand und tauchte in dieses helle Licht ein, und ich fühle mich von Kopf bis Fuß, von Haut bis auf die Knochen transformiert. Mir ist heiß. Ich vibriere. Als das Blessing endete, wusste ich erst nicht, wo ich war.
Vielen Dank für dieses erlesene und besondere Blessing. Wir sind wirklich und wahrhaftig unbeschreiblich gesegnet. Ich kann mich nicht genügend bedanken, Master Sha.
Ich danke dem Göttlichen und den Divine Healing Hands.

Karen McGuire:

Ich sah enormes Licht, das vom Himmel herunterfloss. Das fing vor dem Blessing an. Es sah wie Schneeflocken aus und kleine Divine Healing Hands, und sie gingen in alle Bereiche meines Körpers. Es

ging zu meiner Seelenreise mit vielen Tafeln, so wie die von Moses, die mir auf meiner Seelenreise voraneilen.
Ich bin mit dieser Reise verschmolzen.

Master Cynthia:

Ich danke Master Sha, dem Göttlichen und den Divine Healing Hands.
Ich hatte keine besondere Bitte, ich bat um das, was für meinen spirituellen, mentalen, emotionalen und physischen Körper angemessen ist.
Dann sah ich riesige Divine Healing Hands. Das Licht war blendend. Als Erstes spürte ich, dass etwas in meinem Botschaftenzentrum passierte, und dann stieg in meiner gesamten Wirbelsäule Hitze auf bis hoch in den Kopf. Die Frequenz und Schwingung waren so hoch, dass sie mich wegtreten ließen.
Wie Master G. K. es bereits schilderte, fühlte ich auch, dass ich so enthoben war und meinen eigenen Körper nicht mehr wahrnahm, und dann kam ich in meinen Körper zurück, als Master Sha »Hao!« sagte. Ich bin sehr dankbar für das, was ich erhalten habe. Ich bin Master Sha, dem Göttlichen und den Divine Healing Hands dankbar und verbunden. Hao!

Magdalena A. Blatchford:

Ich fühle mich sehr, sehr geehrt und zutiefst berührt, mit tief empfundener Wertschätzung, die tief aus meinem Herzen kommt.
Es macht mich wirklich sprachlos, was ich erlebt habe. Vor dieser Erfahrung haben wir uns von Herz zu Herz und von Seele zu Seele verbunden. Mein Körper dehnte sich und wurde größer. Ich bereitete mich auf das Blessing der Divine Healing Hands vor, dass meine Seele ein Blessing erhält, um das Herz meiner Seele zu öffnen.
Als ich um dieses Blessing bat, sah ich ein wirklich wunderschönes Licht, das von den Divine Healing Hands ausging. Es war regenbogenfarben.

Ich bin dem Göttlichen, den Divine Healing Hands und Dir, Master Sha, zutiefst dankbar, dass Du dieses der Menschheit bringst. Ich verpflichte mich, eine bedingungslose Dienerin zu sein.
Als ich mich mehr und mehr öffnete und sah, wie die Seele meines Herzens sich öffnet, spürte ich eine tiefere Ebene des Mitgefühls. Als ich in den Bereich dieses Mitgefühls eintauchte, löste ich mich fast auf. Ich kann meine Erfahrung mit diesem Blessing gar nicht in Worte fassen. Ich danke aus tiefstem Herzen.

A. V.:

Es war wirklich wunderschön, sich mit der Kraft zu verbinden. Ich bat um Soul Healing für mein Herz, da ich Herzklopfen und Herzbeschwerden habe. Als ich mich mit der Energie verbunden hatte, ging umgehend ein enorm kraftvoller Lichtregen auf mein Herz nieder. Er war stark, dennoch nicht übermäßig.
Es waren viele goldene und weiße Hände, die an meinem Herzen arbeiteten. Das Licht war nährend. Die Beschwerden verschwanden. Es war angenehm, friedvoll und erdend. Ich bedanke mich sehr.

Bevor der nächste Schüler sich mitteilte, dachte ich an zwei Psychologen aus Victoria in British Columbia. Fast gleichzeitig erschien einer der beiden Psychologen auf meinem Computer über Internet-Video.

Was ich Ihnen und der Menschheit mitteilen möchte und für die spirituelle Reise gilt: Was Sie denken, könnte geschehen. Jeder kann diese Fähigkeiten entwickeln. In den vergangenen Jahren habe ich dieses häufig erlebt: Was ich dachte, ist geschehen. Nun beobachte ich immer häufiger: Wenn ich an ein Soul Healing denke, geschieht dieses Soul Healing. Die Ergebnisse sind kaum in Worte zu fassen, unbegreiflich und jenseits aller Vorstellungen.

Wie lautet das Geheimnis? Ich kann es in einem Satz zusammenfassen:

Die Fähigkeit des »Was Sie denken, wird geschehen« bedeutet, der Menschheit bedingungslosen universellen Dienst anzubieten. Je mehr Sie dienen, desto mehr Fähigkeiten werden sich zeigen.

Ich sagte zu dem Psychologen: »*Bitte, könnten Sie sich selbst vorstellen und Ihre Erfahrungen mitteilen?*«
Mark E. Jackman:

Ich habe einen Master in Psychologie und meine Frau ist Doktor der Psychologie. Ich übe diese Tätigkeit schon sehr lange aus und werde häufig für einen Doktor gehalten.
Ich bat die Divine Healing Hands, meine Ängste hinsichtlich meines Berufes und den finanziellen Verpflichtungen aufzulösen. Meine Gedanken verschwanden, als die Divine Healing Hands kamen. Der Raum wurde mit Licht überflutet und wir baden immer noch darin. Das Gefühl der göttlichen Größzügigkeit – enormer göttlicher Großzügigkeit – ist alles, was ich sagen kann, die mich sowie alle hier überflutet.

Dann fragte ich: »*Können Sie Ihre Frau bitten, sich mitzuteilen?*«
Dr. Mary Louise Reilly:

Ich danke den Divine Healing Hands für dieses kraftvolle Geschenk. Erst wusste ich nicht, wo ich mit dem Bitten anfangen sollte. Dann hatte ich drei Bitten und die gab ich an das Göttliche ab. Daraufhin sagte Master Sha, dass man die Divine Healing Hands darum bitten kann, die spirituellen Kanäle zu öffnen, und ich bat um die Öffnung meines Botschaftenzentrums.
Ich sah violettes Licht, das in meine Augen kam. Ich spürte Blockaden und mein Körper bewegte sich heftig, unkontrollierbar. Er zuckte stark. Ich spürte, wie Blockaden aufgelöst wurden. Ich war erfüllt von Licht und Liebe. Ich spürte auch, dass ich nicht da war, spürte Leere. Es war so viel Liebe und Dankbarkeit anwesend. Ich danke Master Sha, den Divine Healing Hands und dem Göttlichen.

Während sie sich mitteilte, hörte ich, wie zwei andere Seelen in dieser Gruppe sagen: »*Ich will auch etwas mitteilen.*« Wenn Ihr den Gedanken hattet, dann kommt bitte nach vorne und gebt Eure Rückmeldungen.

Marina Hubbard:

Als wir vorhin das Divine Healing Hands Blessing von dem Buch erhielten, überließ ich es dem Göttlichen, was für mich am besten wäre. Ich spürte einen Wirbelwind, der auf positive, kraftvolle und unerwartete Weise durch meine Hände und unterschiedliche Bereiche meines Körpers ging.
Master Sha erwähnte, dass wir auch um ein Blessing für die Öffnung unserer spirituellen Kanäle bitten können. Ich dachte sofort, dass dies wunderbar wäre. Ich begann Bilder in meinem Dritten Auge zu sehen. Nicht alle von ihnen waren angenehm. Es kamen Bilder aus der Vergangenheit hoch. Ich spürte nur Liebe, Sicherheit und Vergebung mit diesem Licht, und ich erkannte, wie wichtig es ist, dass wir uns in unseren Handlungen, Gedanken und Worten an das Göttliche erinnern. Wir können so wirkungsvoll sein, wie wir anderen helfen können.
Ich bin sehr dankbar für das Soul Healing und die Lehre, die ich gleichzeitig erhielt. Ich bin dankbar, dass alle Seelen eine Chance erhalten, sich durch dieses Divine Healing Hands-Buch mit Soul Healing zu verbinden.

Master G. K.:

Ich spüre, dass mein Herz und mein ganzes Sein in diese Lehre und dieses Blessing eingetaucht und transformiert wurden. Ich erinnerte mich plötzlich an ein altes Sprichwort von Yin Shui Si Yuan, was bedeutet: »*Wenn Du Wasser trinkst, dann gedenke der Quelle.*« *Dieses Sprichwort lehrt, dass man jedem dankbar sein sollte, der tiefgreifende Lehren, Weisheiten, Blessings und geistige Nahrung überbringt. Als ich jung war, brachte mir mein Vater die Kalligrafie bei und auch die Lehre dieses Sprichwortes. Nun erinnere ich mich daran.*
Ich spüre so viel Dankbarkeit für all dies. Ich kann mich nicht genügend bei Master Sha, dem Göttlichen und dem Tao bedanken. Unzählige Verneigungen.

Magdalena A. Blatchford:

Ich möchte aus der Tiefe meines Herzens um Vergebung bitten. Ich habe schon so häufig wunderschöne Bilder gesehen und ein Teil von mir schweigt dann.
Während des Tao II Retreats im November 2011, das in Niagara Falls, Kanada, stattfand, hat mein Herz geklopft. Ich sah dieses erstaunliche Bild, wie Dein Körper so groß und überdimensional wurde, Master Sha. Es wuchs dieser wunderschöne Arm aus Deinem Körper, bis er kein menschlicher Arm oder keine menschliche Hand mehr war. Er umfasste alle Menschen, die im Retreat waren, und darüber hinaus die, welche im Hotel waren. Ich fühlte mich so zutiefst gesegnet, eingehüllt, geliebt und gehalten. Ich fühlte in diesem Moment, dass die gesamte Menschheit von Dir gehalten wurde. Ich fühlte mich sicher.
Heute möchte ich ausdrücken, dass schon lange vor dem Divine Healing Hands Blessing die Hände von allen hier im Raum wuchsen und immer näher zusammen kamen. Schließlich wurden die Hände von allen eine riesengroße Hand, und diese ging dann zu Dir und in das Buch. Aus ihm kam ein regenbogenfarbenes Licht auf uns zu.
Was bleibt da noch zu sagen? Es gibt keine passenden Worte, diese großartigen Schätze des Göttlichen und des Tao zu beschreiben. Es ist kaum in Worte zu fassen oder zu erfassen, dass der Menschheit dieses großartige Geschenk gegeben wird. Ich bin sehr dankbar. Selbst die Worte wie »Danke« sind nicht ausreichend. Ich bin unendlich dankbar. Ich fühle mich so sicher. Danke.

Teilnehmer:

Ich hatte meine Augen die ganze Zeit geschlossen, da das Licht so überwältigend, schön und liebevoll war. Als wir das Blessing erhielten, bat ich um ein Blessing für eine besondere Person und eine Beziehung. Ich hatte meine Augen geschlossen und das Gesicht dieser Person zeigte sich mir. Dann zeigten sich auch Mitglieder meiner Familie ganz deutlich.

Dies hängt damit zusammen, dass ich zu Hause Schwierigkeiten habe – nicht ich persönlich, aber es ist Zwist in der Familie. Ich ging dann plötzlich in den Zustand der göttlichen Vergebung und chantete göttliche Vergebung. Es ging um die Blessings von Beziehungen und um Vergebung.
Vielen Dank.

Adrian V.:

Ursprünglich habe ich um Soul Healing für meinen Nacken gebeten. Mein Nacken war sehr steif und ich hatte große Schmerzen. Ich denke, dass es eine Reinigung ist, da er sehr, sehr steif war. Noch bevor Master Sha: »Soul Healing beginnt« sagte, fühlte ich schon, dass der Schmerz aufgelöst wurde.
Als Master Sha sagte, dass wir um ein Blessing für die Öffnung unserer spirituellen Kanäle bitten könnten, dachte ich, dass es gut wäre, aber ich wollte nicht schummeln und um zwei Blessings bitten.
Ich sah einen Laser, der in den Kern meiner Wirbelsäule ging und etwas entfernte. Es sah aus wie eine Operation. Es wurden sogar Blockaden in meinem Dritten Auge aufgelöst. Dann ging der Laser in meinen Nacken und führte die gleiche Operation durch.
Danke.

Ich danke den drei Mastern und allen Personen, die ihre Erlebnisse mitteilten.

Jetzt werde ich für zwei Minuten ein Divine Healing Hands- und Tao Gesang-Blessing geben, um Eure spirituellen Kanäle zu öffnen.

Es gibt vier spirituelle Kanäle:

- Kanal der Seelensprache
- Kanal der direkten Seelenkommunikation
- Kanal des Dritten Auges
- Kanal des direkten Wissens

Bitte im Stillen, was Ihr geöffnet haben wollt.

Liebe Leser(innen), wenn Sie diese Textstelle lesen, legen Sie nun das Buch zur Seite. In den nächsten zwei Minuten erhalten Sie das Divine Healing Hands- und Tao Gesang-Blessing, das in diesem Buch gespeichert ist. So können Sie das Blessing auch erhalten.

Entspannen Sie vollständig.

Ihr Lieben, ich gebe nun für zwei Minuten das Divine Healing Hands- und Tao Gesang-Blessing für die Öffnung Eurer spirituellen Kanäle. Es beginnt jetzt!

(Ich singe Seelengesang für die Öffnung der spirituellen Kanäle von allen.)

Master Peter übersetzt meinen Tao Gesang:

Unser geliebter Sohn, Zhi Gang Sha,
dies ist ein wirklich außergewöhnliches Blessing. Dieses Blessing hat Seele, Herz, Geist und Körper von allen Teilnehmer(inne)n und Leser(innen) geöffnet.
Ihr habt enorme Mengen an Tugend für die Öffnung Eurer spirituellen Kanäle erhalten. Die Menge der Tugend übersteigt Eure Vorstellungen.
Sich mitzuteilen, bedeutet zu dienen. Dient Ihr ein bisschen, erhaltet Ihr ein kleines Blessing. Dient Ihr mehr, erhaltet Ihr mehr Blessings. Dient Ihr bedingungslos, erhaltet Ihr unbegrenzte Blessings.
Wir sind unserem Sohn, Zhi Gang Sha, so dankbar, dass er der Menschheit diese besondere Mission bringt. Wir sind auch allen Schülern sehr dankbar, die diese göttliche Mission unterstützen. Wir sind allen Leser(innen) sehr dankbar, dass sie ihre Erfahrungen mit den Divine Healing Hands machen. Sie öffnen Eure spirituellen Kanäle und Ihr erhaltet Soul Healing und Blessing für alle Aspekte Eures Lebens.
Wir unterstützen alle und alle erhalten Blessings. Ihr seid überaus geliebt und gesegnet.
Euer Euch liebendes Göttliches.

Im Kapitel 7 werde ich Lehren geben und Übungen mit den Divine Healing Hands anleiten, um Ihre spirituellen Kanäle zu öffnen. Sie erhalten weitere Blessings für die Öffnung Ihrer spirituellen Kanäle.

Im nächsten Kapitel werde ich Ihnen und allen Leser(inne)n weitere Übungen mit den Divine Healing Hands für die Stärkung Ihrer Energie, Ausdauer, Vitalität und Immunität sowie für die Verjüngung und Langlebigkeit vermitteln. Merken Sie sich meine Lehre: Überspringen Sie die Übungen nicht. Es wäre ein Fehler.

3

Wenden Sie die Divine Healing Hands für die Stärkung der Energie, Ausdauer, Vitalität und Immunität sowie für die Verjüngung und die Langlebigkeit an

DIES IST WIRKLICH EIN EINZIGARTIGES BUCH. DIESES Buch enthält Divine Healing Hands. Divine Healing Hands tragen die Frequenz und Schwingung von Liebe, Vergebung, Mitgefühl und Licht des Göttlichen.

Ich betone die wichtige Lehre immer wieder in allen meinen Büchern der Buchreihe Soul Power sowie in allen meinen Workshops und Retreats:

- Divine Healing Hands tragen die Frequenz und Schwingung des Göttlichen, welche die Frequenz und Schwingung des gesamten Lebens, einschließlich Gesundheit, Beziehungen, Finanzen, Intelligenz sowie aller Aspekte des Lebens transformieren können.
- Divine Healing Hands tragen göttliche Liebe, die alle Blockaden schmilzt und das gesamte Leben transformiert.
- Divine Healing Hands tragen göttliche Vergebung, die dem gesamten Leben innere Freude und inneren Frieden bringt.

- Divine Healing Hands tragen göttliches Mitgefühl, das die Energie, Ausdauer, Vitalität und Immunität des gesamten Lebens stärkt.
- Divine Healing Hands tragen göttliches Licht, das heilsam wirkt, vor Krankheiten schützt, die Seele, das Herz, den Geist und den Körper reinigt und verjüngt, sowie die Gesundheit, Beziehungen, Finanzen, Intelligenz und alle Aspekte des Lebens transformiert.
- Divine Healing Hands sind heilige Schätze des Göttlichen, die der Menschheit, Mutter Erde, dem Himmel sowie unzähligen Planeten, Sternen, Galaxien und Universen Liebe, Frieden und Harmonie bringen.

In diesem Kapitel werden wir die Divine Healing Hands für die Stärkung von Energie, Ausdauer, Vitalität und Immunität sowie für die Verjüngung und Langlebigkeit anwenden.

Die Kundalini und der Untere Dan Tian sind die zwei wichtigsten Körperbereiche für die Stärkung der Energie, Ausdauer, Vitalität und Immunität.

Entwicklung der Kundalini

In den altehrwürdigen chinesischen Weisheiten gibt es ein sehr wichtiges Energiezentrum, das sich Schneebergbereich nennt. Dies ist der buddhistische Begriff. In den taoistischen Lehren wird er *die goldene Urne* genannt. Im Yoga nennt man ihn *Kundalini*. In der traditionellen chinesischen Medizin nennt man ihn *Ming-Men-Bereich*. »Ming« bedeutet *Leben*. »Men« bedeutet *Tor*. »Ming-Men« bedeutet *Lebenstor*. Der Ming-Men-Bereich unterteilt sich in Ming-Men-Feuer und Ming-Men-Wasser.

Millionen von Menschen leiden an Bluthochdruck und Diabetes. Millionen von Frauen leiden unter Wechseljahrsbeschwerden. In der traditionellen chinesischen Medizin können Bluthochdruck, Diabetes, und Wechseljahrsbeschwerden durch unzureichendes Ming-Men-Wasser verursacht werden. Manche Menschen könnten glauben, dass sich diese Beschwerden beheben, wenn sie mehr Wasser trinken. Das ist nicht der Fall. Mehr Wasser zu trinken, wird diese Beschwerden nicht verbessern. Sie müssen spezielle spirituelle und energetische Übungen machen oder die richtigen Kräuter oder andere Heilmittel einnehmen, um das Ming-Men-Wasser zu nähren und das Gleichgewicht herzustellen.

Wenn Sie bei der nächsten Übung mitmachen, könnte dies Ihnen sehr helfen, Ihren Bluthochdruck, Diabetes oder Ihre Wechseljahrsbeschwerden sowie andere Krankheiten selbst zu heilen. Es gibt so viele Krankheiten, die durch unzureichendes Ming-Men-Wasser oder unzureichendes Ming-Men-Feuer verursacht werden.

Unzureichendes Ming-Men-Feuer kann u. a. Erschöpfung, kalte Gliedmaßen, sexuelle Störungen sowie Probleme im Fortpflanzungssystem, Harnsystem, Rücken, in den Beinen u. v. m. verursachen.

Das Erhöhen des Ming-Men-Feuers und Ming-Men-Wassers, um beide ins Gleichgewicht zu bringen, ist entscheidend für die Selbstheilung vieler Krankheiten, sowie für die Verjüngung und Langlebigkeit.

So können Sie die Lage der Kundalini oder des Ming-Men-Bereich bestimmen:

Ziehen Sie eine gerade Linie vom Bauchnabel zu Ihrem Rücken. Unterteilen Sie diese Linie in drei gleiche Teile. Nach dem zweiten Drittel der Strecke von Ihrem Nabel ausgehend gehen Sie 2,5 Cun (ein *Cun* entspricht der Breite Ihres Daumengelenks) nach unten. Dort ist das faustgroße Zentrum der Kundalini. Siehe Abbildung 3.

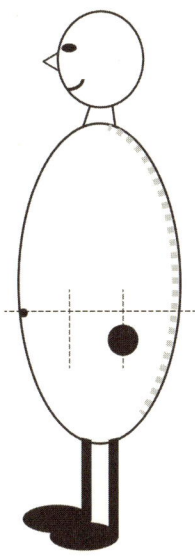

Abbildung 3. Die Lage von Kundalini/Ming-Men-Bereich

Die Kraft und Bedeutung der Kundalini:

- Die Kundalini ist der Ming-Men-Bereich, der das Ming-Men-Feuer und das Ming-Men-Wasser umfasst. Das Ming-Men-Feuer ist das wichtigste Yang im ganzen Körper. Das Ming-Men-Wasser ist das wichtigste Yin im ganzen Körper.
- Die Kundalini ist das wichtigste Energiezentrum für die Ernährung der Nieren.
- Die Kundalini versorgt das Gehirn und das Dritte Auge mit energetischer Nahrung.
- Die Kundalini ist das wichtigste Zentrum für die Verjüngung und Langlebigkeit.
- Die Kundalini ist das vorgeburtliche Energiezentrum.

Ich werde Sie nun anleiten, Ihre Kundalini zu entwickeln. Wenden Sie die »Vier Kraft Techniken« an:

Körperkraft: Setzen Sie sich aufrecht hin. Schließen Sie Ihre Augen. Gehen Sie mit der Zungenspitze sanft an das Gaumendach. Legen Sie eine Handfläche auf Ihren Bauchnabel und die andere auf Ihre Kundalini.

Seelenkraft: *»Sag Hallo Anrufung«:*

Liebe Seele, lieber Geist und lieber Körper meiner Kundalini,
ich liebe Dich.
Du hast die Kraft, mein Ming-Men-Feuer und Ming-Men-
Wasser auszugleichen, meine Nieren, mein Gehirn und mein
Drittes Auge zu nähren, meine Seele, mein Herz, meinen Geist
und Körper zu verjüngen sowie mein Leben zu verlängern.
Mach Deine Sache gut.
Danke.

Am 7. Dezember 2010 erhielt ich in Indien die »Göttliche Liebe Frieden Harmonie Regenbogenfarbene Lichtkugel«[14]. Das Göttliche erschuf diesen unvergleichlichen Schatz für die Selbstheilung der Menschheit, von Mutter Erde und allen Universen. Sie rufen diesen heiligen göttlichen Schatz an, um Ihre Kundalini zu entwickeln.

Liebe »Göttliche Liebe Frieden Harmonie
Regenbogenfarbene Lichtkugel«,
ich liebe, ehre und wertschätze Dich.
Bitte komm zu meiner Kundalini, um
meine Kundalini zu entwickeln.
Ich bin sehr dankbar.
Bitte gib meiner Kundalini ein Soul Healing Blessing,
so wie es angemessen ist.
Danke.

Geisteskraft: Visualisieren Sie, wie sich die »Göttliche Liebe Frieden Harmonie Regenbogenfarbene Lichtkugel« in Ihrer Kundalini dreht und regenbogenfarbenes Licht in Ihre Nieren, Ihre Wirbelsäule, Ihr Gehirn und Ihr Drittes Auge strahlt.

Klangkraft: Chanten Sie im Stillen oder laut:

Entwickle meine Kundalini. Danke.
Entwickle meine Kundalini. Danke.
Entwickle meine Kundalini. Danke.
Entwickle meine Kundalini. Danke ...
Die »Göttliche Liebe Frieden Harmonie Regenbogenfarbene
Lichtkugel« stärkt meine Kundalinikraft. Danke.
Die »Göttliche Liebe Frieden Harmonie Regenbogenfarbene
Lichtkugel« stärkt meine Kundalinikraft. Danke.

---

14 Das Göttliche übergab dieses göttliche Geschenk durch Master Sha an die Menschheit. Lesen Sie mehr über diesen göttlichen Schatz und wie man ihn anwendet in *Göttliche Liebe Frieden Harmonie Regenbogenfarbene Lichtkugel: Transformiert Dich, die Menschheit, Mutter Erde und alle Universen*, Heaven's Library Publication Corp., 2010 (erhältlich über www.DrSha.de).

Die »Göttliche Liebe Frieden Harmonie Regenbogenfarbene Lichtkugel« stärkt meine Kundalinikraft. Danke.
Die »Göttliche Liebe Frieden Harmonie Regenbogenfarbene Lichtkugel« stärkt meine Kundalinikraft. Danke

Legen Sie das Buch zur Seite und chanten Sie nun für fünfzehn Minuten. Wenn Sie chronische oder lebensbedrohliche Beschwerden haben, die mit der Kundalini zusammenhängen, chanten Sie täglich zwei Stunden oder länger. Je mehr Sie chanten, desto bessere Ergebnisse könnten Sie erreichen. Zählen Sie Ihre Übungszeiten zusammen, so dass Sie täglich auf zwei Stunden oder mehr kommen.

Ich habe Tausende Schüler auf der ganzen Welt mit allen Arten von Herausforderungen. In den vergangenen neun Jahren, nachdem ich im Juli 2003 zum Diener, Mittler und Kanal des Göttlichen ernannt wurde, hat es für Tausende Wunder der Seelenheilung geschehen. In den letzten Jahren wurde die wichtige göttliche Lehre hervorgehoben: **Chanten Sie täglich zwei Stunden oder länger bei chronischen und lebensbedrohlichen Beschwerden.**

Wenn Menschen dieser Anleitung ernsthaft folgten, habe ich bemerkenswerte Ergebnisse im Soul Healing und in der Transformation beobachtet. Wenn Menschen dieser Anleitung nicht folgen, wirkt sich das wirklich auf die Ergebnisse des Soul Healing aus. Soul Healing funktioniert, wenn Sie dieser Anleitung folgen.

WENDEN SIE DIE DIVINE HEALING HANDS FÜR DIE STÄRKUNG DER KUNDALINI AN

Nun leite ich Sie an, Ihre Kundalini zu entwickeln, indem Sie die Divine Healing Hands anwenden, die in diesem Buch gespeichert sind. Das Göttliche wies mich an, dass bei dieser *ersten* Anwendung der Divine Healing Hands in der Übung für die Stärkung der Kundalini die gespeicherten zwanzig Anwendungen in diesem Buch nicht genutzt werden, um die Kraft der Divine Healing Hands zu spüren. Wenn Sie die Divine Healing Hands in diesem Buch ein zweites Mal (und alle folgenden Male) für die folgende Übung nutzen, *wird* dieses für die zwanzig Anwendungen in diesem Buch angerechnet, die Leser(innen) als Geschenk erhält, um die Kraft der Divine Healing Hands zu spüren. Ich empfehle dringend, dass Sie bei jeder Anwendung der Divine Healing Hands in diesem Buch mindestens eine halbe Stunde üben, da das Göttliche mich deutlich anwies, dass Sie nach den zwanzig Anwendungen die Divine Healing Hands-Übertragung in diesem Buch nicht weiter nutzen können. Deshalb wenden Sie die Divine Healing Hands in diesem Buch zwanzig Mal an und üben Sie jedes Mal, solange Sie können, um den größten Nutzen zu schöpfen. Danach sollten Sie einen Divine Healing Hands Soul Healer oder eine(n) meiner weltweiten Repräsentant(inn)en aufsuchen, um Divine Healing Hands Blessings zu erhalten oder sich selbst für die Divine Healing Hands zu bewerben.

Wenden Sie die »Vier Kraft Techniken« an:

Körperkraft: Setzen Sie sich aufrecht hin. Schließen Sie Ihre Augen. Gehen Sie mit der Zungenspitze an das Gaumendach. Legen Sie eine Handfläche auf Ihren Bauchnabel und die andere über Ihre Kundalini.

Seelenkraft: »*Sag Hallo Anrufung*«:

> *Liebe Divine Healing Hands,*
> *ich liebe Euch.*
> *Ihr habt die Kraft, meine Kundalini zu entwickeln.*
> *Ich bin sehr dankbar.*
> *Bitte gebt mir ein angemessenes Soul Healing*
> *Blessing, um meine Kundalini zu entwickeln.*
> *Danke.*

Geisteskraft: Visualisieren Sie goldenes Licht im Bereich Ihrer Kundalini.

Klangkraft: Chanten Sie im Stillen oder laut:

> *Divine Healing Hands entwickeln meine Kundalini. Danke.*
> *Divine Healing Hands entwickeln meine Kundalini. Danke.*
> *Divine Healing Hands entwickeln meine Kundalini. Danke.*
> *Divine Healing Hands entwickeln meine Kundalini. Danke ...*

Chanten Sie, solange Sie können. Wenn dies das erste oder zweite Mal ist, dass Sie diese Übung mit den Divine Healing Hands, die in diesem Buch gespeichert sind, machen, dann chanten Sie mindestens eine halbe Stunde. Je öfter Sie chanten, desto größeren Nutzen können Sie durch die Divine Healing Hands schöpfen. Die Kundalini ist ein sehr wichtiges Energiezentrum im Körper. Sie sollten täglich eine halbe bis eine Stunde chanten, um dieses wichtige und grundlegende Energiezentrum aufzubauen. Dies trifft vor allem dann zu, wenn Sie Beschwerden haben, die mit unzureichendem Ming-Men-Wasser zusammenhängen, was ich bereits beschrieben habe.

Entwickeln Sie den Unteren Dan Tian

»Dan« bedeutet *Lichtkugel*. »Tian« bedeutet *Feld*. »Dan Tian« (ausgesprochen *Dan Tjän*) bedeutet *Lichtkugelfeld*. Der Mensch hat drei Dan Tians im Körper: einen unteren, einen mittleren und einen oberen.

Der Untere Dan Tian liegt direkt 1,5 Cun unter dem Bauchnabel und 2,5 Cun im Körper. Er ist ein faustgroßes Energiezentrum.

Der Untere Dan Tian hat eine große Kraft und Bedeutung:

- entscheidendes und grundlegendes Energiezentrum für die Energie, Ausdauer, Vitalität und Immunität
- entscheidend für die Verjüngung
- entscheidend für die Langlebigkeit
- nachgeburtliches Energiezentrum

Nun werde ich Sie anleiten, Ihren Unteren Dan Tian zu entwickeln. Wenden Sie die »Vier Kraft Techniken« an, um Ihren Unteren Dan Tian zu entwickeln:

Körperkraft: Setzen Sie sich aufrecht hin. Schließen Sie Ihre Augen. Gehen Sie mit der Zungenspitze an das Gaumendach. Nehmen Sie mit beiden Händen die Yin-Yang-Handhaltung[15] ein, und legen Sie sie unter den Bauchnabel auf den Unterbauch. Siehe Abbildung 4.

---

15 Greifen Sie mit den Fingern Ihrer rechten Hand Ihren linken Daumen und machen dann eine Faust. Legen Sie alle Finger der linken Hand auf den rechten Handrücken. Drücken Sie Ihren linken Daumen mit ca. 75-80 % Ihrer maximalen Kraft. Das ist die »Yin-Yang-Handhaltung«.

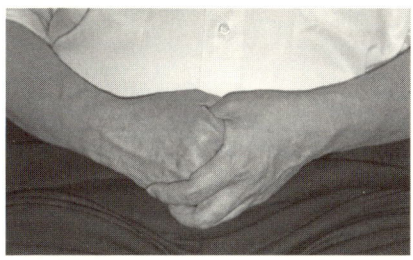

Abbildung 4. »Yin-Yang-Handhaltung«

Seelenkraft: »*Sag Hallo Anrufung*«:

*Liebe Seele, lieber Geist und lieber Körper
meines Unteren Dan Tian,
ich liebe Dich.
Du hast die Kraft, meine Energie, Ausdauer, Vitalität und
Immunität zu stärken, meine Seele, mein Herz, meinen Geist
und Körper zu verjüngen, sowie mein Leben zu verlängern.
Mach Deine Sache gut.
Danke.*

Ich werde nun allen Leser(inne)n einen immerwährenden, göttlichen Schatz anbieten. Es ist das erste Mal, dass ich in einem meiner Bücher die »Göttliche Purpurfarbene Lichtkugel und Purpurfarbene Quelle des Göttlichen Unteren Dan Tian Seele-Geist-Körperübertragungen« als Geschenk anbiete.

Bereiten Sie sich vor!

Setzen Sie sich aufrecht hin. Schließen Sie Ihre Augen. Gehen Sie mit Ihrer Zungenspitze sanft an das Gaumendach. Legen Sie Ihre linke Hand auf Ihr Botschaftenzentrum (Herz-Chakra) und Ihre rechte Hand in die traditionelle Gebetshaltung. Sie nennt sich die »Gebetshaltung des Seelenlicht-Zeitalters« (Abbildung 2).

**Göttliche Anordnung: »Göttliche Purpurfarbene Lichtkugel
und Purpurfarbene Quelle des Göttlichen Unteren
Dan Tian Seele-Geist-Körperübertragungen«**

Übertragung!

Herzlichen Glückwunsch! Sie sind sehr gesegnet. Die Menschheit ist sehr gesegnet.

Wenden Sie diese göttlichen Schätze und die »Vier Kraft Techniken« an, um die Kraft Ihres Unteren Dan Tian zu stärken:

Seelenkraft: »*Sag Hallo Anrufung*«:

> *Liebe* »*Göttliche Purpurfarbene Lichtkugel und*
> *Purpurfarbene Quelle des Göttlichen Unteren Dan*
> *Tian Seele-Geist-Körperübertragungen*«,
> *ich liebe Euch.*
> *Ich bin sehr geehrt, dass ich diese unvergleichlichen*
> *göttlichen Schätze erhalten habe.*
> *Bitte entwickelt meinen Unteren Dan Tian weiter und weiter.*
> *Ich kann Euch nicht genügend dafür danken.*

Geisteskraft: Visualisieren Sie, wie sich die »Göttliche Purpurfarbene Lichtkugel und Purpurfarbene Quelle des Göttlichen Unteren Dan Tian Seele-Geist-Körperübertragungen« in Ihrem Unteren Dan Tian drehen.

Klangkraft: Chanten Sie im Stillen oder laut:

> »*Göttliche Purpurfarbene Lichtkugel und Purpurfarbene Quelle des*
> *Göttlichen Unteren Dan Tian Seele-Geist-Körperübertragungen*«
> *stärken die Kraft meines Unteren Dan Tian. Danke.*
> »*Göttliche Purpurfarbene Lichtkugel und Purpurfarbene Quelle des*
> *Göttlichen Unteren Dan Tian Seele-Geist-Körperübertragungen*«
> *stärken die Kraft meines Unteren Dan Tian. Danke.*
> »*Göttliche Purpurfarbene Lichtkugel und Purpurfarbene Quelle des*
> *Göttlichen Unteren Dan Tian Seele-Geist-Körperübertragungen*«
> *stärken die Kraft meines Unteren Dan Tian. Danke.*
> »*Göttliche Purpurfarbene Lichtkugel und Purpurfarbene Quelle des*
> *Göttlichen Unteren Dan Tian Seele-Geist-Körperübertragungen*«
> *stärken die Kraft meines Unteren Dan Tian. Danke ...*

Legen Sie das Buch zur Seite und chanten Sie nun für fünfzehn Minuten. Der Untere Dan Tian ist ein sehr bedeutsames und grundlegendes Energiezentrum für das Leben. Es ist sehr wichtig, eine halbe bis eine Stunde zu üben, um den Unteren Dan Tian aufzubauen. Wenn Sie chronische oder lebensbedrohliche Beschwerden haben, dann denken Sie daran, täglich zwei Stunden oder mehr zu chanten. Je länger und häufiger Sie chanten, desto bessere Ergebnisse könnten Sie erzielen. Sie können alle Übungszeiten zusammenzählen, um täglich auf insgesamt zwei Stunden oder mehr zu kommen.

WENDEN SIE DIE DIVINE HEALING HANDS FÜR DIE ENTWICKLUNG DES UNTEREN DAN TIAN AN

Nun werde ich Sie anleiten, Ihren Unteren Dan Tian zu entwickeln, indem Sie die Divine Healing Hands, die in diesem Buch gespeichert sind, anwenden. So wie bei der vorherigen Übung für die Kundalini wies mich das Göttliche an, dass bei dieser *ersten* Anwendung der Divine Healing Hands für die folgende Übung des Unteren Dan Tian die gespeicherten zwanzig Anwendungen in diesem Buch *nicht* genutzt werden, um die Kraft der Divine Healing Hands zu spüren. Wenn Sie die Divine Healing Hands in diesem Buch ein zweites Mal (und alle folgenden Male) für die folgende Übung nutzen, *wird* dies für die zwanzig Anwendungen in diesem Buch angerechnet, die alle Leser(innen) als Geschenk erhalten, um die Kraft der Divine Healing Hands zu spüren.

Ich empfehle dringend, dass Sie bei jeder Anwendung der Divine Healing Hands in diesem Buch mindestens eine halbe Stunde üben, da das Göttliche mich deutlich anwies, dass Sie nach den zwanzig Anwendungen die Divine Healing Hands-Übertragung in diesem Buch nicht weiter nutzen können. Deshalb wenden Sie die Divine Healing Hands in diesem Buch zwanzig Mal an und üben Sie jedes Mal, solange Sie können, um den größten Nutzen zu schöpfen. Danach sollten Sie einen Divine Healing Hands Soul Healer oder eine(n) meiner weltweiten Repräsentant(inn)en aufsuchen, um Divine Healing Hands Blessings zu erhalten, oder sich bewerben, um die Divine Healing Hands selbst zu erhalten.

Wenden Sie die »Vier Kraft Techniken« an:

Körperkraft: Setzen Sie sich aufrecht hin. Schließen Sie Ihre Augen. Gehen Sie mit der Zungenspitze sanft an das Gaumendach. Nehmen Sie die »Yin-Yang-Handhaltung« ein und legen Sie die Hände auf den Unterbauch (Abbildung 4).

Seelenkraft: *»Sag Hallo Anrufung«:*

> *Liebe Divine Healing Hands,*
> *ich liebe Euch.*
> *Ihr habt die Kraft, meinen Unteren Dan Tian zu entwickeln.*
> *Ich bin sehr dankbar.*
> *Bitte gebt meinem Unteren Dan Tian ein*
> *Soul Healing Blessing, so wie es angemessen ist.*
> *Danke.*

Geisteskraft: Visualisieren Sie goldenes Licht, das in und um Ihren Unteren Dan Tian strahlt.

Klangkraft: Chanten Sie im Stillen oder laut:

> *Divine Healing Hands entwickeln meinen Unteren Dan Tian. Danke.*
> *Divine Healing Hands entwickeln meinen Unteren Dan Tian. Danke.*
> *Divine Healing Hands entwickeln meinen Unteren Dan Tian. Danke.*
> *Divine Healing Hands entwickeln meinen Unteren Dan Tian.*
> *Danke ...*

Chanten Sie, solange Sie können. Wenn dies das erste oder zweite Mal ist, dass Sie diese Übung mit den Divine Healing Hands, die in diesem Buch gespeichert sind, machen, dann chanten Sie mindestens eine halbe Stunde. Je öfter Sie chanten, desto größeren Nutzen können Sie durch die Divine Healing Hands schöpfen.

Der »Göttliche Heilige Kreislauf« für das Soul Healing aller Krankheiten

In der traditionellen chinesischen Medizin gibt es einen sehr wichtigen »Yin-Yang-Kreislauf« im Körper. Dieser Kreislauf umfasst den Ren-Meridian und den Du-Meridian. Der Ren-Meridian beginnt im Genitalbereich und fließt an der vorderen Mittellinie des Körpers hinauf zum Gesicht. Es ist der wichtigste Yin-Meridian. Der Du-Meridian beginnt auch im Genitalbereich und fließt an der hinteren Mittellinie hinauf zum Schädeldach und dann runter zum Gesicht. Es ist der wichtigste Yang-Meridian. Der Ren-Meridian und Du-Meridian bilden einen Kreislauf.

In der traditionellen chinesischen Medizin werden Krankheiten durch das Ungleichgewicht von Yin und Yang verursacht. Gleicht man den Ren- und Du-Meridian aus, so gleichen sich Yin und Yang aus. Dies ist entscheidend für das Soul Healing von allen Krankheiten.

Der Ren-Meridian umfasst die Meridiane der Yin-Organe: Leber, Herz, Milz, Lungen, Nieren und Herzbeutel. Der Du-Meridian umfasst die Meridiane der Yang-Organe: Gallenblase, Dünndarm, Magen, Dickdarm, Blase und der San Jiao (ausgesprochen *Sahn Jiao*).

Der von der Weltgesundheitsorganisation festgelegte Begriff für den San Jiao ist Dreifach-Erwärmer. In den traditionellen Lehren wird er auch *Dreifach-Wärmer* genannt. Der San Jiao ist die Leitungsbahn des Qi und der Körperflüssigkeiten. Der San Jiao repräsentiert drei Bereiche im Körperinneren: oberer Jiao, mittlerer Jiao und unterer Jiao. Der ubere Jiao ist der Körperraum oberhalb des Zwerchfells. Er umfasst das Herz, die Lungen und das Gehirn. Der mittlere Jiao ist der Körperraum vom Zwerchfell bis zum Bauchnabel. Er umfasst Leber, Gallenblase, Pankreas, Magen und Milz. Der untere Jiao ist der Körperraum vom Bauchnabel bis zum Genitalbereich. Er umfasst den Dünn- und Dickdarm, Blase, Nieren, Fortpflanzungs- und Geschlechtsorgane.

In der traditionellen chinesischen Medizin gilt, wenn das Qi und die Körperflüssigkeiten im San Jiao fließen, ist der Mensch gesund. Wenn das Qi und die Körperflüssigkeiten nicht im San Jiao fließen, ist der Mensch krank.

In der traditionellen chinesischen Medizin (TCM) bilden der Ren- und Du-Meridian einen lebenswichtigen Kreislauf. Eines der wichtigsten Prinzipien der TCM ist, Yin und Yang auszugleichen. Die TCM wendet chinesische Kräuter, Akupunktur und Tui Na (chinesische Massage) an, um Yin und Yang auszugleichen.

Das Gleichgewicht des Ren- und Du-Meridians ist entscheidend für die Heilung in der TCM, da es Yin und Yang ausgleicht.

Die traditionelle chinesische Medizin gibt es seit 5 000 Jahren. Im Laufe der Geschichte hat sie Milliarden von Menschen gedient. Am 8. Mai 2008 gab mir das Göttliche einen heiligen Kreislauf preis, der Yin und Yang ausgleicht und heilsam auf alle Krankheiten wirkt. Dieser heilige Kreislauf nennt sich »*Göttlicher Innerer Yin-Yang-Kreislauf*«.

Dieser heilige Kreislauf beginnt am Hui-Yin-Akupunkturpunkt (ausgesprochen *Hwey Jin*), der sich auf dem Perineum, zwischen den Genitalien und Anus, befindet. »Hui« bedeutet *Ansammlung*. »Yin« bedeutet *Botschaft Energie Materie des Yin*. Der Hui-Yin-Akupunkturpunkt sammelt die Seele, den Geist und den Körper des gesamten Yin im Körper an. Es ist der entscheidende Akupunkturpunkt für die Selbstheilung aller Krankheiten. Der heilige »Göttliche Innere Yin-Yang-Kreislauf« fließt vom Hui Yin in der Körpermitte aufwärts, durch die sieben Seelenhäuser[16], bis zum Schädeldach, und fließt vor der Wirbelsäule abwärts. Siehe Abbildung 5.

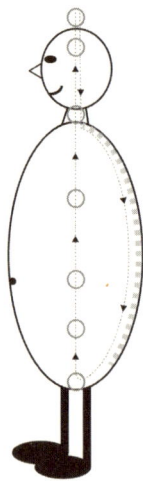

Abbildung 5. Der »Göttliche Innere Yin-Yang-Kreislauf«

---

16 Ein Mensch lebt in einem Haus. Ihre geliebte Seele lebt in Ihrem Körper. Ihr Körper ist das Haus Ihrer Seele. Es gibt sieben Seelenhäuser, in denen die Seele sich aufhalten kann. Entsprechend den Chakras befinden sie sich: am Beckenboden, im Unterbauch, im Nabel, in der Mitte des Brustkorbs, im Hals, im Gehirn und über dem Kopf.

Das Göttliche sagte mir, dass dies der i*nnere* »Yin-Yang-Kreislauf« ist. Der Ren- und Du-Meridian-Kreislauf der TCM ist der *äußere* »Yin-Yang-Kreislauf«. Die Beziehung zwischen dem inneren »Yin-Yang-Kreislauf« und dem äußeren »Yin-Yang-Kreislauf« ist: Wenn der innere »Yin-Yang-Kreislauf« fließt, so fließt der äußere »Yin-Yang-Kreislauf«.

Dieser innere »Yin-Yang-Kreislauf« umfasst die sieben Seelenhäuser und den Wai Jiao (ausgesprochen *Wai Dschau*). Die sieben Seelenhäuser sind auch als die sieben Energiechakras bekannt. Der Wai Jiao wurde nach fast fünfzig Jahren klinischer Forschung und Übungen mit Tausenden Patienten von meinem spirituellen Mentor und Vater, Dr. und Master Zhi Chen Guo, entdeckt. Der Wai Jiao befindet sich vor der Wirbelsäule und den hinteren Rippen. Er erstreckt sich bis in den Kopf. Er ist der größte Raum im Körper.

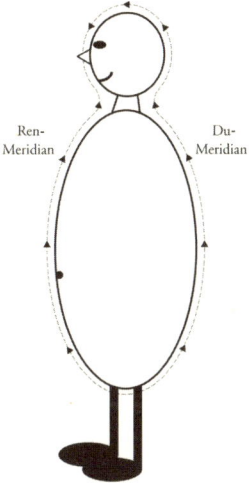

Abbildung 6. Der äußere »Yin-Yang-Kreislauf«

Der Wai Jiao und San Jiao hängen zusammen. Der San Jiao ist wie ein Fluss, der Wai Jiao wie ein Ozean. Der Fluss fließt zum Ozean. Die Blockaden im San Jiao, die Krankheiten verursachen, fließen horizontal zum Wai Jiao. Wenn jemand z. B. gesundheitliche Probleme mit dem Herzen hat, werden die damit verbundenen Energieblockaden vom oberen Jiao zum oberen Bereich des Wai Jiao bewegt. Die Reinigung der Seele-Geist-Körperblockaden im Wai Jiao ist das Geheimnis für das Soul Healing aller Krankheiten.

Wie können Sie den heiligen »Göttlichen Inneren Yin-Yang-Kreislauf« nutzen, damit er heilsam auf alle Krankheiten wirkt? Ich zeige Ihnen nun eine Übung.

Körperkraft: Setzen Sie sich aufrecht hin. Schließen Sie Ihre Augen. Gehen Sie mit der Zungenspitze an das Gaumendach. Wenn Sie ein Mann sind, dann setzen Sie sich mit dem Hui-Yin-Bereich auf Ihre linke Handfläche. Die Finger zeigen nach hinten. Wenn Sie eine Frau sind, dann setzen Sie sich mit dem Hui-Yin-Bereich auf Ihre rechte Handfläche. Die Finger zeigen nach hinten. Legen Sie die andere Handfläche auf Ihren Kopf. Siehe Abbildung 7.

Abbildung 7. Körperkraft für die Entwicklung des »Göttlichen Inneren Yin-Yang-Kreislaufes«

Seelenkraft: »*Sag Hallo Anrufung*«:

Mein lieber »Göttlicher Innerer Yin-Yang-Kreislauf«,
ich liebe Dich.
Du hast die Kraft, heilsam auf alle Krankheiten zu wirken.
Mach Deine Sache gut.
Danke.

Liebes göttliches Seelenlied Hei Heng Hong Ah Xi Yi Weng You,[17]
ich liebe Dich.
Bitte löse die Seele-Geist-Körperblockaden in
meinen sieben Seelenhäusern, meinem Wai Jiao und
im »Göttlichen Inneren Yin-Yang-Kreislauf« oder
»Göttlichen Heiligen Soul-Healing-Kreislauf« auf.
Bitte gib mir ein Soul Healing Blessing, so wie es angemessen ist.
Ich bin sehr dankbar.
Danke.

Geisteskraft: Visualisieren Sie goldenes Licht, das in den sieben Seelenhäusern, dem Wai Jiao und dem »Göttlichen Inneren Yin-Yang-Kreislauf« strahlt.

Klangkraft: Singen bzw. chanten Sie im Stillen oder laut:

Hei Heng Hong Ah Xi Yi Weng You
(ausgesprochen *Hey Hong Hung Ah Schi Yi Wong Jo*)
Hei Heng Hong Ah Xi Yi Weng You
Hei Heng Hong Ah Xi Yi Weng You
Hei Heng Hong Ah Xi Yi Weng You ...

Legen Sie das Buch zur Seite und chanten Sie nun für fünf Minuten. Im Allgemeinen sollten Sie täglich drei- bis fünfmal für drei bis fünf Minuten chanten. Wenn Sie chronische oder lebensbedrohliche Beschwerden haben, dann den-

---

17 Lesen Sie dazu das vierte Buch meiner Buchreihe Soul Power, *Divine Soul Songs: Sacred Practical Treasures to Heal, Rejuvenate, and Transform You, Humanity, Mother Earth, and All Universes*, Seite 117–119.

ken Sie daran, täglich zwei Stunden oder mehr zu chanten. Je länger und häufiger Sie chanten, desto bessere Ergebnisse können Sie erzielen. Sie können alle Übungszeiten zusammenzählen, um täglich auf insgesamt zwei Stunden oder mehr zu kommen.

WENDEN SIE DIE DIVINE HEALING HANDS FÜR DIE ENTWICKLUNG DER SIEBEN SEELENHÄUSER, DES WAI JIAO UND DES »GÖTTLICHEN INNEREN YIN-YANG-KREISLAUFES« AN

Nun leite ich Sie an, wie Sie die sieben Seelenhäuser, den Wai Jiao und den »Göttlichen Inneren Yin-Yang-Kreislauf« durch die Divine Healing Hands, die in diesem Buch gespeichert sind, anwenden. Und wieder wies mich das Göttliche an, dass bei dieser *ersten* Anwendung der Divine Healing Hands für die folgende Übung die gespeicherten zwanzig Anwendungen in diesem Buch nicht genutzt werden. Wenn Sie die Divine Healing Hands in diesem Buch ein zweites Mal (und alle folgenden Male) für die folgende Übung nutzen, *wird* dies für die zwanzig Anwendungen in diesem Buch angerechnet, um die Kraft der Divine Healing Hands zu spüren.

Körperkraft: Setzen Sie sich aufrecht hin. Schließen Sie Ihre Augen. Gehen Sie mit der Zungenspitze an das Gaumendach. Die Männer setzen sich mit dem Hui-Yin-Bereich auf die linke Handfläche. Die Frauen setzen sich mit dem Hui-Yin-Bereich auf ihre rechte Handfläche. Legen Sie die andere Handfläche auf den Kopf. (Siehe Abbildung 7.)

Seelenkraft: »*Sag Hallo Anrufung*«:

> *Liebe Divine Healing Hands,*
> *ich liebe Euch.*
> *Ihr habt die Kraft, heilsam auf meine sieben Seelenhäuser,*
> *meinen Wai Jiao und meinen »Göttlichen Inneren Yin-Yang-*
> *Kreislauf« zu wirken, um alle Krankheiten zu heilen.*
> *Bitte gebt mir ein Soul Healing Blessing, so wie es angemessen ist.*
> *Ich bin sehr dankbar.*
> *Danke.*

Geisteskraft: Visualisieren Sie das goldene Licht der Divine Healing Hands, das in den sieben Seelenhäusern, im Wai Jiao und im »Göttlichen Inneren Yin-Yang-Kreislauf« strahlt.

Klangkraft: Chanten Sie im Stillen oder laut:

*Divine Healing Hands reinigen Seele-Geist-Körperblockaden
in meinen sieben Seelenhäusern, meinem Wai Jiao und
»Göttlichen Inneren Yin-Yang-Kreislauf«, um heilsam
auf all meine Krankheiten zu wirken. Danke.
Divine Healing Hands reinigen Seele-Geist-Körperblockaden
in meinen sieben Seelenhäusern, meinem Wai Jiao und
»Göttlichen Inneren Yin-Yang-Kreislauf«, um heilsam
auf all meine Krankheiten zu wirken. Danke.
Divine Healing Hands reinigen Seele-Geist-Körperblockaden
in meinen sieben Seelenhäusern, meinem Wai Jiao und
»Göttlichen Inneren Yin-Yang-Kreislauf«, um heilsam
auf all meine Krankheiten zu wirken. Danke.
Divine Healing Hands reinigen Seele-Geist-Körperblockaden
in meinen sieben Seelenhäusern, meinem Wai Jiao und
»Göttlichen Inneren Yin-Yang-Kreislauf«, um heilsam
auf all meine Krankheiten zu wirken. Danke ...*

Ich betone es immer wieder, dass Sie so lange wie möglich chanten sollten. Je länger Sie chanten, desto größeren Nutzen können Sie von den Divine Healing Hands schöpfen.

Der »Göttliche Heilige Kreislauf« für Verjüngung und Langlebigkeit

Am 8. Mai 2008 zeigte mir das Göttliche ebenfalls den geheimen heiligen Kreislauf für Verjüngung und Langlebigkeit. Der Verlauf dieses heiligen Kreislaufes beginnt am Hui-Yin-Bereich. Er fließt in den Bereich des Steißbeins, wo sich zwei unsichtbare Löcher befinden. Die Energie fließt den Kreislauf entlang, durch die zwei unsichtbaren Löcher in das Rückenmark. Er fließt das Rückenmark aufwärts in das Gehirn und zum Schädeldach. Dann fließt er durch die sieben Seelenhäuser, die in der Körpermitte liegen, zurück in den Hui-Yin-Bereich und zum Hui-Yin-Akupunkturpunkt im Perineum.

Nun leite ich Sie an, Ihren »Göttlichen Heiligen Kreislauf« für Verjüngung und Langlebigkeit zu entwickeln. Wenden Sie die »Vier Kraft Techniken« an:

Körperkraft: Setzen Sie sich aufrecht hin. Schließen Sie Ihre Augen. Gehen Sie mit der Zungenspitze an das Gaumendach. Die Männer setzen sich mit dem Hui-Yin-Bereich auf die linke Handfläche. Die Frauen setzen sich mit dem Hui-Yin-Bereich auf ihre rechte Handfläche. Legen Sie die andere Handfläche auf den Kopf. (Siehe Abbildung 7.)

Seelenkraft: »*Sag Hallo Anrufung*«:

Lieber »Göttlicher Heiliger Kreislauf« für
Verjüngung und Langlebigkeit,
ich liebe Dich.
Du hast die Kraft, meine Seele, mein Herz, meinen Geist und
Körper zu verjüngen und mein Leben zu verlängern.
Ich bin sehr dankbar.
Mach Deine Sache gut.
Danke.

Liebes göttliches Seelenlied You Weng Yi Xi Ah Hong Heng Hei,[18]
ich liebe Dich.
Bitte aktiviere meinen »Göttlichen Heiligen
Kreislauf« für Verjüngung und Langlebigkeit.
Ich bin sehr dankbar.
Bitte gib mir ein Soul Healing Blessing für Verjüngung und
Verlängerung meines Lebens, so wie es angemessen ist.
Danke.

---

18 Lesen Sie dazu das vierte Buch meiner Buchreihe Soul Power, *Divine Soul Songs: Sacred Practical Treasures to Heal, Rejuvenate, and Transform You, Humanity, Mother Earth, and All Universes*, Seite 118.

Geisteskraft: Visualisieren Sie goldenes Licht, das in Ihrem »Göttlichen Heiligen Kreislauf« für Verjüngung und Langlebigkeit – vom Hui-Yin-Bereich zum Steißbein, dann aufwärts durch das Rückenmark und Gehirn, und dann abwärts durch die sieben Seelenhäuser, zurück zum Hui-Yin-Bereich – fließt.

Klangkraft: Singen bzw. chanten Sie im Stillen oder laut:

You Weng Yi Xi Ah Hong Heng Hei
(ausgesprochen *Jo Wong Yi Schi Ah Hung Hong Hey*)
You Weng Yi Xi Ah Hong Heng Hei
You Weng Yi Xi Ah Hong Heng Hei
You Weng Yi Xi Ah Hong Heng Hei ...

Chanten Sie, solange Sie können. Je länger und häufiger Sie chanten, desto besser können Sie Ihre Seele, Ihr Herz, Ihren Geist und Körper verjüngen und Ihr Leben verlängern.

WENDEN SIE DIE DIVINE HEALING HANDS FÜR DIE ENTWICKLUNG DES »GÖTTLICHEN HEILIGEN KREISLAUFES« FÜR VERJÜNGUNG UND LANGLEBIGKEIT AN

Nun werde ich Sie anleiten, Ihren »Göttlichen Heiligen Kreislauf« für Verjüngung und Langlebigkeit mit den Divine Healing Hands, die in diesem Buch gespeichert sind, zu entwickeln. Das Göttliche wies mich an, dass bei dieser *ersten* Anwendung der Divine Healing Hands in diesem Buch für die Entwicklung des »Göttlichen Heiligen Kreislaufes« für Verjüngung und Langlebigkeit die gespeicherten zwanzig Anwendungen in diesem Buch nicht genutzt werden. Wenn Sie die Divine Healing Hands in diesem Buch ein zweites Mal (und alle folgenden Male) für die folgende Übung nutzen, *wird* dies für die zwanzig Anwendungen in diesem Buch angerechnet, die alle Leser(innen) als Geschenk erhalten, um die Kraft der Divine Healing Hands zu spüren.

Körperkraft: Setzen Sie sich aufrecht hin. Schließen Sie Ihre Augen. Gehen Sie mit der Zungenspitze an das Gaumendach. Die Männer setzen sich mit dem

Hui-Yin-Bereich auf die linke Handfläche. Die Frauen setzen sich mit dem Hui-Yin-Bereich auf ihre rechte Handfläche. Legen Sie die andere Handfläche auf den Kopf.

Seelenkraft: »*Sag Hallo Anrufung*«*:*

> *Liebe Divine Healing Hands,*
> *ich liebe Euch.*
> *Ihr habt die Kraft, meinen »Göttlichen Heiligen Kreislauf«*
> *für Verjüngung und Langlebigkeit zu entwickeln.*
> *Ich bin sehr dankbar.*
> *Bitte gebt mir ein Soul Healing Blessing, um Seele-Geist-*
> *Körperblockaden in meinem »Göttlichen Heiligen Kreislauf« für*
> *Verjüngung und Langlebigkeit aufzulösen, so wie es angemessen ist.*
> *Danke.*

Geisteskraft: Visualisieren Sie das goldene Licht der Divine Healing Hands wie es um den gesamten »Göttlichen Heiligen Kreislauf« für Verjüngung und Langlebigkeit strahlt.

Klangkraft: Chanten Sie im Stillen oder laut:

> *Divine Healing Hands entwickeln meinen*
> *»Göttlichen Heiligen Kreislauf« für Verjüngung und*
> *Langlebigkeit. Ich bin sehr dankbar. Danke.*
> *Divine Healing Hands entwickeln meinen*
> *»Göttlichen Heiligen Kreislauf« für Verjüngung und*
> *Langlebigkeit. Ich bin sehr dankbar. Danke.*
> *Divine Healing Hands entwickeln meinen*
> *»Göttlichen Heiligen Kreislauf« für Verjüngung und*
> *Langlebigkeit. Ich bin sehr dankbar. Danke.*
> *Divine Healing Hands entwickeln meinen »Göttlichen Heiligen*
> *Kreislauf« für Verjüngung und Langlebigkeit. Ich bin sehr dankbar.*
> *Danke …*

Chanten Sie, solange Sie können. Merken Sie sich: Je länger und öfter Sie chanten, desto größeren Nutzen können Sie von den Divine Healing Hands schöpfen.
Millionen von Menschen auf der ganzen Welt brauchen mehr Energie, Ausdauer, Vitalität und Immunität.
Millionen von Menschen suchen nach Verjüngung und möchten länger leben.
Üben Sie mit beiden, dem »Göttlichen Inneren Yin-Yang-Kreislauf« und dem »Göttlichen Heiligen Kreislauf« für Verjüngung und Langlebigkeit. Sie können gleichzeitig Soul Healing, Verjüngung sowie Langlebigkeit erhalten. So üben Sie:
Singen bzw. chanten Sie im Stillen oder laut für das Soul Healing aller Krankheiten:

Hei Heng Hong Ah Xi Yi Weng You
Hei Heng Hong Ah Xi Yi Weng You
Hei Heng Hong Ah Xi Yi Weng You
Hei Heng Hong Ah Xi Yi Weng You

Dann singen bzw. chanten Sie für Verjüngung und Langlebigkeit:

You Weng Yi Xi Ah Hong Heng Hei
You Weng Yi Xi Ah Hong Heng Hei
You Weng Yi Xi Ah Hong Heng Hei
You Weng Yi Xi Ah Hong Heng Hei

Singen bzw. chanten Sie wiederholt die beiden heiligen Kreisläufe im Wechsel. Nehmen Sie sich nun mindestens zehn Minuten, um diese zwei Kreisläufe zu singen oder zu chanten. Sie werden ihre Kraft allmählich spüren. Sie können diese Übung jederzeit und überall machen. Sie können im Stillen oder laut singen bzw. chanten. Vor dem Einschlafen können Sie in Ihrem Bett[19] im Stillen singen bzw. chanten. Sobald Sie aufwachen, können Sie im Stillen singen bzw.

---

19 Chanten Sie immer im Stillen, wenn Sie liegen, da lautes Chanten im Liegen Ihr Qi erschöpft.

chanten. Sie können die beiden heiligen Kreisläufe vor und nach den Mahlzeiten singen bzw. chanten. Dies ist eine der wichtigsten täglichen Übungen. Der »Göttliche Innere Yin-Yang-Kreislauf« und der »Göttliche Heilige Kreislauf« für Verjüngung und Langlebigkeit sind Schätze für die Menschheit. Wenden Sie sie häufig an, um ihre Kraft zu spüren und ihre Vorteile zu nutzen.

Danke, dem Göttlichen für die Freigabe dieser Schätze an die Menschheit. Ich wünsche mir, dass unzählige Menschen auf der ganzen Welt großen Nutzen durch das Singen bzw. Chanten schöpfen werden, um diese zwei heiligen Kreisläufe in den Fluss zu bringen.

Singen bzw. chanten Sie nun für zehn Minuten:

Hei Heng Hong Ah Xi Yi Weng You
Hei Heng Hong Ah Xi Yi Weng You
Hei Heng Hong Ah Xi Yi Weng You
Hei Heng Hong Ah Xi Yi Weng You

You Weng Yi Xi Ah Hong Heng Hei
You Weng Yi Xi Ah Hong Heng Hei
You Weng Yi Xi Ah Hong Heng Hei
You Weng Yi Xi Ah Hong Heng Hei

Hei Heng Hong Ah Xi Yi Weng You
Hei Heng Hong Ah Xi Yi Weng You
Hei Heng Hong Ah Xi Yi Weng You
Hei Heng Hong Ah Xi Yi Weng You

You Weng Yi Xi Ah Hong Heng Hei
You Weng Yi Xi Ah Hong Heng Hei
You Weng Yi Xi Ah Hong Heng Hei
You Weng Yi Xi Ah Hong Heng Hei

Hei Heng Hong Ah Xi Yi Weng You
Hei Heng Hong Ah Xi Yi Weng You
Hei Heng Hong Ah Xi Yi Weng You
Hei Heng Hong Ah Xi Yi Weng You

You Weng Yi Xi Ah Hong Heng Hei
You Weng Yi Xi Ah Hong Heng Hei
You Weng Yi Xi Ah Hong Heng Hei
You Weng Yi Xi Ah Hong Heng Hei

Hei Heng Hong Ah Xi Yi Weng You
Hei Heng Hong Ah Xi Yi Weng You
Hei Heng Hong Ah Xi Yi Weng You
Hei Heng Hong Ah Xi Yi Weng You

You Weng Yi Xi Ah Hong Heng Hei
You Weng Yi Xi Ah Hong Heng Hei
You Weng Yi Xi Ah Hong Heng Hei
You Weng Yi Xi Ah Hong Heng Hei ...

Die Übungen in diesem Kapitel können all denen helfen, die ihre Energie, Ausdauer, Vitalität und Immunität stärken, sich verjüngen oder länger leben wollen.
Üben Sie. Üben Sie. Üben Sie.
Profitieren Sie. Profitieren Sie. Profitieren Sie.
Stärken Sie Ihre Energie. Stärken Sie Ihre Energie. Stärken Sie Ihre Energie.
Stärken Sie Ihre Ausdauer. Stärken Sie Ihre Ausdauer. Stärken Sie Ihre Ausdauer.
Stärken Sie Ihre Vitalität. Stärken Sie Ihre Vitalität. Stärken Sie Ihre Vitalität.
Stärken Sie Ihre Immunität. Stärken Sie Ihre Immunität. Stärken Sie Ihre Immunität.
Verjüngen Sie Ihre Seele, Ihr Herz, Ihren Geist und Körper. Verjüngen Sie Ihre Seele, Ihr Herz, Ihren Geist und Körper. Verjüngen Sie Ihre Seele, Ihr Herz, Ihren Geist und Körper.
Verlängern Sie Ihr Leben. Verlängern Sie Ihr Leben. Verlängern Sie Ihr Leben.

Hei Heng Hong Ah Xi Yi Weng You
Hei Heng Hong Ah Xi Yi Weng You
Hei Heng Hong Ah Xi Yi Weng You
Hei Heng Hong Ah Xi Yi Weng You

You Weng Yi Xi Ah Hong Heng Hei
You Weng Yi Xi Ah Hong Heng Hei
You Weng Yi Xi Ah Hong Heng Hei
You Weng Yi Xi Ah Hong Heng Hei

Wenden Sie die Divine Healing Hands an, um den Menschen Soul Healing zu geben

MILLIONEN VON MENSCHEN WELTWEIT LEIDEN AN ALLEN möglichen Krankheiten im spirituellen, mentalen, emotionalen und physischen Körper. Ich bin zutiefst dankbar, dass das Göttliche genehmigten Personen seine Hände gibt, damit sie durch Soul Healing das Leiden der Menschheit auflösen.

Die Divine Healing Hands tragen seelenheilende Kraft des Göttlichen. Sie tragen Frequenz und Schwingung des Göttlichen, welche die Frequenz und Schwingung von allen Lebewesen und Dingen transformieren können. Es gibt keine passenden Worte, dem Göttlichen die größte Dankbarkeit für die Möglichkeit auszudrücken, die Divine Healing Hands zu erhalten, um die Menschheit zum jetzigen Zeitpunkt zu unterstützen. Jeder, der die Divine Healing Hands erhalten hat, erhält eine unbegreiflich große Ehre.

Das göttliche Komitee teilte mir mit, dass das Göttliche plant, 200 000 Divine Healing Hands Soul Healer auf Mutter Erde zu erschaffen. Ist diese Zahl erreicht, wird das Göttliche seine Hände für Soul Healing nicht mehr anbieten. Die 200 000 Bewilligten können sich glücklich schätzen. Sie werden der Menschheit durch die schwierige Zeit auf Mutter Erde helfen.

In diesem Kapitel werden Sie lernen, üben und die Divine Healing Hands spüren, die heilsam auf Ihren spirituellen, mentalen, emotionalen und physischen Körper wirken. Sie werden auch herzbewegende und ergreifende Geschichten von Menschen lesen, welche die Divine Healing Hands für ihre Lebenssituation, aber auch für die Lebenssituation anderer angewendet haben.

Spiritueller Körper

Der Mensch hat einen spirituellen Körper, einen mentalen Körper, einen emotionalen Körper und einen physischen Körper. Der spirituelle Körper ist die Körperseele. Die wichtigste Weisheit, die ich Ihnen und allen Menschen mitteile, ist, dass der Mensch eine Körperseele hat sowie Systemseelen, Organseelen und Zellseelen. Eine Zelle umfasst Zelleinheiten, DNS, RNS und kleinste Materie. Jeder Bestandteil einer Zelle hat eine Seele. Die Räume zwischen den Zellen haben ebenfalls eine Seele.

In der Schulmedizin gibt es eine Abbildung des Nervensystems. In der traditionellen chinesischen Medizin gibt es eine Abbildung der Meridiane. In meinen Lehren der »Seele Geist Körper Medizin« gibt es eine Abbildung der Seele. Die Wissenschaftler schätzen, dass das Gehirn zwischen 80 und 100 Milliarden Zellen hat. Es gibt zahllose Zellen in jedem Hauptorgan. Das bedeutet, dass es unzählige Seelen in einem Organ gibt. Es gibt unendlich viele Seelen im Körper.

Die Seele ist ein goldenes Lichtwesen. Die Seele ist der Boss. Seelenblockaden sind eine der ausschlaggebenden Ursachen für Krankheiten. Die Wissenschaftler und die Schulmedizin haben das bis jetzt noch nicht erkannt. Es braucht seine Zeit, bis der Bereich der Wissenschaft die Seele versteht und anerkennt. Das könnte in der Zukunft geschehen.

Die grundlegende Lehre der »Seele Geist Körper Medizin« lautet:

**Heile zuerst die Seele, dann wird die Heilung
von Geist und Körper folgen.**

Bevor ein Mensch krank wird, erkrankt zuerst die Seele. Es gibt für alles einen spirituellen Grund. Seelenblockaden sind negatives Karma. Es umfasst das negative persönliche Karma, das negative Ahnenkarma u. v. m. Karma bedeutet Ursache und Wirkung. Negatives Karma ist das Ergebnis von Fehlern, die ein Mensch und seine Ahnen in all ihren Leben begangen haben, darunter das Töten, Verletzen, das Ausnutzen von anderen, Stehlen, Betrügen anderer usw. Ich vermittelte das »Ein-Satz-Geheimnis« zu Karma bereits in diesem Buch:

Karma ist die Grundursache von Erfolg und Misserfolg in allen Aspekten des Lebens.

Wenn ein Mensch negatives Karma hat, könnte dieser alle Arten von Krankheiten und Blockaden in allen Aspekten des Lebens wie Gesundheit, Beziehungen, Finanzen, Geschäftliches usw. erleiden.

Seit dem Juli 2003 habe ich Hunderttausenden von Menschen weltweit göttliche Soul Healing Blessings angeboten. Tausende erlebten Wundervolles durch Soul Healing. Diese Wunder der Seelenheilung haben mich immer besser verstehen lassen, dass Seelenblockaden der entscheidende Grund für Krankheiten sind. Um viele Krankheiten zu heilen, ist es lebensnotwendig, die Seelenblockaden aufzulösen, besonders bei chronischen und lebensbedrohlichen Krankheiten.

Die Divine Healing Hands sind äußerst kraftvoll, da sie Seelenblockaden auflösen können. Die Divine Healing Hands können nicht alle Seelenblockaden mit einer Anwendung auflösen. Die Divine Healing Hands lösen Seelenblockaden nach und nach auf. Diese schrittweise Auflösung der Seelenblockaden hat jedoch bereits für Tausende Wunder der Seelenheilung bewirkt.

Ich möchte Sie an einer sehr aussagekräftigen Geschichte über die spirituelle Reise eines Menschen teilhaben lassen, dessen tiefer Wunsch es war, die Divine Healing Hands zu erhalten, um ein Divine Healing Hands Soul Healer zu werden:

Ich bin allen Menschen so dankbar, die in mein Leben gekommen sind, für alle Ereignisse und Mühen, da sie mich alle zu unserem verehrten Master Sha brachten, den ich mit Ehre und Demut als meinen spirituellen Meister und Vater ansehe.

Ich wurde römisch-katholisch getauft und war besonders als Jugendlicher auf der höheren Schule sehr gläubig. Ich nahm im Schul- und Kirchenchor teil und nahm an den täglichen Rosenkranz-Gebeten teil. Obwohl ich nicht viel Geld hatte, bot ich meine Dienste an, wo sie gebraucht wurden, unterstützte alle schulischen und kirchlichen Aktivitäten und widmete meine Freizeit den Kindern im Erholungsheim, das sich auf dem Schulgelände befand.

Es war schon immer mein größter Wunsch zu dienen. Mein Mantra ist, dass ich ein Werkzeug des Göttlichen bin, und mein Dienst genutzt wird, um mir zu zeigen, wie ich anderen am besten dienen kann.

Heute biete ich Massage-Therapie an und habe holistische Disziplinen wie Ayurveda studiert. Mein Wunsch, Menschen zu helfen, hat sich vertieft. Ich leite sie an, biete ihnen Möglichkeiten, ihre eigenen Fähigkeiten zu erhöhen, Gesundheit auf der Ebene von Seele, Körper, Geist und Emotionen zu fühlen, um die Triade von Seele, Geist und Körper wiederherzustellen. Ich bin so dankbar, einen spirituellen Meister gefunden zu haben, der mir solche göttlichen und Tao Lehren sowie Weisheiten vermittelt, da ich mich so selbst heilen, aber auch meinen Familienmitgliedern und allen Seelen helfen kann.

Ich hatte den Wunsch, mit meiner Seele, dem Göttlichen, Jesus und Maria zu kommunizieren, die an meiner Seite gingen und mich in vielen dunklen Lebenskämpfen getragen haben, so wie all die Heiligen. Ich wollte meine Lebensaufgabe wissen, die ich durch die göttlichen und Tao Lehren von Master Sha erfuhr. Meine Aufgabe ist es, zu dienen, und meine Seele wollte sich öffnen! Ich begab mich auf die Suche nach der »Wahrheit« und begann, viele Bücher des letzten Zeitalters, in dem der Geist die Materie lenkte, zu lesen. Obwohl ich dankbar für diese Lehren war, habe ich nie eine bedeutende und anhaltende Transformation in meinem Leben erfahren.

Im Januar 2008 wurde bei mir Vaginalkrebs im 2. Stadium diagnostiziert. Ich erkannte, dass mein Krebs durch Mangel an Vergebung, dem Festhalten an alten Verletzungen, Schmerzen und Schuldgefühlen, andere verletzt zu haben, verursacht wurde. Ich begab mich auf meine Vergebungsreise, bat diejenigen um Vergebung, die ich wissentlich und unwissentlich verletzt habe, und bot denen Vergebung an, die mich wissentlich oder unwissentlich verletzt haben. Am schwersten aber war, mir selbst zu vergeben. Durch diese Übungen, meine holistischen Anwendungen, verbunden mit fünf Chemotherapiebehandlungen und einem unerschütterlichen Glauben an das Göttliche, Jesus und Maria, gab es keine Anzeichen mehr, dass ich überhaupt Krebs hatte. Bis zum heutigen Tag bin ich krebsfrei.

Im Oktober 2010 habe ich endlich meine spirituellen Wünsche erkannt und meine Suche nach einem spirituellen Meister/Lehrer endete. Ich fand meinen Meister und spirituellen Vater, verehrter Master Sha.

Meine Tante Kathleen, die in Kanada lebt, ist auch eine Massage-Therapeutin und sehr holistisch eingestellt. Sie war mir eine großartige Stütze während meiner Krebsbehandlung, hatte an einigen Retreats von Master Sha teilgenommen und schickte mir drei seiner Bücher: Divine Soul Songs, Seelenweisheit und Seelensprache. Meine Seele fühlte sich augenblicklich von ihnen angesprochen, da sie die Wahrheit in ihnen erkannte. Aber ich zögerte zuerst, da ich mich nicht würdig fühlte, auch wenn ich die Instrumente meines Herzens- und Seelenwunsches in den Händen hielt. Ich begann, diese Blockaden zu überwinden. Selbst wenn ich immer noch einige dieser Blockaden wie mangelndes Selbstwertgefühl habe, die mich daran hindern, meine Kanäle der Seelenkommunikation weiter zu öffnen, habe ich meine Seelensprache, meinen Seelengesang und meinen Tao Gesang hervorgebracht.

Ich fing an, das Buch Divine Soul Songs zu lesen, und konzentrierte mich auf die Übungen, um heilsam auf meine Beziehungen zu wirken, meinen Finanzen und meinem Unternehmen Blessings zu geben, ich bot meine neue holistische Dienstleistung, die Zubereitung von Mahlzeiten, für meine Klienten an. Ich sang die göttlichen Seelenlieder Love, Peace and Harmony und God Gives His Heart to Me. Ich traf auf ein Hindernis und nach acht Monaten des Blockiertwerdens gab ich das Unternehmen auf. Ich verfiel in eine Depression, hörte unglücklicherweise mit den Übungen auf und dachte sogar über Selbstmord nach, dass ich sogar meinen Sohn mit mir nehmen wollte, dass er nicht so unter dem Leben leidet wie ich. Aber wie sollte ich es bewerkstelligen, meinem Sohn weh zu tun und sein Leben zu nehmen?

Ich erinnere mich nur, dass ich im Schlafzimmer zu Boden fiel, zusammengekauert dalag und hemmungslos, womöglich stundenlang, schluchzte. Die einzigen Worte, die ich hervorbringen konnte waren: »Jesus, hilf mir! Jesus, hilf mir! Jesus, hilf mir!« Dann hörte ich eine klare Stimme, die sagte: »Hol das Buch Divine Soul Songs. Lies es und übe mit Hingabe und Beharrlichkeit.« Ich hatte die Kraft aufzustehen, das Buch Divine Soul Songs von meinem Tisch zu holen und sang Love, Peace and Harmony und God Gives His Heart to Me. Ich las das komplette Buch in dieser Nacht. Am nächsten Tag nahm ich die täglichen Übungen mit Hingabe und Beharrlichkeit auf, machte sie für vier, sechs und manchmal acht Stunden, wenn ich nicht arbeitete. Ich übte, ich chantete, bot meinen Dienst an und las auch die Bücher Seelenweisheit und Seelensprache.

Während ich dies schreibe, habe ich plötzlich die Einsicht, dass mich Master Sha in dieser Nacht gerettet hat. Wie kann ich jemals dem verehrten Master Sha, dem Göttlichen, dem Tao und dem Da Tao entsprechenden Dank und Ehre ausdrücken? Unzählige Male Danke zu sagen, wäre nicht ausreichend.

Ich verband mich mit Master Shas Facebook-Seite und mit unserer verehrten Seelenfamilie und hörte täglich die Tao Lieder. Mir wurde ein Gastzugang für die Internet-Teilnahme am Workshop »Öffnen der spirituellen Kanäle« geschenkt. Den Teilnehmenden wurden weitere Gastzugänge geschenkt, um an einem »Tao Soul Healing und Erleuchtung Retreat« teilzunehmen. Wiederum erhielt ich zwei Gastzugänge für die Teilnahme an einem »Tao Soul Healing und Erleuchtung Retreat«, und in diesem Jahr nahm ich ebenfalls an einem »Tao Soul Healing und Erleuchtung Retreat« über das Internet teil. Des Weiteren erhielt ich die Bücher Divine Transformation, Seelenkraft, Tao I, Tao II und Tao Gesang und Tao Tanz. Ich bekam dreißig Tao Gesang und Tao Tanz-Bücher, die ich der Nationalen Bibliothek Trinidad weitergab, die sie in anderen Bibliotheken, dem Gefängnis und Häusern für geschlagene Frauen verteilten. Ich zeigte den wichtigsten Buchhandlungen in Trinidad die Bücher der Buchreihe Soul Power mit der Bitte, diese heiligen Schätze zu führen. Eine der wichtigsten Buchhandlungen führt nun die Buchreihe Soul Power. Ich informierte meine Familie und Freunde über die Bücher und Master Shas göttliche und Tao Lehren und -Weisheiten über die Divine Healing Hands und die »Love Peace Harmony Bewegung«.

So oft es geht, nehme ich an den »Freien Soul Healing Blessings mit den Divine Healing Hands für die Menschheit« und den täglichen Divine Healing Hands-Telefonkonferenzen, den täglichen »Tao Übungen Telefonkonferenzen« und der Telefonkonferenz »Göttliche Blessings am Sonntag« teil. Ich mache täglich meine Xiu-Lian-Übungen. Da ich das Tao I ausgelesen habe, lese ich im Moment das Tao II.

Es ist mein größter Herzens- und Seelenwunsch, die Divine Healing Hands zu erhalten, für die ich bereits die Genehmigung erhalten habe, um ein Soul Healer and Soul Teacher sowie eine weltweite Repräsentantin und Meisterschülerin des verehrten Master Sha zu werden. So kann ich der »Love Peace Harmony Bewegung« beitreten, dienen und diese Bewegung und die Divine Healing Hands-Bewegung verbreiten. Es ist mein tiefster Wunsch, für das Göttliche, Tao und Da Tao, für die Menschheit, Mutter Erde, alle Universen und Wan Ling eine Dienerin im totalen GOLD zu sein und mit dem Tao zu verschmelzen.

Ich bin erst kürzlich von meinem Heimatland Trinidad und Tobago nach Barbados gezogen, da es mein Wunsch und meine Absicht ist, Master Shas göttliche und Tao Lehren und -Weisheiten, Bücher sowie die »Love Peace Harmony Bewegung« und den Auftrag der Divine Healing Hands hier auf Barbados und anschließend auf allen Karibischen Inseln zu verbreiten. Es ist mein Wunsch, Master Sha und Master Shas weltweite Repräsentant(inn)en zu den Karibischen Inseln zu bringen, dort, wo es angemessen ist, ein Love-Peace-Harmony-Center in der Karibik zu gründen.

Ich kannte die Liebe eines Vaters oder eines Elternteils nicht, bis ich Master Sha gefunden hatte. Seit ich diesen Brief angefangen habe zu schreiben, habe ich die Divine Healing Hands Seele-Geist-Körperübertragungen als Geschenk erhalten! Ich bin so dankbar für jede Anstrengung, jede Lektion, jeden Menschen, die ich jemals in meinem Leben anzog, da sie mich alle zu Master Sha und auf meine Reise zum Divine Healing Hands Soul Healer brachten. Es gibt keine Worte, die meine tiefste Liebe und Dankbarkeit für Master Sha für seine Liebe und Großzügigkeit, für die Liebe und Großzügigkeit des Göttlichen und Tao ausdrücken, die mein Leben doch noch retteten. Ich bin ihm und unserer geliebten Seelenfamilie so dankbar für all die Blessings sowie die göttlichen und Tao Schätze, die ich erhalten habe. Ich fühle mich demütig, geehrt und gesegnet. Ich lasse alle Anhaftungen, Furcht, Zweifel und Sorgen los. Ich vertraue darauf, dass ich alles erhalten werde, was ich vom Göttlichen, Tao und Da Tao brauche, um meine göttliche und Tao Reise fortzuführen, um eine größere, bedingungslose Dienerin im totalen GOLD zu werden.

Mit endloser Liebe und Dankbarkeit.

Danke! Danke! Danke!

Ich liebe Dich. Ich liebe Dich. Ich liebe Dich. Unzählige Verneigungen. Unzählige Verneigungen. Unzählige Verneigungen.

*K. Rojas
Barbados*

WENDEN SIE DIE DIVINE HEALING HANDS FÜR DAS SOUL HEALING DES SPIRITUELLEN KÖRPERS AN

Lassen Sie mich nun eine Übung anleiten, wie Sie Ihren spirituellen Körper selbst heilen.

Zuerst werde ich allen Leser(inne)n einen unvergleichlichen, immerwährenden göttlichen Schatz anbieten. Bereiten Sie sich nun vor!

Setzen Sie sich aufrecht hin. Schließen Sie Ihre Augen. Gehen Sie mit der Zungenspitze an das Gaumendach. Halten Sie die linke Handfläche über das Botschaftenzentrum (Herzchakra) und nehmen Sie mit der rechten Hand die Gebetshaltung ein. Dies nennt sich »Gebetshaltung des Seelenlicht-Zeitalters«.

Göttliche Anordnung: »Göttliche Purpurfarbene Lichtkugel und Purpurfarbene Quelle der Göttlichen Vergebung Seele-Geist-Körperübertragungen«

Übertragung!

Herzlichen Glückwunsch! Sie sind sehr gesegnet. Die Menschheit ist sehr gesegnet. Lassen Sie uns nun diese göttlichen Schätze anwenden, um Ihren spirituellen Körper selbst zu heilen und zu transformieren.

Wenden Sie die »Vier Kraft Techniken« an:

Körperkraft: Setzen Sie sich aufrecht hin. Schließen Sie Ihre Augen. Gehen Sie mit der Zungenspitze an das Gaumendach. Nehmen Sie die »Gebetshaltung des Seelenlicht-Zeitalters« ein.

Seelenkraft: »*Sag Hallo Anrufung*«:

Liebe Seele, lieber Geist und lieber Körper
meines spirituellen Körpers,
ich liebe Dich.
Liebe Seele, lieber Geist und lieber Körper der »Göttlichen
Purpurfarbenen Lichtkugel und Purpurfarbenen Quelle der
Göttlichen Vergebung Seele-Geist-Körperübertragungen«,
ich liebe Euch.
Ihr habt die Kraft, heilsam auf die Seelenblockaden meines
spirituellen Körpers zu wirken und zu transformieren.
Bitte gebt ein Soul Healing Blessing, so wie es angemessen ist.
Ich bin sehr dankbar.
Danke.

Geisteskraft: Visualisieren Sie strahlend purpurfarbenes Licht in Ihren inneren Seelen: den Seelen Ihrer Systeme, Organe und Zellen, einschließlich Zelleinheiten, DNS, RNS, Zellzwischenräumen sowie der kleinsten Materie im Zellinneren.

Klangkraft: Chanten Sie im Stillen oder laut:

Göttliche Schätze wirken heilsam und transformieren
meinen spirituellen Körper. Danke.

*Göttliche Schätze wirken heilsam und transformieren
meinen spirituellen Körper. Danke.
Göttliche Schätze wirken heilsam und transformieren
meinen spirituellen Körper. Danke.
Göttliche Schätze wirken heilsam und transformieren
meinen spirituellen Körper. Danke ...*

Legen Sie das Buch zur Seite und chanten nun für fünf Minuten. Im Allgemeinen sollten Sie täglich drei- bis fünfmal für drei bis fünf Minuten chanten. Wenn Sie chronische oder lebensbedrohliche Beschwerden haben, dann chanten Sie täglich zwei Stunden oder mehr. Je länger und häufiger Sie chanten, desto bessere Ergebnisse können Sie erzielen. Sie können alle Übungszeiten zusammenzählen, um täglich auf insgesamt zwei Stunden oder mehr zu kommen.

Nun werde ich Sie anleiten, Ihren spirituellen Körper selbst zu heilen, indem Sie die Divine Healing Hands anwenden. Das Göttliche wies mich an, dass bei dieser *ersten* Anwendung der Divine Healing Hands für die Selbstheilung des spirituellen Körpers die gespeicherten zwanzig Anwendungen in diesem Buch nicht genutzt werden, um die Kraft der Divine Healing Hands zu spüren. Wenn Sie die Divine Healing Hands in diesem Buch ein zweites Mal (und alle folgenden Male) für das Soul Healing des spirituellen Körpers nutzen, *wird* dies für die zwanzig Anwendungen in diesem Buch angerechnet, die alle Leser(innen) als Geschenk erhalten, um die Kraft der Divine Healing Hands zu spüren.

Ich empfehle dringend, dass Sie bei jeder Anwendung der Divine Healing Hands in diesem Buch mindestens eine halbe Stunde für jegliche Selbstheilung und Transformation üben, da Sie nach den zwanzig Anwendungen die Divine Healing Hands-Übertragung in diesem Buch nicht weiter nutzen können. Danach ist das Göttliche nicht mehr zuständig für das Soul Healing der Divine Healing Hands.

Wenden Sie die »Vier Kraft Techniken« an:

Körperkraft: Setzen Sie sich aufrecht hin. Schließen Sie Ihre Augen. Gehen Sie mit der Zungenspitze an das Gaumendach. Legen Sie eine Handfläche auf Ihren Bauchnabel und die andere Hand über das Herz.

Seelenkraft: »*Sag Hallo Anrufung*«:

Liebe Divine Healing Hands,
ich liebe Euch.
Ihr habt die Kraft, heilsam auf meinen spirituellen Körper zu wirken.
Ich bin sehr dankbar.
Bitte gebt mir ein Soul Healing Blessing, so wie es angemessen ist.
Danke.

Geisteskraft: Visualisieren Sie das strahlend-goldene Licht der Divine Healing Hands in Ihrem Herz und in Ihrer Seele.

Klangkraft: Chanten Sie im Stillen oder laut:

Divine Healing Hands wirken heilsam auf
meinen spirituellen Körper. Danke.
Divine Healing Hands wirken heilsam auf
meinen spirituellen Körper. Danke.
Divine Healing Hands wirken heilsam auf
meinen spirituellen Körper. Danke.
Divine Healing Hands wirken heilsam auf
meinen spirituellen Körper. Danke.
Divine Healing Hands wirken heilsam auf
meinen spirituellen Körper. Danke ...

Chanten Sie, solange Sie können. Je öfter und länger Sie chanten, desto größeren Nutzen schöpfen Sie von den Divine Healing Hands.

Nun lesen Sie die Geschichte einer zufälligen Begegnung, die eine unschätzbare Gelegenheit bot, ein Divine Haling Hands Soul Healer zu werden:

Mein Name ist Claudia Thompson. Ich bin ein demütiger Universal Servant (Anmerk. d. Übers.: Titel nach Abschluss eines bestimmten Ausbildungsprogramms) und würde gerne meine Geschichte als Empfängerin der Divine Healing Hands und als ein neuer Divine Healing Hands Soul Healer erzählen. Ich hoffe, dass meine Geschichte eine Inspiration für einen Menschen ist, der diese Beispiele von Master Shas schöner und kraftvoller Mission für sich nutzen kann.

Vor knapp zwei Jahren erfuhr ich von einer Frau zum ersten Mal von Master Sha, die in meinen Antiquitätenladen in Atlanta kam. Sie hörte einer Telefonkonferenz zu und ließ mich daran teilhaben. Das Chanten hörte sich für mich fremd an, aber ich war aufgeschlossen. Als wir Freundinnen wurden, erzählte sie mir mehr, sie war eine Heilerin.

Ich spiele Fußball und stelle meinen Körper ständig auf die Probe. Ich hatte mir meinen rechten Fuß ordentlich verletzt, und nachdem ich bereits seit einer Woche Schmerzen hatte, nahm ich ihr Angebot, mir ein Healing Blessing zu geben, bereitwillig an. Da ich erwartete, dass sie meine Füße massieren würde, fand ich es erstaunlich, dass sie mich noch nicht einmal berührte, aber eine Art Gebet über meinen Füßen machte. Ich spürte einen Hitzestrom und danach fühlte sich mein Fuß hundert Prozent besser an. Das war außergewöhnlich, und es öffnete mir die Augen, und ich wollte mehr von Master Sha wissen.

Ich lernte langsam, wendete ein paar Grundlagen an, aber legte dann das meiste von diesen Informationen auf Eis. Wenn mir jemand gesagt hätte, dass ich selbst zwei Jahre später ein Divine Healing Hands Soul Healer werden würde, hätte ich gelacht.

Ein Jahr, nachdem dieser Engel von Master Sha einfach in mein Leben trat (es gibt keine Zufälle), befand sich mein Leben in einer schweren Wende. Ich schloss mein Geschäft nach zwanzig Jahren. Ich hatte meine Mutter nach langer Krankheit verloren und mein Knie war schwer verletzt, was mich vom Fußballspielen abhielt, das ich so liebe. Irgendwie erhielt ich die Nachricht, dass Master Sha in Atlanta sein würde, und ich wusste, dass ich ihn sehen musste, um ernsthafte Hilfe von

Außen zu erhalten, um durch diese schwere Zeit zu kommen.
Ich nahm an der Veranstaltung teil und war von dieser großen Seele überwältigt und ich wusste, dass mein Leben nie mehr dasselbe sein würde. Ich erhielt einige außergewöhnlich-kostbare Übertragungen und mir wurde die Mission vertrauter. Im August kam einer von Master Shas weltweiten Repräsentant(inn)en nach Atlanta und war so freundlich, mir eine »Soul Operation« und göttliche Seele-Geist-Körperübertragungen für mein Knie zu geben. Innerhalb von Minuten war es besser und nach einigen Tagen fühlte es sich an, als ob ich ein neues Knie hätte.
Nun, das war ein außerordentlicher Beweis für die Kraft von Master Shas Werk. Ich spielte dann für viele, viele Monate Fußball, als ob ich zwanzig Jahre alt wäre. Seitdem hatte ich ein paar Rückschläge, von denen ich weiß, dass sie von meinem schweren Karma kommen, und an denen arbeite ich. Jedoch habe ich einen lebenden Beweis für die Kraft von Master Sha.
Soul Healing erfahren zu haben, reichte mir nicht, sondern diese Erfahrung weiterzugeben, um Menschen zu helfen, die keine Hoffnung haben, ist mir so wichtig. Im vergangenen Februar erhielt ich eine Beratung von einem weltweiten Repräsentant(inn)en von Master Sha in Atlanta, Master Bill Thomas, und er gab mir ein Soul Reading, das besagte, dass ich eine kraftvolle Heilerin bin. Das machte mich sprachlos, aber ich wusste, dass ich tief im Inneren meinen Mitmenschen dienen und die gleichen Möglichkeiten vermitteln wollte, die mir gegeben wurden, um mental, physisch und spirituell zu transformieren. Ich musste meine Verunsicherung ablegen und einen Glaubenssprung machen.
Ich nahm an einem dreitägigen Workshop in Atlanta teil und erhielt meine Divine Healing Hands, und alles, was ich sagen kann, ist, dass es sich so selbstverständlich anfühlt. Ich sage den Menschen, dass es sich wie ein Gebet anfühlt, mit dem Unterschied, dass man »große Kanonen« hinter sich hat, die einem beim Soul Healing helfen. Ich kann mich nicht genügend vor dem Göttlichen verneigen und meinen Mitmenschen, Tieren, Pflanzen u. v. m. die bestmögliche Hilfe anbieten. Ich habe zwei Fallbeispiele, die ganz eindeutig die Kraft der Divine

Healing Hands zeigen. Das erste Soul Healing galt der französischen Bulldogge Hektor. Er hatte schon seit einigen Wochen eine Augeninfektion, die tagsüber nässte. Er hat förmlich sein erstes Divine Healing Hands Blessing von mir während der täglichen Divine Healing Hands-Telefonkonferenz erhalten, das sein Auge reinigte, und es blieb sauber. Das zweite Soul Healing galt einer Freundin, die ich in Los Angeles besuchte, die am nächsten Tag auf der Bühne auftreten sollte, aber an schweren Blasenbeschwerden litt (ein Problem, das sie schon ihr ganzes Leben hatte). Ich bot ihr ein Soul Healing an, so wie es angemessen war, und sie stimmte zu. Im Anschluss sagte sie, dass ihre Schmerzen weg waren. Natürlich verneigte ich mich, um mich beim Göttlichen zu bedanken, da es meiner besten Freundin half. Was das Ganze noch besser macht, ist, dass ich ihr einige von Master Shas Seelenweisheiten vermitteln konnte, um ihre Reise zu fördern.

Dies waren zwei Fallbeispiele, die ich im ersten Monat als Divine Healing Hands Soul Healer erlebte. Mit der Hilfe des Göttlichen hoffe ich, noch viele weitere heilsame Erfahrungen mit denen zu machen, die mir begegnen und Hilfe benötigen. Ich weiß, dass ich in meiner Entwicklung noch einen l-a-n-g-e-n Weg vor mir habe, dennoch bin ich stolz auf mich selbst, da ich angetreten bin und mein Ego zur Seite gestellt habe, damit das Göttliche übernehmen kann. Dies hat meinem Leben solch einen wunderschönen Sinn gegeben und ich bin allen so dankbar, die mir halfen, dort hinzukommen, wo ich jetzt bin. Danke. Danke. Danke.

Claudia R. Thompson
Atlanta, Georgia

Mentaler Körper

Der Mensch hat einen mentalen Körper. Der mentale Körper ist der Geistkörper. Geist bedeutet Bewusstsein. Die Menschen verstehen, dass ihr Geist mit dem Gehirn verbunden ist. Die Menschen verstehen vielleicht nicht, dass der

Geist in jedem System, jedem Organ und jeder Zelle ist. Alles hat eine Seele, einen Geist und einen Körper.

Der mentale Körper hat Blockaden, einschließlich negativer Denkweisen, negativer Einstellungen, negativer Überzeugungen, Ego, Anhaftungen u. v. m. Soul Healing des mentalen Körpers bedeutet, dies alles aufzulösen.

Die Divine Healing Hands haben die Kraft, Geistblockaden aufzulösen.

Wenden Sie die Divine Healing Hands für Soul Healing des mentalen Körpers an

Lassen Sie mich nun eine Übung für Soul Healing des mentalen Körpers anleiten.

Zuerst möchte ich allen Leser(inne)n unvergleichlich immerwährende göttliche Schätze anbieten.

Bereiten Sie sich nun vor!

Körperkraft: Setzen Sie sich aufrecht hin. Schließen Sie Ihre Augen. Gehen Sie mit der Zungenspitze sanft an das Gaumendach. Legen Sie die linke Handfläche über Ihr Botschaftenzentrum (Herzchakra), das sich in der Mitte des Brustkorbs befindet und die rechte Hand nehmen Sie in die traditionelle Gebetshaltung.

Göttliche Anordnung: »Göttliche Purpurfarbene Lichtkugel und Purpurfarbene Quelle der Göttlichen Klarheit Seele-Geist-Körperübertragungen«

Übertragung!

Herzlichen Glückwunsch! Sie sind sehr gesegnet. Die Menschheit ist sehr gesegnet.

Wenden Sie diese göttlichen Schätze an, um Ihren mentalen Körper selbst zu heilen und zu transformieren.

Wenden Sie die »Vier Kraft Techniken« an:

Körperkraft: Setzen Sie sich aufrecht hin. Schließen Sie Ihre Augen. Gehen Sie mit der Zungenspitze an das Gaumendach. Nehmen Sie die »Gebetshaltung des Seelenlicht-Zeitalters« ein.

Seelenkraft: »*Sag Hallo Anrufung*«:

> *Liebe Seele, lieber Geist und lieber Körper meines mentalen Körpers,*
> *ich liebe Dich.*
> *Liebe Seele, lieber Geist und lieber Körper meiner »Göttlichen*
> *Purpurfarbenen Lichtkugel und Purpurfarbenen Quelle der*
> *Göttlichen Klarheit Seele-Geist-Körperübertragungen«,*
> *ich liebe Dich.*
> *Ihr habt die Kraft, heilsam auf die negativen Denkweisen, negativen*
> *Einstellungen, negativen Überzeugungen, Ego, Anhaftungen und*
> *mehr in meinem mentalen Körper zu wirken und zu transformieren.*
> *Bitte gebt ein Soul Healing Blessing, so wie es angemessen ist.*
> *Ich bin sehr dankbar.*
> *Danke.*

Geisteskraft: Visualisieren Sie strahlendes purpurfarbenes Licht in Ihrem Geist, das auf Ihre Körper-, System-, Organ-, und Zellebenen strahlt.

Klangkraft: Chanten Sie im Stillen oder laut:

> *Göttliche Schätze wirken heilsam und transformieren*
> *meinen mentalen Körper. Danke.*
> *Göttliche Schätze wirken heilsam und transformieren*
> *meinen mentalen Körper. Danke.*
> *Göttliche Schätze wirken heilsam und transformieren*
> *meinen mentalen Körper. Danke.*
> *Göttliche Schätze wirken heilsam und transformieren*
> *meinen mentalen Körper. Danke…*

Legen Sie das Buch zur Seite und chanten nun für fünf Minuten. Im Allgemeinen sollten Sie täglich drei- bis fünfmal für drei bis fünf Minuten chanten. Wenn Sie chronische oder lebensbedrohliche Beschwerden haben, dann chanten Sie täglich zwei Stunden oder mehr. Je länger und häufiger Sie chanten, desto bessere Ergebnisse können Sie erzielen. Sie können alle Übungszeiten zusammenzählen, um täglich auf insgesamt zwei Stunden oder mehr zu kommen.

Nun leite ich Sie an, wie Sie Ihren mentalen Körper selbst heilen und transformieren, indem Sie die Divine Healing Hands anwenden. Das Göttliche wies mich wieder an, dass bei dieser *ersten* Anwendung der Divine Healing Hands für Soul Healing und Transformation des mentalen Körpers die gespeicherten zwanzig Anwendungen in diesem Buch nicht genutzt werden, um die Kraft der Divine Healing Hands zu spüren. Wenn Sie die Divine Healing Hands in diesem Buch ein zweites Mal (und alle folgenden Male) für Soul Healing und Transformation des mentalen Körpers nutzen, *wird* dies für die zwanzig Anwendungen in diesem Buch angerechnet, die alle Leser(innen) als Geschenk erhalten.

Ich empfehle dringend, dass Sie bei jeder Anwendung der Divine Healing Hands in diesem Buch mindestens eine halbe Stunde üben, da das Göttliche mich deutlich anwies, dass Sie nach den zwanzig Anwendungen die Divine Healing Hands-Übertragung in diesem Buch nicht weiter nutzen können.

Wenden Sie die »Vier Kraft Techniken« an:

Körperkraft: Setzen Sie sich aufrecht hin. Schließen Sie Ihre Augen. Gehen Sie mit der Zungenspitze an das Gaumendach. Legen Sie eine Handfläche auf Ihren Bauchnabel und die andere über Ihr Herz.

Seelenkraft: »*Sag Hallo Anrufung*«:

> *Liebe Divine Healing Hands,*
> *ich liebe Euch.*
> *Ihr habt die Kraft, heilsam auf meinen mentalen Körper*
> *zu wirken und zu transformieren, um meine negativen*
> *Denkweisen, negativen Überzeugungen, negativen Einstellungen,*
> *mein Ego, meine Anhaftungen und mehr aufzulösen.*
> *Bitte gebt ein Soul Healing Blessing, so wie es angemessen ist.*
> *Ich bin sehr dankbar.*
> *Danke.*

Geisteskraft: Visualisieren Sie das goldene Licht der Divine Healing Hands, das in Ihrem Herz und Ihrer Seele strahlt.

Klangkraft: Chanten Sie im Stillen oder laut:

> *Divine Healing Hands bringen meinem Geist Klarheit*
> *und transformieren meine negativen Denkweisen,*
> *negativen Einstellungen, negativen Überzeugungen,*
> *mein Ego, meine Anhaftungen und mehr. Danke.*
> *Divine Healing Hands bringen meinem Geist Klarheit*
> *und transformieren meine negativen Denkweisen,*
> *negativen Einstellungen, negativen Überzeugungen,*
> *mein Ego, meine Anhaftungen und mehr. Danke.*
> *Divine Healing Hands bringen meinem Geist Klarheit*
> *und transformieren meine negativen Denkweisen,*
> *negativen Einstellungen, negativen Überzeugungen,*
> *mein Ego, meine Anhaftungen und mehr. Danke.*
> *Divine Healing Hands bringen meinem Geist Klarheit*
> *und transformieren meine negativen Denkweisen,*
> *negativen Einstellungen, negativen Überzeugungen,*
> *mein Ego, meine Anhaftungen und mehr. Danke ...*

Chanten Sie, solange Sie können. Je länger und öfter Sie chanten, desto größeren Nutzen können Sie von den Divine Healing Hands schöpfen.

Emotionaler Körper

Vor 5 000 Jahren hat die traditionelle chinesische Medizin deutlich die tief greifende Weisheit und Verbindung zwischen dem physischen Körper und dem emotionalen Körper weitergegeben:

- Das Element Holz (Leber) ist mit der Wut im emotionalen Körper verbunden.
- Das Element Feuer (Herz) ist mit Angst und Depression im emotionalen Körper verbunden.

- Das Element Erde (Milz) ist mit Besorgtheit im emotionalen Körper verbunden.
- Das Element Metall (Lungen) ist mit Trauer und Traurigkeit im emotionalen Körper verbunden.
- Das Element Wasser (Nieren) ist mit Furcht im emotionalen Körper verbunden.

Wut, Depression, Angst, Besorgtheit, Trauer, Traurigkeit und Furcht sind die hauptsächlichen emotionalen Störungen für die Menschheit. Es gibt aber noch andere emotionale Probleme. Sie können alle in die fünf Elemente eingestuft werden. Sie können alle ausgeglichen werden, indem die fünf Elemente ausgeglichen werden.

Genießen Sie diese herzberührende Geschichte über die Divine Healing Hands und die Selbstheilung einer Leberzirrhose im Endstadium:

Mein Name ist Arti Patil und ich bin ein Optiker. Wir sind eine Familie von Optikern und haben eine Augenklinik in Mumbai, Indien.

Seit ich mit meinen Divine Healing Hands praktiziere, beginne ich immer mehr daran zu glauben, dass das Göttliche äußerst großzügig ist, indem es die ernsthaften Bitten um Soul Healing für jeden erfüllt. Dies ist nur eine jener mustergültigen Geschichten, in der die Ergebnisse einfach sagenhaft waren.

Ein junger Mann mit chronischer Alkoholabhängigkeit erhielt die Diagnose: Leberzirrhose im Endstadium mit starker Blutarmut, Appetitlosigkeit und schwacher Leber- und Nierenfunktion. All seine Blutwerte waren sehr entmutigend. Trotz dieser Beschwerden wollte er weiterhin Alkohol trinken und wurde gewalttätig, wenn man ihm keinen Alkohol gab.

Ich erhielt eine Bitte um Soul Healing, und begann unverzüglich mit ihm zu arbeiten. Nachdem ich ihm an zwei Tagen zweimal Divine Healing Hands Blessings für fünf Minuten gegeben hatte, sagte man mir, dass er um Essen bat, dies auch gegessen hat, und es in sich halten konnte. Am vierten Tag hörte er auf, nach Alkohol zu verlangen und wurde nicht mehr gewalttätig. In den darauffolgenden Tagen nahm sein Appetit zu und sein Schlafrhythmus verbesserte sich ebenfalls. Ich habe ihm weiterhin Soul Healing mit den Divine Healing Hands

gegeben. *Seine Blutwerte wurden nach zwei Wochen noch mal untersucht und zeigten bemerkenswerte Verbesserungen. Die Ärzte waren schockiert, aber ich als Divine Healing Hands Soul Healer war es nicht, da wir wissen, dass es die göttlichen Seelenhände sind, die jedem Soul Healing und Blessings geben, die darum bitten.*
Dieser Patient hat, seitdem ich begonnen hatte, ihm Blessings zu geben, keinen Alkohol mehr getrunken und sich zu 80 % erholt.
Ich hoffe, dass dies immer mehr Menschen motiviert, Divine Healing Hands Soul Healer zu werden, um der Menschheit in dieser Umwandlungsphase zu dienen.
Danke. Danke. Danke.

Mrs. Arti Patil
Mumbai, Indien

Ich werde nun einige Übungen anleiten, um emotionale Störungen selbst zu heilen.

Wut

Wenden Sie die »Vier Kraft Techniken« an, um Wut selbst zu heilen:

Körperkraft: Setzen Sie sich aufrecht hin. Schließen Sie Ihre Augen. Gehen Sie mit der Zungenspitze an das Gaumendach. Legen Sie eine Handfläche auf Ihren Unterbauch und die andere über Ihre Leber.

Seelenkraft: »*Sag Hallo Anrufung*«:

Liebe Seele, lieber Geist und lieber Körper meiner Leber,
ich liebe Dich.
Du hast die Kraft, heilsam auf meine Wut zu wirken.
Mach Deine Sache gut.
Danke.

Liebes Göttliche,
liebes Tao,
bitte vergebt die Fehler, die meine Ahnen und ich in allen Leben
gemacht haben, die mit der Leber und Wut zusammenhängen.
Um Vergebung zu erhalten, werde ich der Menschheit,
Mutter Erde und allen Seelen bedingungslos dienen.
Danke.

Geisteskraft: Visualisieren Sie grünes Licht, das in ihrer Leber strahlt.

Klangkraft: Chanten oder singen Sie im Stillen oder laut:

Jiao Ya Shu Gan (ausgesprochen *Dschi-au Ja Schu Gan*)
Jiao Ya Shu Gan
Jiao Ya Shu Gan
Jiao Ya Shu Gan
Jiao Ya Shu Gan ...

»Jiao Ya« ist das heilige Tao Mantra, das in Ihrer Leber schwingt und strahlt. »Tao Gesang« bedeutet *Gesang der Quelle.* »Shu« bedeutet *glatt.* »Gan« bedeutet *Leber.* »Jiao Ya Shu Gan« bedeutet *Tao Gesang glättet die Leber.*
    Unterbrechen Sie das Lesen. Chanten Sie nun *Jiao Ya Shu Gan* für fünf Minuten. Im Allgemeinen sollten Sie täglich drei- bis fünfmal für drei bis fünf Minuten chanten. Wenn Sie chronische oder lebensbedrohliche Beschwerden haben, dann chanten Sie täglich zwei Stunden oder mehr. Je länger und häufiger Sie chanten, desto bessere Ergebnisse können Sie erzielen. Sie können alle Übungszeiten zusammenzählen, um täglich auf insgesamt zwei Stunden oder mehr zu kommen.

Depression und Angst

Wenden Sie die »Vier Kraft Techniken« an, um Depression und Angst selbst zu heilen:

Körperkraft: Setzen Sie sich aufrecht hin. Schließen Sie Ihre Augen. Gehen Sie mit der Zungenspitze an das Gaumendach. Legen Sie eine Handfläche auf Ihren Unterbauch und die andere über Ihr Herz.

Seelenkraft: »*Sag Hallo Anrufung*«:

Liebe Seele, lieber Geist und lieber Körper meines Herzens,
ich liebe Dich.
Du hast die Kraft, heilsam auf meine Depression und Angst zu wirken.
Mach Deine Sache gut.
Danke.

Liebes Göttliche,
liebes Tao,
bitte vergebt die Fehler, die meine Ahnen und ich in
allen Leben gemacht haben, die mit dem Herzen,
Depression und Angst zusammenhängen.
Um Vergebung zu erhalten, werde ich der Menschheit,
Mutter Erde und allen Seelen bedingungslos dienen.
Danke.

Geisteskraft: Visualisieren Sie rotes Licht, das in Ihrem Herz strahlt.

Klangkraft: Chanten oder singen Sie im Stillen oder laut:

Zhi Ya Yang Xin (ausgesprochen *Dschr Ja Jang Schin*)
Zhi Ya Yang Xin
Zhi Ya Yang Xin
Zhi Ya Yang Xin
Zhi Ya Yang Xin …

»Zhi Ya« ist ein heiliges Tao Mantra, das in Ihrem Herz schwingt und strahlt. »Yang« bedeutet *nähren*. »Xin« bedeutet *Herz*. »Zhi Ya Yang Xin« bedeutet *Tao Gesang nährt das Herz*.

Unterbrechen Sie jetzt das Lesen. Chanten Sie *Zhi Ya Yang Xin* für fünf Minuten. Im Allgemeinen sollten Sie täglich drei- bis fünfmal für drei bis fünf Minuten chanten. Wenn Sie chronische oder lebensbedrohliche Beschwerden haben, dann chanten Sie täglich zwei Stunden oder mehr. Je länger und häufiger Sie chanten, desto bessere Ergebnisse können Sie erzielen. Sie können alle Übungszeiten zusammenzählen, um täglich auf insgesamt zwei Stunden oder mehr zu kommen.

Die folgende Geschichte beschreibt ein Divine Healing Hands Blessing für die Reinigung eines Hauses von Negativität und stockenden Energien, sowie der Verbesserung von Familienbeziehungen:

Mein Name ist Leslie H. und ich hatte das Glück, die Divine Healing Hands-Ausbildung im Dezember 2011 in San Francisco zu erhalten. Ich habe noch nicht lange damit gearbeitet, als ich mich entschied, dieses Blessing für mein Elternhaus, in dem mein betagter Vater immer noch wohnt, anzuwenden.

Unglücklicherweise war das Aufwachsen in diesem Haus keine angenehme Erfahrung, da meine Eltern eine schwierige Ehe hatten und es bei uns zu vielen Streitigkeiten kam. In den letzten Jahren lebte mein Vater alleine und ist seither sehr depressiv. Mein Bruder Dave und auch ich scheuten uns jedes Mal davor, mein Elternhaus zu besuchen, da wir die Negativität und die stockende Energie spüren konnten.

Mitte Dezember bat mich mein Bruder, ihm bei der Renovierung eines leer stehenden Schlafzimmers in diesem Haus zu helfen, um es zu vermieten. Als ich an einem Samstagnachmittag dort hinfuhr, arbeitete mein Bruder Dave in der Garage an seinem Auto, und mein Vater saß im Wohnzimmer vor dem Fernseher. Bevor ich mit der Reinigung des Schlafzimmers begann, schloss ich die Tür und rief im Stillen meine Divine Healing Hands an, um unserem Elternhaus ein Blessing zu geben, es von jeglicher Negativität und Traurigkeit zu reinigen und jegliche energetische Störung mit göttlicher Liebe und göttlichem Licht zu ersetzen.

Als ich anfing, die Wände des Schlafzimmers zu reinigen, entschloss ich mich zu singen und schickte den Seelen der Wände Liebe. Ich bat auch die Seele der göttlichen Liebe, sich in diesem Schlafzimmer einzuschalten. Was sonst eine lästige Pflicht gewesen wäre, wurde zu einem Akt der Liebe und eine freudige Erfahrung. Bald darauf lief mein Bruder von der Garage in das Schlafzimmer, das ich gerade sauber machte. Mit Erstaunen fragte er mich: »Leslie, was hast Du gemacht? Die Energie im ganzen Haus hat sich gerade verändert!« Dave konnte wirklich den Unterschied spüren und dass die Negativität gereinigt wurde. Ich erklärte ihm kurz, dass ich nur meine neuen Divine Healing Hands gebeten habe, dem Haus ein Blessing zu geben.

Nachdem das Schlafzimmer gereinigt war, zeigte ich meinem Vater, wie man die Fernbedienung benutzte, um seinen Lieblings-Musiksender laufen zu lassen, da er Oldies mag. Ich fing an, zu einem der Oldies zu tanzen, und forderte ihn auf, zusammen mit mir zu singen, was er auch tat. Wir verbrachten eine herrlich ausgelassene Zeit miteinander. Die Dynamik unserer Familie hat sich seitdem verändert und unsere Beziehungen sind hilfsbereiter, liebevoller und harmonischer. Ich habe schon vorher etwas über Raum-/Energiereinigungen gelernt, aber die Schwingung und Kraft der Divine Healing Hands ist einzigartig. Ich empfehle die Divine Healing Hands sehr, nicht nur für das individuelle Soul Healing, sondern auch für ein gesundes, glückliches, häusliches Umfeld.

Leslie H.
Penngrove, Kalifornien

BESORGTHEIT

Wenden Sie die »Vier Kraft Techniken« an, um Besorgtheit selbst zu heilen:

Körperkraft: Setzen Sie sich aufrecht hin. Schließen Sie Ihre Augen. Gehen Sie mit der Zungenspitze an das Gaumendach. Legen Sie eine Handfläche auf Ihren Unterbauch und die andere über Ihre Milz.

Seelenkraft: »*Sag Hallo Anrufung*«:

Liebe Seele, lieber Geist und lieber Körper meiner Milz,
ich liebe Dich.
Du hast die Kraft, heilsam auf meine Besorgtheit zu wirken.
Mach Deine Sache gut.
Danke.

Liebes Göttliche,
liebes Tao,
bitte vergebt die Fehler, die meine Ahnen und ich in allen Leben gemacht haben, die mit der Milz und Besorgtheit zusammenhängen.
Um Vergebung zu erhalten, werde ich der Menschheit,
Mutter Erde und allen Seelen bedingungslos dienen.
Danke.

Geisteskraft: Visualisieren Sie goldenes Licht, das in Ihrer Milz strahlt.

Klangkraft: Chanten oder singen Sie im Stillen oder laut:

Gong Ya Jian Pi (ausgesprochen *Gong Ja Dschjän Pi*)
Gong Ya Jian Pi
Gong Ya Jian Pi
Gong Ya Jian Pi
Gong Ya Jian Pi …

»Gong Ya« ist das heilige Tao Mantra, das in Ihrer Milz schwingt und strahlt. »Jian« bedeutet *stärken*. »Pi« bedeutet *Milz*. »Gong Ya Jian Pi« bedeutet *Tao Gesang stärkt meine Milz*.

Unterbrechen Sie das Lesen. Chanten Sie *Gong Ya Jian Pi* für fünf Minuten. Im Allgemeinen sollten Sie täglich drei- bis fünfmal für drei bis fünf Minuten chanten. Wenn Sie chronische oder lebensbedrohliche Beschwerden haben, dann chanten Sie täglich zwei Stunden oder mehr. Je länger und häufiger Sie chanten, desto bessere Ergebnisse können Sie erzielen. Sie können alle Übungszeiten zusammenzählen, um täglich auf insgesamt zwei Stunden oder mehr zu kommen.

Trauer und Traurigkeit

Wenden Sie die »Vier Kraft Techniken« an, um Trauer und Traurigkeit selbst zu heilen:

Körperkraft: Setzen Sie sich aufrecht hin. Schließen Sie Ihre Augen. Gehen Sie mit der Zungenspitze an das Gaumendach. Legen Sie die rechte Handfläche auf die linke Lungenhälfte und die linke Handfläche auf die rechte Lungenhälfte. Halten Sie Ihre Arme gekreuzt.

Seelenkraft: »*Sag Hallo Anrufung*«:

Liebe Seele, lieber Geist und lieber Körper meiner Lungen,
ich liebe Euch.
Ihr habt die Kraft, heilsam auf meine Trauer und Traurigkeit zu wirken.
Macht Eure Sache gut.
Danke.

Liebes Göttliche,
liebes Tao,
bitte vergebt die Fehler, die meine Ahnen und ich
in allen Leben gemacht haben, die mit den Lungen,
Trauer und Traurigkeit zusammenhängen.

*Um Vergebung zu erhalten, werde ich der Menschheit,
Mutter Erde und allen Seelen bedingungslos dienen.
Danke.*

Geisteskraft: Visualisieren Sie weißes Licht, das in Ihren Lungen strahlt.

Klangkraft: Chanten oder singen Sie im Stillen oder laut:

Shang Ya Xuan Fei (ausgesprochen *Schang Ja Schwän Fey*)
Shang Ya Xuan Fei
Shang Ya Xuan Fei
Shang Ya Xuan Fei
Shang Ya Xuan Fei ...

»Shang Ya« ist das heilige Tao Mantra, das in Ihren Lungen schwingt und strahlt. »Xuan« bedeutet *zerstreuen*. »Fei« bedeutet *Lungen*. »Shang Ya Xuan Fei« bedeutet *Tao Gesang fördert die Funktion der Lungen*.

Legen Sie das Buch zur Seite und chanten Sie *Shang Ya Xuan Fei* für fünf Minuten. Im Allgemeinen sollten Sie täglich drei- bis fünfmal für drei bis fünf Minuten chanten. Wenn Sie chronische oder lebensbedrohliche Beschwerden haben, dann chanten Sie täglich zwei Stunden oder mehr. Je länger und häufiger Sie chanten, desto bessere Ergebnisse können Sie erzielen. Sie können alle Übungszeiten zusammenzählen, um täglich auf insgesamt zwei Stunden oder mehr zu kommen.

Furcht

Wenden Sie die »Vier Kraft Techniken« an, um Furcht selbst zu heilen:

Körperkraft: Setzen Sie sich aufrecht hin. Schließen Sie Ihre Augen. Gehen Sie mit der Zungenspitze an das Gaumendach. Legen Sie eine Handfläche auf Ihren Unterbauch und die andere über Ihre Kundalini.

Seelenkraft: »*Sag Hallo Anrufung*«:

*Liebe Seele, lieber Geist und lieber Körper meiner Nieren,
ich liebe Euch.
Ihr habt die Kraft, heilsam auf meine Furcht zu wirken.
Macht Eure Sache gut.
Danke.*

*Liebes Göttliche,
liebes Tao, bitte vergebt die Fehler, die meine Ahnen und ich in allen
Leben gemacht haben, die mit den Nieren und Furcht zusammenhängen.
Um Vergebung zu erhalten, werde ich der Menschheit,
Mutter Erde und allen Seelen bedingungslos dienen.
Danke.*

Geisteskraft: Visualisieren Sie blaues Licht, das in Ihren Nieren strahlt.

Klangkraft: Chanten oder singen Sie im Stillen oder laut:

Yu Ya Zhuang Shen (ausgesprochen *Jü Ja Dzwang Schön*)
*Yu Ya Zhuang Shen
Yu Ya Zhuang Shen
Yu Ya Zhuang Shen
Yu Ya Zhuang Shen …*

»Yu Ya« ist ein heiliges Tao Mantra, das in den Nieren schwingt und strahlt. »Zhuang« bedeutet **macht stark**. »Shen« bedeuetet *Nieren*. »Yu Ya Zhuang Shen« bedeutet *Tao Gesang macht die Nieren stark*.

Legen Sie das Buch zur Seite und chanten Sie *Yu Ya Zhuang Shen* für fünf Minuten. Im Allgemeinen sollten Sie täglich drei- bis fünfmal für drei bis fünf Minuten chanten. Wenn Sie chronische oder lebensbedrohliche Beschwerden haben, dann chanten Sie täglich zwei Stunden oder mehr. Je länger und häufiger Sie chanten, desto bessere Ergebnisse können Sie erzielen. Sie können alle Übungszeiten zusammenzählen, um täglich auf insgesamt zwei Stunden oder mehr zu kommen.

ANDERE EMOTIONALE STÖRUNGEN

Es gibt andere emotionale Störungen wie Schuld, Scham, Unwürdigkeit u. v. m. Sie alle sind mit den fünf Elementen verbunden. Sie alle können ausgeglichen werden, indem die fünf Elemente ausgeglichen werden.

Wenden Sie die »Vier Kraft Techniken« an, um heilsam auf andere emotionale Störungen zu wirken:

Körperkraft: Setzen Sie sich aufrecht hin. Schließen Sie Ihre Augen. Gehen Sie mit der Zungenspitze an das Gaumendach. Nehmen Sie die linke Hand und bringen Sie alle Finger zusammen. Umgreifen Sie die Finger Ihrer linken Hand mit Ihrer rechten Hand. Legen Sie beide Hände unterhalb des Bauchnabels auf den Unterbauch. Dies ist die »Fünf Elemente Handhaltung«.

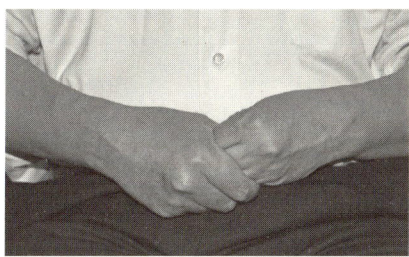

Abbildung 8. »Fünf Elemente Handhaltung«

Seelenkraft: »*Sag Hallo Anrufung*«:

*Liebe Seele, lieber Geist und lieber Körper meiner Leber, meines Herzens, meiner Milz, meiner Lungen und meiner Nieren,
ich liebe Euch alle.
Ihr habt die Kraft, heilsam auf alle meine emotionalen Störungen zu wirken.
Macht Eure Sache gut.
Danke.*

*Liebes Göttliche,
liebes Tao,
bitte vergebt die Fehler, die meine Ahnen und ich in allen
Leben gemacht haben, die mit den fünf Elementen und
allen emotionalen Störungen zusammenhängen.
Um Vergebung zu erhalten, werde ich der Menschheit,
Mutter Erde und allen Seelen bedingungslos dienen.
Danke.*

Geisteskraft: Visualisieren Sie regenbogenfarbenes Licht, das in Ihrer Leber, Ihrem Herzen, Ihrer Milz, Ihren Lungen und in Ihren Nieren strahlt.

Klangkraft: Chanten oder singen Sie im Stillen oder laut:

*Jiao Zhi Gong Shang Yu (ausgesprochen
Dsch-au Dschr Gong Schang Jü)
Jiao Zhi Gong Shang Yu
Jiao Zhi Gong Shang Yu
Jiao Zhi Gong Shang Yu
Jiao Zhi Gong Shang Yu ...*

»Jiao« ist das heilige Tao Mantra, das in der Leber schwingt und strahlt. »Zhi« ist das heilige Tao Mantra, das im Herz schwingt und strahlt. »Gong« ist das heilige Tao Mantra, das in der Milz schwingt und strahlt. »Shang« ist das heilige Tao Mantra, das in den Lungen schwingt und strahlt. »Yu« ist das heilige Tao Mantra, das in den Nieren schwingt und strahlt. Chanten Sie diese Tao Mantren, dann schwingen alle Hauptorgane. Deshalb gleicht es alle fünf Elemente aus.

Unterbrechen Sie das Lesen und legen Sie das Buch zur Seite. Chanten Sie *Jiao Zhi Gong Shang Yu* für fünf Minuten. Im Allgemeinen sollten Sie täglich drei- bis fünfmal für drei bis fünf Minuten chanten. Wenn Sie chronische oder lebensbedrohliche Beschwerden haben, dann chanten Sie täglich zwei Stunden oder mehr. Je länger und häufiger Sie chanten, desto bessere Ergebnisse können Sie erzielen. Sie können alle Übungszeiten zusammenzählen, um täglich auf insgesamt zwei Stunden oder mehr zu kommen.

WENDEN SIE DIE »GÖTTLICHE PURPURFARBENE LICHTKUGEL UND PURPURFARBENE QUELLE DER GÖTTLICHEN LIEBE« FÜR DAS SOUL HEALING VON EMOTIONALEN STÖRUNGEN AN

Nun werde ich unvergleichliche, immerwährende göttliche Übertragungen für das Soul Healing des emotionalen Körpers anbieten.
Bereiten Sie sich nun vor!

> Göttliche Anordnung: »Göttliche Purpurfarbene
> Lichtkugel und Purpurfarbene Quelle der Göttlichen
> Liebe Seele-Geist-Körperübertragungen«
>
> Übertragung!

Herzlichen Glückwunsch! Sie sind sehr gesegnet. Die Menschheit ist sehr gesegnet.
Göttliche Liebe schmilzt alle Blockaden und transformiert das gesamte Leben. Lassen Sie mich nun eine Übung für das Soul Healing emotionaler Störungen der Wut, Depression, Angst, Besorgtheit, Trauer, Traurigkeit, Furcht u.v.m. gleichzeitig anbieten.
Wenden Sie die »Vier Kraft Techniken« an:

Körperkraft: Setzen Sie sich aufrecht hin. Schließen Sie Ihre Augen. Gehen Sie mit der Zungenspitze sanft an das Gaumendach. Nehmen Sie die »Fünf Elemente Handhaltung« ein (Abbildung 8).

Seelenkraft: »*Sag Hallo Anrufung*«:

> *Liebe Seele, lieber Geist und lieber Körper*
> *meines emotionalen Körpers,*
> *ich liebe Dich.*
> *Liebe Seele, lieber Geist, lieber Körper der »Göttlichen*
> *Purpurfarbenen Lichtkugel und Purpurfarbenen Quelle der*
> *Göttlichen Liebe Seele-Geist-Körperübertragungen«,*
> *ich liebe Euch.*

Ihr habt die Kraft, heilsam auf meine emotionalen Schwankungen, einschließlich Wut, Depression, Angst, Besorgtheit, Trauer, Traurigkeit, Furcht und mehr, zu wirken. Bitte gebt mir ein Soul Healing Blessing, wie es angemessen ist. Danke.

Geisteskraft: Visualisieren Sie strahlendes purpurfarbenes Licht in der Leber, im Herz, in der Milz, in den Lungen und in den Nieren.

Klangkraft: Chanten oder singen Sie im Stillen oder laut:

»Göttliche Purpurfarbene Lichtkugel und Purpurfarbene Quelle der Göttlichen Liebe« wirken heilsam und transformieren meinen emotionalen Körper. Danke.
»Göttliche Purpurfarbene Lichtkugel und Purpurfarbene Quelle der Göttlichen Liebe« wirken heilsam und transformieren meinen emotionalen Körper. Danke.
»Göttliche Purpurfarbene Lichtkugel und Purpurfarbene Quelle der Göttlichen Liebe« wirken heilsam und transformieren meinen emotionalen Körper. Danke.
»Göttliche Purpurfarbene Lichtkugel und Purpurfarbene Quelle der Göttlichen Liebe« wirken heilsam und transformieren meinen emotionalen Körper. Danke ...

Legen Sie das Buch zur Seite und chanten Sie *»Göttliche Purpurfarbene Lichtkugel und Purpurfarbene Quelle der Göttlichen Liebe« heilen und transformieren meinen emotionalen Körper. Danke«* für fünf Minuten. Im Allgemeinen sollten Sie täglich drei- bis fünfmal für drei bis fünf Minuten chanten. Wenn Sie chronische oder lebensbedrohliche Beschwerden haben, dann chanten Sie täglich zwei Stunden oder mehr. Je länger und häufiger Sie chanten, desto bessere Ergebnisse können Sie erzielen. Sie können alle Übungszeiten zusammenzählen, um täglich auf insgesamt zwei Stunden oder mehr zu kommen.

WENDEN SIE DIE DIVINE HEALING HANDS FÜR DAS SOUL HEALING DES EMOTIONALEN KÖRPERS AN

Nun leite ich Sie an, Ihren emotionalen Körper selbst zu heilen, indem Sie die Divine Healing Hands anwenden. Das Göttliche wies mich wieder an, dass bei dieser *ersten* Anwendung der Divine Healing Hands für das Soul Healing des emotionalen Körpers die gespeicherten zwanzig Anwendungen in diesem Buch nicht genutzt werden. Wenn Sie die Divine Healing Hands in diesem Buch ein zweites Mal (und alle folgenden Male) für das Soul Healing des emotionalen Körpers nutzen, *wird* dies für die zwanzig Anwendungen in diesem Buch angerechnet, die Leser(innen) als Geschenk erhalten, um die Kraft der Divine Healing Hands zu spüren.

Wenden Sie die »Vier Kraft Techniken« an:

Körperkraft: Setzen Sie sich aufrecht hin. Schließen Sie Ihre Augen. Gehen Sie mit der Zungenspitze sanft an das Gaumendach. Legen Sie eine Handfläche auf Ihren Unterbauch und die andere über Ihre Kundalini.

Seelenkraft: *»Sag Hallo Anrufung«:*

> *Liebe Divine Healing Hands,*
> *ich liebe Euch.*
> *Ihr habt die Kraft, heilsam auf meinen emotionalen Körper zu wirken.*
> *Bitte gebt ein Soul Healing Blessing, so wie es angemessen ist.*
> *Ich bin sehr dankbar.*
> *Danke.*

Geisteskraft: Visualisieren Sie das goldene Licht der Divine Healing Hands, das im Bereich Ihrer Kundalini sowie in Ihrer Leber, Ihrem Herz, Ihrer Milz, Ihren Lungen und Nieren strahlt.

Klangkraft: Chanten oder singen Sie im Stillen oder laut:

> *Divine Healing Hands wirken heilsam und transformieren*
> *meinen emotionalen Körper. Danke.*

Divine Healing Hands wirken heilsam und transformieren meinen emotionalen Körper. Danke.
Divine Healing Hands wirken heilsam und transformieren meinen emotionalen Körper. Danke.
Divine Healing Hands wirken heilsam und transformieren meinen emotionalen Körper. Danke ...

Chanten Sie, solange Sie können. Je länger und öfter Sie chanten, desto größeren Nutzen können Sie von den Divine Healing Hands schöpfen.

Lesen Sie, wie sich ein Divine Healing Hands Soul Healer von ihren unausgeglichenen Emotionen heilte:

Seit meiner Jugend hatte meine Familie fortwährende Konflikte. Nun bin ich dreißig. Diese Konflikte umfassten verbale Übergriffe, psychologische Übergriffe und sogar manchmal physische Gewalt. Mein Bruder hat große mentale Probleme, wie unausgeglichene Emotionen, Impulskontrollstörungen sowie Drogenabhängigkeit.
Es war nicht einfach, mit einem Bruder, der solche Beschwerden hatte, aufzuwachsen. Für mich war es immer ein Kampf, damit fertigzuwerden. Auch wenn ich jetzt einige Bundesstaaten von meiner Familie entfernt lebe, berichtet mir jedes Mal ein Familienmitglied die neuesten Episoden mit meinem Bruder, was mich tief betroffen macht. Ich mache mir Sorgen um das Leben meiner Eltern und meines Bruders.
Wenn ich mit meinen Eltern über die jüngsten Auseinandersetzungen mit meinem Bruder spreche, bin ich meistens noch Tage danach aufgebracht, mache mir Sorgen um meine Familie, fühle große Traurigkeit und spüre viel Trauer darüber, dass mein Bruder weiterhin solch ein Leben führt.
Nach dem letzten Telefonat habe ich entschieden, meine Divine Healing Hands zu bitten, heilsam auf meine Emotionen zu wirken. Ich vergoss ein paar Tränen zu Beginn des Soul Healings und zum Schluss fühlte ich, als ob etwas in mir geheilt ist. Ich fühlte mich innerlich ganz ausgeglichen. Ich konnte den Rest des Abends genießen

und litt nicht mehr tagelang, so wie sonst. Das ist ein Wunder. Ich bin sehr dankbar.
Danke, Master Sha. Danke, dem Göttlichen. Danke, dem Tao.

Shelly Stum
Daytona Beach, Florida

Physischer Körper

Die fünf Elemente sind eine der wichtigsten Anwendungen und Theorien der traditionellen chinesischen Medizin. Sie nutzt die fünf Elemente der Natur – Holz, Feuer, Erde, Metall und Wasser –, um die Organe, die Körpergewebe, den emotionalen Körper und mehr zusammenzufassen und einzuteilen.

Die »Fünf-Elemente-Theorie« ist das führende Prinzip für Millionen von Menschen, um Seele, Herz, Geist und Körper zu heilen und zu verjüngen. In der traditionellen chinesischen Medizin ist der Ausgleich der fünf Elemente entscheidend für die Heilung.

Die fünf Elemente sind:

- Holz, das die Leber, Gallenblase, Sehnen sowie Augen des physischen Körpers und Wut im emotionalen Körper zusammenfasst
- Feuer, das Herz, Dünndarm, Blutgefäße sowie Zunge des physischen Körpers und Depression sowie Angst im emotionalen Körper zusammenfasst
- Erde, die Milz, Magen, Muskeln, Lippen, Zahnfleisch sowie Zähne des physischen Körpers und Besorgtheit im emotionalen Körper zusammenfasst
- Metall, das Lungen, Dickdarm, Haut sowie Nase des physischen Körpers und Trauer sowie Traurigkeit im emotionalen Körper zusammenfasst
- Wasser, das Nieren, Blase, Knochen sowie Ohren des physischen Körpers und Furcht im emotionalen Körper zusammenfasst

Es gibt viele Beschwerden des physischen Körpers, darunter Schmerzen, Steifheit, Taubheitsgefühl, Verletzungen, Entzündungen, Infektionen, Gewächse wie Zysten, Tumore sowie Krebs, Organfunktionsstörungen oder Organversagen u. v. m.

Es gibt viele Beschwerden des mentalen Körpers, darunter geistige Verwirrung, Gedächtnisschwund, Geistesstörung u. v. m.

Es gibt viele Beschwerden des emotionalen Körpers, darunter Depressionen, Angstzustände, Furcht, Wut, Besorgtheit, Traurigkeit, Trauer, Schuld, Scham u. v. m.

Es gibt viele Beschwerden des spirituellen Körpers, darunter negative Erinnerungen, Flüche, falsche Gelübde, alle Arten des negativen Karmas u. v. m.

Ich teile Ihnen und der Menschheit die heilige Weisheit mit:

Jede Beschwerde ist auf Seele-Geist-Körperblockaden in einem oder mehreren der fünf Elemente zurückzuführen.

In diesem Buch vermittle ich tiefgreifende heilige Weisheiten und praktische Übungen, um alle Arten von Beschwerden einschließlich der Beschwerden im physischen, emotionalen, mentalen und spirituellen Körper selbst zu heilen.

Die Kraft der Divine Healing Hands kann nicht genügend zum Ausdruck gebracht werden. Hier ist eine Geschichte über die Kraft der Divine Healing Hands, die starkes Nasenbluten stoppte.

Mein Mann und ich erhielten beide unsere Divine Healing Hands im Juni 2011. Es war während dieses Workshops, als ich ein großes Soul Healing für Vorhofflimmern erlebte, eine unter Umständen lebensbedrohliche Krankheit. Seitdem hatte mein Mann nicht nur einmal das Gefühl, dass seine Divine Healing Hands nicht sehr kraftvoll waren, denn nur hin und wieder spürte er das Göttliche deutlich durch seine Hände, wenn er Divine Healing Hands Blessings gibt. Häufig spürte er nichts, während er Divine Healing Hands Blessings gab. Jetzt versteht er, dass seine Divine Healing Hands tatsächlich kraftvoll sind.

Ich nehme blutverdünnende Medikamente und vor einigen Tagen machte ich unser Abendessen. Ich bückte mich über den Mülleimer, um

Abfälle hineinzuwerfen. Als ich mich wieder aufrichtete, spürte ich, wie die Nase lief. Als ich mich an die Nase fasste, war meine Hand voller Blut. Ich ging durch die Küche zur Spüle und mir war klar, dass meine Nase nicht nur tropfte, es war ein beständiger Blutstrom. Ich lehnte mich über die Spüle und versuchte ein Handtuch oder etwas Anderes in Reichweite zu greifen, um zu verhindern, dass das Blut über die Küchenschränke und die Wand hinter der Spüle spritzte. Nichts war greifbar, so rief ich nach meinem Mann, dass er kommen solle, um mir zu helfen.

Als er in die Küche kam, dachte er, dass er mich in die Notaufnahme bringen müsste, weil der Blutverdünner, den ich nehme, einen Schlaganfall verhindert, falls das Herz wieder flimmert. Er griff nach einem Handtuch und ein paar sauberen Geschirrtüchern, ließ kaltes Wasser über sie laufen, legte ein kühles Handtuch in meinen Nacken und bat mich, meinen Kopf hochzuhalten, um den Blutstrom zu stillen. Als ich den Kopf hoch hielt, verschluckte ich mich an dem Blut, das mir in den Hals floss. Mein Mann gab mir einen kalten Lappen, um ihn mir auf die Stirn zu legen, und einen, um ihn auf meine Nase zu halten, um sie verschlossen zu halten, aber auch das machte den beständigen Blutstrom nicht langsamer. Dann fragte er mich, ob er seine Divine Healing Hands anrufen sollte. Ich sagte: »Bitte mach das.« Als er seine Divine Healing Hands anrief, verlangsamte sich der Blutstrom so, dass ich gerade stehen konnte, und als er anfing, sein Seelenlied zu singen, stoppte das Blut augenblicklich. Er fuhr mit dem Gesang fort, und ich konnte spüren, wie sich ein Pfropfen in meiner Nase bildete.

Danach schickte er mich ins Wohnzimmer, um mich auszuruhen, während er die Küche sauber machte. Nachdem er alles gesäubert hatte, kam er ins Wohnzimmer und sagte: »Ich kann nicht glauben, was gerade geschehen ist. Ich habe nichts in meinen Händen gespürt und dennoch bist Du geheilt. Ich schätze mal, dass meine Divine Healing Hands kraftvoller sind, als ich gedacht habe!«

Es war so eigenartig, da ich noch nie solches Nasenbluten hatte, vor allem ohne Vorwarnung wie ein Nießen oder Nasenjucken. Alles, was ich gemacht habe, war, mich über den Mülleimer zu bücken, und das Blut schoss mir aus der Nase.

Obwohl dies nicht wirklich ein beeindruckendes Soul Healing ist, glaube ich, dass das Göttliche mir dieses starke Nasenbluten gab, um meinem Mann zu zeigen, dass seine Divine Healing Hands tatsächlich wirklich kraftvoll sind. Wir waren beide ehrlich erstaunt, wie die Küche aussah, als das Nasenbluten aufgehört hatte. Blut war an der Wand, auf dem Mülleimer und auf dem Boden, auf der Arbeitsplatte neben der Spüle und der Wand, und dem Fenster neben der Spüle. Ich weiß, dass dies ein bisschen sehr bildhaft ist, aber ich habe so ein Nasenbluten wie an diesem Abend, und ohne ersichtlichen Grund, noch nie erlebt. Das einzige Mal, dass ich so ein Nasenbluten gesehen habe, war, als ein Freund sich seine Nase bei einem Unfall gebrochen hatte. Ich bin sehr dankbar, dass mir das passiert ist, wenn auch nur aus dem Grund, die Kraft zu bestätigen, die wir erhalten haben – besonders für meinen Mann – als Mittler des Göttlichen mit unseren Divine Healing Hands.
Danke. Danke. Danke.

Judy und Charlie Sisk
Colorado

Nun leite ich Sie in einer Übung für das Soul Healing des physischen Körpers an. Wenden Sie die »Vier Kraft Techniken« an:

Körperkraft: Setzen Sie sich aufrecht hin. Schließen Sie Ihre Augen. Gehen Sie mit der Zungenspitze sanft an das Gaumendach. Legen Sie eine Handfläche auf Ihren Unterbauch und die andere direkt hinter Ihrem Bauchnabel auf den Rücken.

Seelenkraft: »*Sag Hallo Anrufung*«:

Liebe Seele, lieber Geist und lieber Körper
meines physischen Körpers,
liebe Seele, lieber Geist und lieber Körper der
fünf Elemente in meinem Körper,
ich liebe Euch.

*Ihr habt die Kraft, heilsam auf meinen physischen
Körper zu wirken und zu transformieren.
Macht Eure Sache gut. Danke.*

*Liebes Göttliche,
liebes Tao,
ich liebe Euch.
Bitte vergebt mir alle Fehler, die meine Ahnen und
ich in all unseren Leben begangen haben.
Um Eure Vergebung zu erhalten, werde ich der Menschheit,
Mutter Erde und allen Seelen bedingungslos dienen.
Ich bin sehr dankbar.
Danke.*

Geisteskraft: Visualisieren Sie goldenes Licht, das in Ihrem Zhong (ausgesprochen *Dschong*) strahlt. Siehe Abbildung 9.

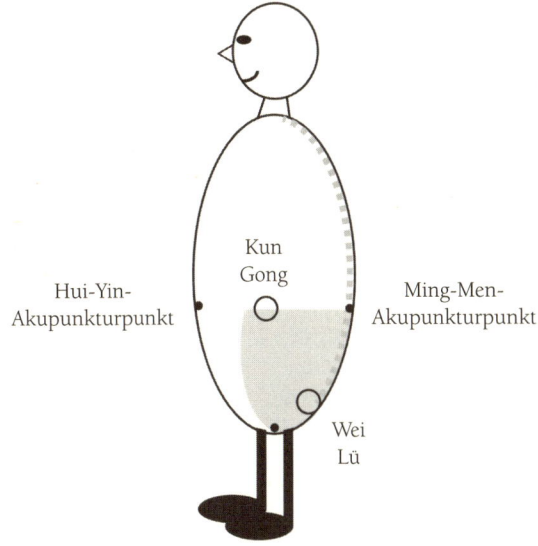

Abbildung 9. Die Lage des Zhong

Der Zhong ist ein elliptischer Bereich im Unterbauch, der vier wichtige heilige Bereiche umfasst. Es sind: der Kun Gong, Ming-Men-Akupunkturpunkt, Wei Lü sowie Hui-Yin-Akupunkturpunkt. »Zhong« bedeutet *Kern*.

Der Kun Gong (ausgesprochen *Kun Gong*) ist der Bereich, wo das Yuan Qi und Yuan Jing erzeugt werden. »Yuan« bedeutet *Ursprung*. »Yuan Qi« (ausgesprochen *Jüen Tschi*) bedeutet *ursprüngliche Energie*. »Yuan Jing« (ausgesprochen *Jüen Dsching*) bedeutet *ursprüngliche Materie*. Yuan Qi und Yuan Jing sind lebenswichtig. Der Kun-Gong-Bereich umfasst den Bereich direkt um den Bauchnabel.

Der Ming-Men-Akupunkturpunkt befindet sich am Rücken, direkt hinter dem Bauchnabel.

Der Wei Lü (ausgesprochen *Wey Lü*) ist der Steißbein-Bereich.

Der Hui-Yin-Akupunkturpunkt liegt auf dem Perineum, zwischen Genitalien und Anus.

Ich gebe nun ein wichtiges göttliches und Tao Geheimnis an Sie weiter. Sie kennen vielleicht die Ohrenakupunktur. Das menschliche Ohr hat viele Akupunkturpunkte, die jeden Teil des Körpers reflektieren und sich mit ihnen verbinden. Vielleicht haben Sie von den Fußreflexzonen gehört. Der menschliche Fuß reflektiert jeden Teil des Körpers und ist mit ihnen verbunden. Diese *Ohrreflexzonen* und *Fußreflexzonen* sind physische Reflexzonen und Verbindungen. Die Ohren und Füße sind Teile des physischen Körpers. Teile des Körpers (Ohren oder Füße) reflektieren das Abbild des gesamten Körpers.

Der Zhong ist ein *Raum* im Körper. Die heilige Weisheit lautet, dass der **Zhong-Raum alle Teile des Körpers reflektiert und sich mit jedem Teil des Körpers verbindet.** Ich werde ihn »*Zhong-Raum-Reflexzone*« nennen.

Deshalb ist das Visualisieren von goldenem Licht, das im Zhong strahlt, heilsam für den gesamten Körper. Dies ist tiefe göttliche und Tao Weisheit, die ich nun vermittle. Besonders, wenn Sie den Geist auf den Zhong richten, können Sie die fünf Elemente ausgleichen, die alle Systeme, Organe und Zellen im Körper umfassen.

Klangkraft: Chanten oder singen Sie im Stillen oder laut:

Zhong Zhong Zhong Zhong Zhong Zhong Zhong
Zhong Zhong Zhong Zhong Zhong Zhong Zhong
Zhong Zhong Zhong Zhong Zhong Zhong Zhong
Zhong Zhong Zhong Zhong Zhong Zhong Zhong ...

Legen Sie das Buch zur Seite und singen bzw. chanten Sie nun *Zhong* für fünf Minuten. Im Allgemeinen sollten Sie täglich drei- bis fünfmal für drei bis fünf Minuten chanten. Wenn Sie chronische oder lebensbedrohliche Beschwerden haben, chanten Sie täglich zwei Stunden oder mehr. Je länger und häufiger Sie chanten, desto bessere Ergebnisse können Sie erzielen. Sie können alle Übungszeiten zusammenzählen, um täglich auf insgesamt zwei Stunden oder mehr zu kommen.

WENDEN SIE DIE DIVINE HEALING HANDS FÜR DAS SOUL HEALING DES PHYSISCHEN KÖRPERS AN

Nun leite ich Sie an, Ihren physischen Körper selbst zu heilen, indem Sie die Divine Healing Hands anwenden. Ich empfehle dringend, dass Sie bei jeder Anwendung der Divine Healing Hands in diesem Buch mindestens eine halbe Stunde üben, da das Göttliche mich deutlich anwies, dass Sie nach den zwanzig Anwendungen die Divine Healing Hands-Übertragung in diesem Buch nicht weiter nutzen können. Deshalb wenden Sie die Divine Healing Hands in diesem Buch zwanzig Mal an und üben Sie jedes Mal so lange, wie Sie können, um den größten Nutzen zu schöpfen. Danach sollten Sie einen Divine Healing Hands Soul Healer oder eine(n) meiner weltweiten Repräsentant(inn)en aufsuchen, um Divine Healing Hands Blessings zu erhalten oder sich selbst für die Divine Healing Hands zu bewerben.

Wenden Sie die »Vier Kraft Techniken« mit den Divine Healing Hands an, um den physischen Körper zu heilen:

Körperkraft: Setzen Sie sich aufrecht hin. Schließen Sie Ihre Augen. Gehen Sie mit der Zungenspitze sanft an das Gaumendach. Wenn Sie ein Divine Healing

Hands Soul Healer sind, nehmen Sie die »Gebetshaltung des Seelenlicht-Zeitalters« ein und schütteln Sie Ihre rechte Hand. Wenn Sie kein Divine Healing Hands Soul Healer sind, nehmen Sie einfach die »Gebetshaltung des Seelenlicht-Zeitalters« ein.

Seelenkraft: »*Sag Hallo Anrufung*«:

> *Liebe Divine Healing Hands,*
> *ich liebe Euch.*
> *Ihr habt die Kraft, heilsam auf meinen physischen Körper zu wirken.*
> *Ich bin sehr dankbar.*
> *Bitte gebt meinem physischen Körper ein Soul*
> *Healing Blessing, so wie es angemessen ist.*
> *Danke.*

Geisteskraft: Visualisieren Sie das goldene Licht der Divine Healing Hands, das in Ihrem Zhong strahlt.

Klangkraft: Chanten oder singen Sie im Stillen oder laut.

> *Divine Healing Hands wirken heilsam und*
> *transformieren meinen physischen Körper. Danke.*
> *Divine Healing Hands wirken heilsam und*
> *transformieren meinen physischen Körper. Danke.*
> *Divine Healing Hands wirken heilsam und*
> *transformieren meinen physischen Körper. Danke.*
> *Divine Healing Hands wirken heilsam und*
> *transformieren meinen physischen Körper. Danke.*

Chanten Sie, solange Sie können. Je länger und öfter Sie chanten, desto größeren Nutzen können Sie von den Divine Healing Hands schöpfen.

❖

Sie haben über die Kraft der Divine Healing Hands gelesen. Sie haben auch die Kraft der Divine Healing Hands gespürt. Es gibt Tausende von wundervollen Soul-Healing-Erlebnissen mit den Divine Healing Hands. Hier ist eine herzberührende Geschichte der Transformation von zwei Menschen, bei denen Krebs diagnostiziert wurde.

> *Im Herbst 2010 habe ich innerhalb weniger Tage zwei Anrufe erhalten. Der erste kam von einer lieben Krankenschwester aus Kanada, mit der ich zusammengearbeitet hatte. Sie teilte mir mit, dass die Ärzte bei ihr Lungenkrebs im letzten Stadium festgestellt hatten. Sie hatte zwei Befunde in den Lungen. Ich weiß nicht, warum sie mich anrief, sie wusste nicht, dass ich die Divine Healing Hands habe. Wir hatten seit drei Jahren keinen Kontakt mehr.*
> *Zwei Tage später erhielt ich den Anruf einer Tante, die mir mitteilte, dass bei einem Onkel Magenkrebs festgestellt wurde, und er noch vor Weihnachten operiert werden würde.*
> *Ich habe ihm schnell ein paar von Master Shas Büchern zugeschickt. Ich teilte meiner Freundin und meinem Onkel mit, dass ich im Urlaub sei, sie mich nicht kontaktieren könnten, und ich mich danach bei ihnen melden wollte. Ich nahm die Bücher von Master Sha mit in den Urlaub und gab alle 8 Stunden treu und brav Blessings mit den Divine Healing Hands. Keine Ausrede, keine Arbeit, ich wendete nur die Divine Healing Hands an.*
> *Anfang 2011 sind beide zu ihren Ärzten gegangen wegen der Folgebehandlung und erfuhren, dass wie durch einen wundersamen Grund nichts mehr vom Krebs zu sehen war. Beide waren bereits operiert, brauchten keine weitere Behandlung oder einen Klinikaufenthalt.*
> *Beide fragten nach, da ihnen gesagt wurde, dass sie Chemotherapie und Bestrahlung bräuchten. Beiden wurde gesagt, dass da nichts mehr war. Sie brauchten keinen Termin für die Krebsklinik. Sie waren geheilt. Ich möchte einfach danke sagen.*
> *Die Divine Healing Hands funktionieren wirklich.*
>
> *Brenda Gartner, RN, CEN*
> *Waimanalo, Hawaii*

Divine Healing Hands bringen häufig unerwartete Blessings. Dies ist so eine Geschichte.

Diese Erfahrung machte ich an meinem Arbeitsplatz. Meine Kollegin bat mich um ein Healing Blessing, weil sie starke Kopfschmerzen hatte. Wir fanden einen ruhigen Ort, wo ich ihr augenblicklich ein Divine Healing Hands Blessing mit meinem Seelengesang gab. Ich spürte umgehend ein starkes hellgoldenes Heilungslicht, das aus meiner Hand kam. Mein ganzer Körper vibrierte und bewegte sich, und ich wurde von vielen Heilungsengeln, Erzengeln, Jesus, Maria sowie Heiligen umgeben.

Nach dem Soul Healing fragte ich sie: »Wie fühlst Du Dich?« Ihre Antwort erstaunte mich. Sie sagte mir, dass sie zwei dunkle Schatten gesehen hatte, die in ihr waren und sehr verstört wirkten. Sie wussten nicht, was sie tun oder wohin sie gehen sollten. Die Schatten verschwanden, als das Licht in sie hinein kam. Sie wusste auch, dass diese dunklen Schatten mit dem Hass und der Abneigung verbunden waren, die sie für einige Personen empfand.

Am nächsten Tag fragte ich sie, wie es ihr ging, und sie sagte mir, dass sie jeden Abend mit ihrem Mann gestritten hatte, wenn sie nach Hause kam, aber an jenem Abend begriff sie, dass es besser wäre, ihren Ehemann zu lieben und zu akzeptieren, anstatt mit ihm zu streiten. Sie fühlte sich friedlich und hörte auf zu streiten.

Ich fragte nach den Kopfschmerzen und sie sagte mir, dass sie sie vergessen hatte. Nicht nur, dass sie solche Erkenntnisse hatte, sondern ihre Kopfschmerzen waren auch weg.

Danke, Divine Healing Hands. Danke, Seelengesang. Danke, Himmlisches Team. Danke, allen Seelen. Ich liebe Euch alle.

Carmen C. Ferlan
Sahuarita, Arizona

Hier ist eine weitere wundervolle Geschichte über die Divine Healing Hands, die heilsam auf Herzklappen wirkten, die ausgetauscht werden sollten, und so eine Herzoperation vermieden wurde:

Die Schwiegermutter meines Bruders hatte ein Herzproblem. Sie hatte Probleme mit einer Herzklappe und man dachte, dass sie es nicht überstehen würde. Meine Schwester und ich haben beide jeden Tag unsere Divine Healing Hands eingeschaltet. Wir machten eine Übung, bei der wir ihr unsere Divine Healing Hands für zwölf Stunden schickten und dann riefen wir sie wieder zurück, damit sie für zwölf Stunden ruhten.
Um es kurz zu machen, ihr geht es nun gut. Nicht nur, dass sie sich vollständig erholt hat, sondern in der letzten E-Mail, die wir erhielten, stand, dass ihr Herzproblem weg ist. Sie brauchte neue Herzklappen, aber der Arzt sagte, dass es ihrem Herz nun gut geht.

David H.
Akron, Ohio

Die Divine Healing Hands sind unvergleichliche Schätze für die Selbstheilung des spirituellen, mentalen, emotionalen und physischen Körpers. Die Divine Healing Hands sind immerwährende göttliche Schätze. Dieses Buch bietet eine Gelegenheit, die Divine Healing Hands Soul Healing Blessings zwanzig Mal zu spüren. Sie können große Selbstheilung und Transformation durch diese zwanzig Divine Healing Hands Blessings erhalten. Das ist göttliche Großzügigkeit.

Ein Divine Healing Hands Soul Healer zu werden, bedeutet zu dienen. Diejenigen, die die immerwährenden Divine Healing Hands Seele-Geist-Körperübertragungen erhalten, können die Divine Healing Hands jederzeit und überall anwenden, um sich selbst, ihren Familien und Freunden, Haustieren und anderen zu dienen.

In diesem Kapitel habe ich Ihnen einige der kraftvollsten und tiefgreifendsten heiligen Seelengeheimnisse, Seelenweisheiten, Seelenerkenntnisse und praktische Seelentechniken für die Selbstheilung des spirituellen, mentalen, emotionalen und physischen Körpers vermittelt. Wenden Sie diese immer wieder an und erhalten Sie Soul Healing für sich selbst, Ihre Familien und Freunde, Kollegen und andere.

Während Sie dieses Kapitel gelesen haben, haben Sie die immerwährenden göttlichen Schätze der »Göttlichen Purpurfarbenen Lichtkugel und Purpurfarbenen Quelle der Göttlichen Vergebung Seele-Geist-Körperbertragungen«, der »Göttlichen Purpurfarbenen Lichtkugel und Purpurfarbenen Quelle der Göttlichen Klarheit Seele-Geist-Körperübertragungen« und der »Göttlichen Purpurfarbenen Lichtkugel und Purpurfarbenen Quelle der Göttlichen Liebe Seele-Geist-Körperübertragungen« erhalten. Sie sind alle unvergleichliche, immerwährende göttliche Schätze, die Ihnen göttliche Unterstützung für das Soul Healing aller Krankheiten und Transformation aller Aspekte Ihres Lebens bringen. Nutzen Sie diese, so oft Sie können für den Rest Ihres Lebens, um jeden Aspekt Ihres Lebens selbst zu heilen und zu transformieren.

Sie und die Menschheit sind äußerst gesegnet, dass das Göttliche Ihnen und jedem Leser diese unglaublichen und kraftvollen Schätze schenkt. Wir können dem Göttlichen nicht genügend danken. Wir können dem Göttlichen nicht genügend Dankbarkeit zeigen.

Heilen Sie sich selbst. Heilen Sie sich selbst. Heilen Sie sich selbst.
Transformieren Sie. Transformieren Sie. Transformieren Sie.
Danke, Divine Healing Hands.
Danke, allen immerwährenden göttlichen Schätzen.
Danke, dem Göttlichen.
Danke, dem Tao.
Danke. Danke. Danke.

Wenden Sie die Divine Healing Hands für Lebenstransformation an

BEZIEHUNGEN, FINANZEN UND INTELLIGENZ SIND DREI SEHR wichtige Aspekte des menschlichen Lebens. Die Divine Healing Hands haben die Kraft und Fähigkeit, heilsam auf Beziehungen, Finanzen und Intelligenz zu wirken und diese zu transformieren. Die heilenden Hände Gottes tragen göttliche Seelenkraft, die alle heilsam auf Aspekte des Lebens wirken können und transformieren.

Beziehungen

Menschen haben alle Arten von Beziehungen. Einige unserer wichtigsten Beziehungen sind die mit unseren Ehe- oder Lebenspartnern, mit unseren Familienangehörigen, den Kollegen und Mitarbeitern sowie Freunden. Es gibt weltweit viele Herausforderungen in allen Arten von Beziehungen. Familiäre Beziehungen zwischen Ehemann und Ehefrau, Partnern, Geschwistern, Eltern, Kindern u. v. m. könnten herausfordernd sein. Beziehungen am Arbeitsplatz zwischen dem Vorgesetzten und den Angestellten oder Mitarbeitern könnten herausfordernd sein. In der Gesellschaft könnte es Herausforderungen zwischen Organisationen und Ländern geben. Viele Bücher, Seminare, Workshops und Lehren über die Verbesserungen von Beziehungen werden angeboten. Ich teile Ihnen mit, wie man Beziehungen auf der Seelenebene transformiert.

Transformiere zuerst die Seele der Beziehung, dann wird die Transformation der Beziehung folgen.

Alle Lebewesen und alle Dinge haben eine Seele, darunter die Beziehung zwischen Einzelpersonen, Organisationen, Städten, Ländern u. v. m. Sie können Soul Healing anwenden, besonders die Divine Healing Hands, um alle Aspekte des Lebens zu transformieren, einschließlich Beziehungen, Finanzen u. v. m.

Ich werde eine Geschichte weitergeben, wie heilsam die Kraft der Divine Healing Hands Beziehungen wirkte:

Mein hochverehrter Lehrer und spiritueller Vater, Master Sha, ich möchte Dir, dem Göttlichen und dem Tao meine große Dankbarkeit für die außerordentliche Großzügigkeit, der Menschheit und Mutter Erde die Divine Healing Hands zu geben, zum Ausdruck bringen.

Ein Divine Healing Hands Soul Healer zu sein, erfüllte den Traum meines Vaters für mich. Mein Vater gab mir zwei Empfehlungen, bevor ich auf die Universität ging: eine war, Ärztin zu werden, die andere, Lehrerin zu werden. Da ich ein feinfühliger Mensch bin, ist es schwer für mich, Menschen mit Schmerzen oder im Leid zu sehen, so schaffte ich es nicht, auf die medizinische Hochschule zu gehen. Mit der Zeit sah ich täglich so viele Menschen, die an allen möglichen Krankheiten litten. Das tat mir im Herzen weh. Gleichzeitig schmerzte es mein Herz umso mehr, da ich wusste, dass ich als Ärztin so vielen hoffnungslosen Fällen nicht hätte helfen können.

Ich erhielt die Divine Healing Hands im Januar 2012. So viele Wunder haben sich in meinem Leben ereignet. Nun muss mein Vater im Himmel glücklich und sehr stolz auf mich sein. Als Soul Healer kann ich Menschen und mir selbst viel besser helfen, als ich es als Ärztin könnte.

Wie viele von uns wissen, können die Divine Healing Hands Blockaden auflösen und alle Aspekte des Lebens transformieren. Die tiefgreifendsten Nutzen, die ich von den Divine Healing Hands erhalten habe, sind Fernblessings und die Transformation von Beziehungen. Wie bei vielen neuen chinesischen Immigranten in Kanada bleiben

die engsten Familienangehörigen in China. Das ist sehr traurig, wenn einige von ihnen krank werden. Wir sind auf der anderen Seite der Welt, und wir können nichts machen, um ihnen zu helfen und sie auf praktische Weise zu unterstützen.
Mein Schwiegervater ist 82 Jahre alt. Seine Gesundheit machte meinem Mann und mir große Sorgen. Seit dem vergangenen Sommer hatte er Probleme mit Beinen und Füßen. Das Gehen wurde zunehmend schwieriger für ihn. Seit ich meine Divine Healing Hands erhalten habe, rief ich seine Seele, um an den täglichen freien »Divine Healing Hands Blessings«-Telefonkonferenzen teilzunehmen. Nach einem Monat waren seine Beine und Füße viel besser und er geht problemlos. Ich bin so dankbar, dass ich meinen Familienangehörigen meine Liebe und Fürsorge auf diese Art geben kann.
Mein Mann hatte über viele Jahre ernsthafte Beziehungsprobleme am Arbeitsplatz. Er hatte in den letzten zwanzig Jahren nicht länger als zwei Jahre in einer Abteilung gearbeitet. Im Januar 2011 fand er eine neue Stelle und das war ein großer Sprung in seiner Karriere. Ich machte eine Übung mit einem Beziehungsblessing für ihn, als er zum Vorstellungsgespräch ging und als er die neue Stelle antrat, verlief alles gut und tadellos. Danach vergaß ich, mit den Blessings weiterzumachen. Seine Arbeitsplatzsituation wurde immer beschwerlicher. Er sagte mir nichts, bis er mich im vergangenen März wissen ließ, dass er freigestellt war.
Ich war erschrocken, als ich seinen Anruf von der Arbeit bekam. Ich wusste sofort, dass er ein Divine Healing Hands Blessing brauchte, um eine neue Stelle zu finden. Ich schaltete meine »Divine Healing Hands Soul Healer«-Schätze ein und übte für zwei bis drei Stunden am Abend. Am nächsten Tag druckten wir sein Bewerbungsschreiben aus, schrieben einige Adressen auf und begannen mit der Arbeitssuche.
Bei der ersten Stelle, auf die er sich bewarb, bot man ihm sofort Arbeit an. Diese Stelle bot ihm ungefähr ein Drittel mehr Gehalt. Ich war wieder über die Ergebnisse erschrocken. Divine Healing Hands Blessings sind wirklich kaum in Worte zu fassen und unbegreiflich.
Seitdem rufe ich seine Seele in den täglichen »Divine Healing Hands

Blessings«-Telefonkonferenzen häufig für die Beziehungen mit den Mitarbeitern, dem Vorgesetzten, den Materialien und Werkzeugen. Nun ist alles wundervoll am Arbeitsplatz. Er war noch nie so glücklich auf der Arbeit.
Die Berichte über Soul Healing stapeln sich jeden Tag durch den Dienst mit meinen Divine Healing Hands. Divine Healing Hands haben meine Träume wahr werden lassen. Ich kann Master Sha und dem Göttlichen nicht genügend dafür danken.
Bitte nehmt meine tiefste Dankbarkeit und Liebe auf Chinesisch an: 无限感恩 Wu Xian Gan En, was »unendliche Dankbarkeit, ich kann nicht genügend danken« bedeutet.

Zhu Lu
Toronto, Ontario, Kanada

Lassen Sie uns nun mit der Übung für die Transformation von Beziehungen beginnen.

Beziehungen zwischen Menschen

Lassen Sie uns zuerst üben, wie man eine Beziehung zwischen Menschen transformiert. Wenden Sie die »Vier Kraft Techniken« an, um alle Arten von Beziehungen zu transformieren. Ich werde Sie auch anleiten, wie Sie Ihre göttlichen Schätze anwenden. Dieselbe Übung können Sie für alle Arten von Beziehungen nutzen.

Körperkraft: Setzen Sie sich aufrecht hin. Schließen Sie Ihre Augen. Gehen Sie mit der Zungenspitze sanft an das Gaumendach. Legen Sie eine Handfläche unterhalb des Bauchnabels auf den Unterbauch und die andere auf das Herz.

Seelenkraft: »*Sag Hallo Anrufung*«:

Liebe Seele, lieber Geist, lieber Körper von _____
(Name der Person, mit der Sie Ihre Beziehung transformieren wollen),
ich liebe Dich. Bitte komm.
Lass uns einander vergeben.
Liebe Seele, lieber Geist, lieber Körper der »Göttlichen
Purpurfarbenen Lichtkugel und Purpurfarbenen Quelle der
Göttlichen Vergebung Seele-Geist-Körperübertragungen«,[20]
ich liebe Euch.
Ihr habt die Kraft, heilsam auf meine Beziehung
mit _____ (Name) zu wirken.
Bitte transformiert unsere Beziehung.
Danke.

Geisteskraft: Visualisieren Sie den göttlichen Schatz der »Göttlichen Purpurfarbenen Lichtkugel und Purpurfarbenen Quelle der Göttlichen Vergebung«, der zwischen Ihnen und der anderen Person strahlt.

Klangkraft: Chanten oder singen Sie im Stillen oder laut:

»Göttliche Purpurfarbene Lichtkugel und Purpurfarbene
Quelle der Göttlichen Vergebung« wirken heilsam
und transformieren unsere Beziehung. Danke.
»Göttliche Purpurfarbene Lichtkugel und Purpurfarbene
Quelle der Göttlichen Vergebung« wirken heilsam
und transformieren unsere Beziehung. Danke.
»Göttliche Purpurfarbene Lichtkugel und Purpurfarbene
Quelle der Göttlichen Vergebung« wirken heilsam
und transformieren unsere Beziehung. Danke.
»Göttliche Purpurfarbene Lichtkugel und Purpurfarbene
Quelle der Göttlichen Vergebung« wirken heilsam und
transformieren unsere Beziehung. Danke ...

---

20 Diese haben Sie im Kapitel 4 erhalten. Siehe Seite 132.

Unterbrechen Sie jetzt das Lesen. Chanten Sie *Göttliche Purpurfarbene Lichtkugel und Purpurfarbene Quelle der Göttlichen Vergebung heilen und transformieren unsere Beziehung.* Danke für fünf Minuten. Im Allgemeinen sollten Sie täglich drei- bis fünfmal für drei bis fünf Minuten chanten. Wenn Sie chronische oder lebensbedrohliche Beschwerden haben, dann chanten Sie täglich zwei Stunden oder mehr. Wenn Sie sehr herausfordernde Beziehungen haben, dann chanten Sie für eine oder zwei Stunden am Tag. Je länger und häufiger Sie chanten, desto bessere Ergebnisse können Sie erzielen.

Meine Lehre lautet: Vergebung bringt inneren Frieden und innere Freude. Regelmäßige Vergebungsübung ist entscheidend für die Selbstreinigung des Karmas und für die Auflösung von Blockaden in allen Aspekten des Lebens, einschließlich der Beziehungen.

Vergebung ist zweiseitig. Wenn »A« und »B« Probleme in ihrer Beziehung haben, muss »A« »B« vergeben und »B« muss ebenfalls »A« vergeben. Die Vergebungsübung ist wie folgt:

> *Liebe/r*_____
> (Name der Person, mit der Sie Ihre Beziehung transformieren möchten),
> *ich liebe Dich.*
> *Bitte vergib mir alle Fehler, die ich im Umgang mit Dir*
> *in diesem Leben und in allen Leben begangen habe.*
> *Ich entschuldige mich aufrichtig für alle Schmerzen*
> *und alles Leiden, die ich Dir verursacht habe.*
> *Wenn Du Fehler im Umgang mit mir in diesem Leben und in*
> *allen Leben begangen hast, vergebe ich Dir vollständig.*

Chanten oder singen Sie im Stillen oder laut:

> *Ich vergebe Dir.*
> *Du vergibst mir.*
> *Bringt Liebe, Frieden und Harmonie.*
> *Bringt Liebe, Frieden und Harmonie …*

Die Kraft dieser Mantren und dieser Übung ist kaum in Worte zu fassen. Dies ist die Seelentransformation von Beziehungen. Üben Sie häufig. Sie werden den Nutzen immer besser verstehen.

Unterbrechen Sie jetzt das Lesen. Chanten Sie *Ich vergebe Dir. Du vergibst mir. Bringt Liebe, Frieden und Harmonie.* Bringt Liebe, Frieden und Harmonie für fünf Minuten. Im Allgemeinen sollten Sie täglich drei- bis fünfmal für drei bis fünf Minuten chanten. Wenn Sie sehr herausfordernde Beziehungen haben, dann chanten Sie täglich zwei Stunden oder mehr.

Je länger und häufiger Sie chanten, desto bessere Ergebnisse können Sie erzielen. Sie können alle Übungszeiten zusammenzählen, um täglich auf insgesamt zwei Stunden oder mehr zu kommen.

Viele Menschen erleben zwischenmenschliche Herausforderungen aller Art an ihrem Arbeitsplatz. Die Divine Healing Hands können diese Herausforderungen transformieren – zwischen Geschäftsführern und Mitarbeitern, zwischen den Kollegen u. v. m. Diese Geschichte hier ist ein gutes Beispiel:

Ich bin ein Divine Healing Hands Soul Healer, der bei einer Behörde in einer hochbrisanten politischen Atmosphäre arbeitet. Wir haben kürzlich drei der besten Führungskräfte der Behörde bei einer politischen Bewährungsprobe verloren und viele gehen seitdem in Deckung.

Uns wurde ein vorübergehender Geschäftsführer zugeteilt, der sich darauf konzentrierte, die Behörde so zu führen, um seine eigenen Belange zu fördern: Er wollte diesen Job dauerhaft. Es gab viel Druck von oben, um beides, Produktion und Leistung von Mitarbeitern und Arbeit, zu steigern. Dies verursachte erheblichen Stress für alle Beteiligten. Dies ist eine professionelle Organisation mit vielen hoch qualifizierten, hoch motivierten Menschen.

Ich habe in den letzten Wochen täglich dem vorübergehenden Geschäftsführer und der Behörde Divine Healing Hands Blessings geschickt, da die Energie ziemlich drückend und lustlos war.

Ich habe einen großen Wandel in der Energie am Arbeitsplatz bemerkt. Es ist eine bemerkenswerte Veränderung in der Einstellung und Unterstützung von allen Mitarbeitern gewesen. Es ist mir bewusst, dass, was sich zukünftig entwickelt, genau das ist, was die Behörde braucht, um Fortschritte zu erzielen.

Ich bedanke mich bei Master Sha, dem Göttlichen und den Divine Healing Hands für dieses großartige Geschenk. Es ist wundervoll, dass das Dunkle und die Wolken aufgelöst wurden und das Licht an meinem Arbeitsplatz wieder scheint.

Christopher Keehn
Monterey, Kalifornien

Beziehungen Zwischen Unternehmen

Beziehungen zwischen Unternehmen können auch Herausforderungen, Konflikte, Kommunikationshindernisse u. v. m. haben. Nun lassen Sie uns üben, um eine Beziehung zwischen zwei Unternehmen zu transformieren, indem wir die »Göttliche Purpurfarbene Lichtkugel und Purpurfarbene Quelle der Göttlichen Vergebung Seele-Geist-Körperübertragungen« anwenden, die Sie im Kapitel 4 erhalten haben.

Wenden Sie die »Vier Kraft Techniken« an:

Körperkraft: Setzen Sie sich aufrecht hin. Schließen Sie Ihre Augen. Gehen Sie mit der Zungenspitze sanft an das Gaumendach. Legen Sie eine Handfläche unterhalb des Bauchnabels auf den Unterbauch und die andere über das Herz.

Seelenkraft: »*Sag Hallo Anrufung*«:

Liebe Seele, lieber Geist, lieber Körper von _____ und _____
(Nennen Sie die Namen der Unternehmen,
die Transformation benötigen.),
ich liebe Euch.

Lasst uns gemeinsam eine Vergebungsübung durchführen.

Liebe Seele, lieber Geist, lieber Körper der »Göttlichen
Purpurfarbenen Lichtkugel und Purpurfarbenen Quelle der
Göttlichen Vergebung Seele-Geist-Körperübertragungen«,

ich liebe Euch.
Ihr habt die Kraft, heilsam auf die Beziehung
zwischen diesen zwei Unternehmen zu wirken.
Bitte transformiert ihre Beziehung.
Danke.

Geisteskraft: Visualisieren Sie den göttlichen Schatz der »Göttlichen Purpurfarbenen Lichtkugel und Purpurfarbenen Quelle der Göttlichen Vergebung«, der zwischen den zwei Unternehmen strahlt.

Klangkraft: Chanten oder singen Sie im Stillen oder laut:

»Göttliche Purpurfarbene Lichtkugel und Purpurfarbene Quelle
der Göttlichen Vergebung« wirken heilsam und transformieren
die Beziehung zwischen den Unternehmen. Danke.
»Göttliche Purpurfarbene Lichtkugel und Purpurfarbene Quelle
der Göttlichen Vergebung« wirken heilsam und transformieren
die Beziehung zwischen den Unternehmen. Danke.
»Göttliche Purpurfarbene Lichtkugel und Purpurfarbene Quelle
der Göttlichen Vergebung« wirken heilsam und transformieren
die Beziehung zwischen den Unternehmen. Danke.
»Göttliche Purpurfarbene Lichtkugel und Purpurfarbene Quelle
der Göttlichen Vergebung« wirken heilsam und transformieren
die Beziehung zwischen den Unternehmen. Danke ...

Unterbrechen Sie jetzt das Lesen und legen Sie das Buch zur Seite. Chanten Sie »Göttliche Purpurfarbene Lichtkugel und Purpurfarbene Quelle der Göttlichen Vergebung« heilen und transformieren die Beziehung zwischen den Unternehmen. Danke für fünf Minuten. Im Allgemeinen sollten Sie täglich drei- bis fünfmal für drei bis fünf Minuten chanten. Wenn Sie mit Unternehmen sehr herausfordernde Beziehungen haben, dann chanten Sie täglich zwei Stunden oder mehr. Je länger und häufiger Sie chanten, desto bessere Ergebnisse können Sie erzielen.

WENDEN SIE DIE DIVINE HEALING HANDS FÜR DIE TRANSFORMATION VON BEZIEHUNGEN AN

Nun leite ich Sie an, heilsam auf eine Beziehung zwischen zwei Unternehmen zu wirken, indem Sie die Divine Healing Hands anwenden. Ich empfehle dringend, dass Sie bei jeder Anwendung der Divine Healing Hands in diesem Buch mindestens eine halbe Stunde üben, da das Göttliche mich deutlich anwies, dass Sie nach den zwanzig Anwendungen die Divine Healing Hands-Übertragung in diesem Buch nicht weiter nutzen können. Deshalb wenden Sie die Divine Healing Hands in diesem Buch zwanzig Mal an und üben Sie jedes Mal so lange, wie Sie können, um den größten Nutzen zu schöpfen. Danach sollten Sie einen Divine Healing Hands Soul Healer oder eine(n) meiner weltweiten Repräsentant(inn)en aufsuchen, um Divine Healing Hands Blessings zu erhalten oder sich selbst für die Divine Healing Hands zu bewerben und diese zu erhalten.

Körperkraft: Setzen Sie sich aufrecht hin. Schließen Sie Ihre Augen. Gehen Sie mit der Zungenspitze sanft an das Gaumendach. Wenn Sie ein Divine Healing Hands Soul Healer sind, nehmen Sie die »Gebetshaltung des Seelenlicht-Zeitalters« ein und bewegen die rechte Hand dabei. Wenn Sie kein Divine Healing Hands Soul Healer sind, nehmen Sie einfach nur die »Gebetshaltung des Seelenlicht-Zeitalters« ein.

Seelenkraft: »*Sag Hallo Anrufung*«:

> *Liebe Divine Healing Hands,*
> *ich liebe Euch.*
> *Ihr habt die Kraft, heilsam auf die Beziehung zwischen den*
> *Unternehmen ____ und ____ zu wirken und diese zu transformieren.*
> *Ich bin sehr dankbar.*
> *Bitte gebt ein Soul Healing Blessing, so wie es angemessen ist.*
> *Danke.*

Geisteskraft: Visualisieren Sie das goldene Licht der Divine Healing Hands, das zwischen den beiden Unternehmen strahlt.

Klangkraft: Chanten oder singen Sie im Stillen oder laut:

*Divine Healing Hands wirken heilsam und transformieren
die Beziehung zwischen ___ und ___. Danke.
Divine Healing Hands wirken heilsam und transformieren
die Beziehung zwischen ___ und ___. Danke.
Divine Healing Hands wirken heilsam und transformieren
die Beziehung zwischen ___ und ___. Danke.
Divine Healing Hands wirken heilsam und transformieren
die Beziehung zwischen ___ und ___. Danke ...*

Chanten Sie, solange Sie können. Je länger und häufiger Sie chanten, desto größeren Nutzen wird Ihr Anliegen durch die Divine Healings Hands erhalten.

Als Nächstes werde ich Sie anleiten, die Divine Healing Hands für die Transformation der Beziehung zwischen Ihnen und einer anderen Person anzuwenden. Nutzen Sie die »Vier Kraft Techniken«:

Körperkraft: Setzen Sie sich aufrecht hin. Schließen Sie Ihre Augen. Gehen Sie mit der Zungenspitze sanft an das Gaumendach. Wenn Sie ein Divine Healing Hands Soul Healer sind, nehmen Sie die »Gebetshaltung des Seelenlicht-Zeitalters« ein und bewegen die rechte Hand dabei. Wenn Sie kein Divine Healing Hands Soul Healer sind, nehmen Sie einfach nur die »Gebetshaltung des Seelenlicht-Zeitalters« ein.

Seelenkraft: *»Sag Hallo Anrufung«:*

*Liebe Divine Healing Hands,
ich liebe Euch.
Ihr habt die Kraft, heilsam auf die Beziehung zwischen _____*
(Nennen Sie die Person, mit der Sie Ihre Beziehung transformieren wollen.) *und mir zu wirken und diese zu transformieren.
Ich bin sehr dankbar.
Bitte gebt ein Soul Healing Blessing, so wie es angemessen ist.
Danke.*

Geisteskraft: Visualisieren Sie das goldene Licht der Divine Healing Hands, das zwischen Ihnen und der anderen Person strahlt.

Klangkraft: Chanten oder singen Sie im Stillen oder laut:

> *Divine Healing Hands wirken heilsam und transformieren*
> *die Beziehung zwischen _____ und mir. Danke.*
> *Divine Healing Hands wirken heilsam und transformieren*
> *die Beziehung zwischen _____ und mir. Danke.*
> *Divine Healing Hands wirken heilsam und transformieren*
> *die Beziehung zwischen _____ und mir. Danke.*
> *Divine Healing Hands wirken heilsam und transformieren*
> *die Beziehung zwischen _____ und mir. Danke ...*

Chanten Sie, solange Sie können. Je länger und häufiger Sie chanten, desto größeren Nutzen wird Ihre Beziehung durch die Divine Healings Hands erhalten.

Finanzen

Die meisten Menschen denken täglich an ihre Finanzen. Viele Menschen haben finanzielle Herausforderungen, die sie transformieren möchten. Die vergangenen acht Jahre brachten immer größere finanzielle Krisen sowie andere Herausforderungen für Mutter Erde mit sich. Diese sind Teil der Umwandlungsphase von Mutter Erde. Für Millionen von Menschen ist die Transformation der Finanzen entscheidend.

Ich werde Ihnen jetzt unvergleichliche immerwährende, göttliche Schätze anbieten, die Sie anwenden können, um Ihre Finanzen zu transformieren.

Bereiten Sie sich nun vor!

Göttliche Anordnung: »**Göttliche Purpurfarbene**
Lichtkugel und Purpurfarbene Quelle des Göttlichen
Lichts Seele-Geist-Körperübertragungen«

Übertragung!

Lebenstransformation

Herzlichen Glückwunsch! Sie sind gesegnet. Die Menschheit ist gesegnet. Göttliches Licht wirkt heilsam, schützt vor Krankheiten, reinigt und verjüngt Seele, Herz, Geist und Körper, transformiert Beziehungen, Finanzen, Intelligenz und alle Aspekte des Lebens.

Ich werde Sie nun bei einer Übung anleiten, um Finanzen zu transformieren, indem Sie die »Vier Kraft Techniken« und die »Göttliche Purpurfarbene Lichtkugel und Purpurfarbene Quelle des Göttlichen Lichts Seele-Geist-Körperübertragungen« anwenden:

Körperkraft: Setzen Sie sich aufrecht hin. Schließen Sie Ihre Augen. Gehen Sie mit der Zungenspitze sanft an das Gaumendach. Legen Sie eine Handfläche unterhalb des Bauchnabels auf den Unterbauch und die andere auf Ihr Botschaftenzentrum.

Seelenkraft: »*Sag Hallo Anrufung*«:

Liebe Seele, lieber Geist, lieber Körper meiner Finanzen,
ich liebe Dich.
Liebe Seele, lieber Geist, lieber Körper der »Göttlichen
Purpurfarbenen Lichtkugel und Purpurfarbenen Quelle des
Göttlichen Lichts Seele-Geist-Körperübertragungen«,
ich liebe Euch.
Ihr habt die Kraft, meine Finanzen zu transformieren.
Ich bin sehr dankbar.
Bitte gebt meinen Finanzen ein Soul Healing
Blessing, so wie es angemessen ist.
Danke.

Geisteskraft: Visualisieren Sie den göttlichen Schatz der »Göttlichen Purpurfarbenen Lichtkugel und Purpurfarbenen Quelle des Göttlichen Lichts«, um Ihre finanzielle Situation zu transformieren.

Klangkraft: Chanten oder singen Sie im Stillen oder laut:

»Göttliche Purpurfarbene Lichtkugel und Purpurfarbene Quelle des Göttlichen Lichts« transformieren meine Finanzen. Danke.
»Göttliche Purpurfarbene Lichtkugel und Purpurfarbene Quelle des Göttlichen Lichts« transformieren meine Finanzen. Danke.
»Göttliche Purpurfarbene Lichtkugel und Purpurfarbene Quelle des Göttlichen Lichts« transformieren meine Finanzen. Danke.
»Göttliche Purpurfarbene Lichtkugel und Purpurfarbene Quelle des Göttlichen Lichts« transformieren meine Finanzen. Danke ...

Unterbrechen Sie jetzt das Lesen. Chanten Sie *»Göttliche Purpurfarbene Lichtkugel und Purpurfarbene Quelle des Göttlichen Lichts« transformieren meine Finanzen. Danke* für fünf Minuten. Im Allgemeinen sollten Sie täglich drei- bis fünfmal für drei bis fünf Minuten chanten. Wenn Sie schwere finanzielle Herausforderungen haben, dann chanten Sie täglich zwei Stunden oder mehr. Je länger und häufiger Sie chanten, desto bessere Ergebnisse können Sie erzielen.

WENDEN SIE DIE DIVINE HEALING HANDS FÜR DIE TRANSFORMATION VON FINANZEN AN

Nun werde ich Sie anleiten, Ihre Finanzen zu transformieren, indem Sie die Divine Healing Hands anwenden. Das Göttliche wies mich klar an, dass Sie nach den zwanzig Anwendungen die Divine Healing Hands-Übertragung in diesem Buch nicht weiter nutzen können. Deshalb wenden Sie die Divine Healing Hands in diesem Buch zwanzig Mal an und üben Sie jedes Mal so lange, wie Sie können, um den größten Nutzen zu schöpfen. Danach sollten Sie einen Divine Healing Hands Soul Healer oder eine(n) meiner weltweiten Repräsentant(inn)en aufsuchen, um Divine Healing Hands Blessings zu erhalten oder sich selbst für die Divine Healing Hands zu bewerben und diese zu erhalten.

Körperkraft: Setzen Sie sich aufrecht hin. Schließen Sie Ihre Augen. Gehen Sie mit der Zungenspitze sanft an das Gaumendach. Wenn Sie ein Divine Healing Hands Soul Healer sind, nehmen Sie die »Gebetshaltung des Seelenlicht-Zeitalters« ein und bewegen die rechte Hand dabei. Wenn Sie kein Divine Healing Hands Soul Healer sind, nehmen Sie einfach nur die »Gebetshaltung des Seelenlicht-Zeitalters« ein.

Seelenkraft: »*Sag Hallo Anrufung*«:

*Liebe Divine Healing Hands,
ich liebe Euch.
Ihr habt die Kraft, meine Finanzen zu transformieren.
Ich bin sehr dankbar.
Bitte gebt meinen Finanzen ein Soul Healing
Blessing, so wie es angemessen ist.
Danke.*

Geisteskraft: Visualisieren Sie das goldene Licht der Divine Healing Hands, das ausstrahlt und Ihre Finanzen transformiert.

Klangkraft: Chanten oder singen Sie im Stillen oder laut:

*Divine Healing Hands transformieren meine Finanzen. Danke.
Divine Healing Hands transformieren meine Finanzen. Danke.
Divine Healing Hands transformieren meine Finanzen. Danke.
Divine Healing Hands transformieren meine Finanzen. Danke ...*

Chanten Sie, solange Sie können. Je öfter und länger Sie chanten, desto größeren Nutzen schöpfen Sie von den Divine Healing Hands.

Erhöhung der Intelligenz

Viele Menschen sprechen darüber, die Intelligenz zu erhöhen und zu entwickeln. Die meisten Menschen denken, dass die Intelligenz aus dem Geist stammt. Ich möchte der Menschheit mitteilen, dass die Intelligenz vom Geist stammt, aber die wichtigsten Quellen der Intelligenz das Herz und die Seele sind.

Es gibt drei Arten der Intelligenz:

- Geist-Intelligenz
- Herz-Intelligenz
- Seelen-Intelligenz

Die traditionelle chinesische Medizin lehrt, dass der Geist und die Seele im Herz sitzen. Wenn man Herzprobleme hat, könnte dies das Gehirn und die Intelligenz ernsthaft beeinträchtigen. Gedächtnis, Begreifen, Einsicht u. v. m. könnten beeinträchtigt werden.

Die Seele ist der Boss in einem Menschen. Unsere Seele besitzt Erfahrungen und Erinnerungen aus vielen Leben. Unsere geliebte Seele kommuniziert mit und lernt von unseren spirituellen Vätern und Müttern im Himmel. Unsere geliebte Seele trägt große Weisheit und Erkenntnis. Seelen-Intelligenz ist kaum in Worte zu fassen. Im Allgemeinen ist die Seelen-Intelligenz verborgen. Um die eigene Intelligenz hoch zu entwickeln, ist es entscheidend, die Seelen-Intelligenz zu entwickeln.

Lassen Sie mich zuerst eine Übung anleiten, um die Geist-Intelligenz zu entwickeln.

GEIST-INTELLIGENZ

Mein spiritueller Vater und Mentor, Dr. und Master Zhi Chen Guo, entdeckte einen heiligen Zahlencode für die Entwicklung des Geistes. Er lautet:

01777–908–01777–92244

Sie können diesen Zahlencode Zahl für Zahl auf Deutsch chanten. Sie können den Zahlencode in jeder Sprache chanten, da die Botschaft dieselbe ist. Ich empfehle, ihn auf Chinesisch zu chanten, da die chinesische Sprache eine spezielle Schwingung besitzt:

01777	Ling Yao Chi Chi Chi (ausgesprochen *Ling Jau Tschi Tschi Tschi*)
908	Jiu Ling Ba (ausgesprochen *Dscho Ling Ba*)
01777	Ling Yao Chi Chi Chi
92244	Jiu Er Er Si Si (ausgesprochen *Dscho Ar Ar Sz Sz*)

Welche Bedeutung haben diese Nummern? Es sind drei verschiedene Zahlencodes:

01777 stimuliert den Corpus Callosum, das Gewebe, welches das rechte und linke Gehirn verbindet. Die Zellen in diesem Bereich transportieren Botschaften von einer Seite des Gehirns zur anderen.
908 stimuliert die linke Gehirnhälft.
92244 stimuliert die rechte Gehirnhälfte. Siehe Abbildung 10.

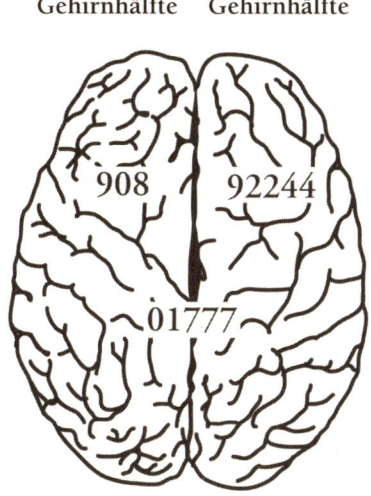

Abbildung 10. Heiliger Zahlencode

Die Übung für die Entwicklung des gesamten Gehirns – linke Seite, rechte Seite und den Corpus Callosum –, ist sehr einfach. Lernen Sie die verschiedenen Zahlencodes, und chanten Sie diese schnell in dieser speziellen Reihenfolge. Sie können diese Übung fast überall und zu jeder Zeit machen. Wenn Sie diesen Zahlencode chanten, stimulieren Sie die Zellen des Zentralgehirns zwischen der linken und rechten Gehirnhälfte (Corpus Callosum), dann stimulieren Sie die linke Gehirnhälfte, um wieder zurück zur Gehirnmitte zu gehen, um dann die rechte Gehirnhälfte zu stimulieren. Wiederholen Sie diese Reihenfolgen schnell hintereinander, um alle Zellen im Gehirn zu stimulieren und um die Verbindung untereinander zu entwickeln.

Wenden Sie die »Vier Kraft Techniken« mit diesen heiligen Zahlencodes an, um die Geist-Intelligenz zu entwickeln:

Körperkraft: Setzen Sie sich aufrecht hin. Schließen Sie Ihre Augen. Gehen Sie mit der Zungenspitze sanft an das Gaumendach. Legen Sie eine Handfläche auf Ihre Kundalini. Denken Sie daran, dass die Kundalini-Energie das Gehirn nährt. Legen Sie die andere Handfläche auf den Kopf.

Seelenkraft: »*Sag Hallo Anrufung*«:

Liebe Seele, lieber Geist, lieber Körper meines
Gehirns und meines Geistes,
ich liebe Euch.
Ihr habt die Kraft, meine Intelligenz zu stärken.
Macht Eure Sache gut.
Danke.
Liebe 01777–908–01777–92244,
ich liebe Euch.
Ihr habt die Kraft, meine Geist-Intelligenz zu erhöhen.
Ich bin sehr dankbar.
Danke.

Geisteskraft: Visualisieren Sie goldenes Licht, das in Ihrem ganzen Gehirn strahlt.

Klangkraft: Chanten oder singen Sie im Stillen oder laut:

01777 (Ling Jau Tschi Tschi Tschi)–908 (Dscho Ling Ba)–01777 (Ling Jau Tschi Tschi Tschi)–92244 (Dscho Ar Ar Sz Sz)
01777–908–01777–92244
01777–908–01777–92244
01777–908–01777–92244 ...
Oder chanten Sie einfach auf Deutsch (oder Ihrer Muttersprache):

*01777 (null eins sieben sieben sieben)–908 (neun null acht)–01777
(null eins sieben sieben sieben)–92244 (neun zwei zwei vier vier)
01777 – 908 – 01777 – 92244
01777 – 908 – 01777 – 92244
01777 – 908 – 01777 – 92244 ...*

Unterbrechen Sie das Lesen und legen Sie das Buch zur Seite. Chanten Sie *01777 (Ling Jau Tschi Tschi Tschi)–908 (Dscho Ling Ba)–01777 (Ling Jau Tschi Tschi Tschi)–92244 (Dscho Ar Ar Sz Sz)* oder chanten Sie auf Deutsch, *01777–908–01777–92244* für fünf Minuten.

Im Allgemeinen sollten Sie täglich drei- bis fünfmal für drei bis fünf Minuten chanten. Wenn Sie große Herausforderungen mit Ihrer Geist-Intelligenz haben, wie schlechtes Auffassungsvermögen, Verwirrtheit, Legasthenie, Verletzungen oder andere Geistblockaden, dann chanten Sie täglich zwei Stunden oder mehr. Je länger und häufiger Sie chanten, desto bessere Ergebnisse können Sie erzielen.

Wenden Sie die Divine Healing Hands für die Erhöhung der Geist-Intelligenz an

Nun werde ich Sie anleiten, die Geist-Intelligenz zu erhöhen, indem Sie die Divine Healing Hands anwenden. Ich empfehle dringend, dass Sie bei jeder Anwendung der Divine Healing Hands in diesem Buch mindestens eine halbe Stunde üben, da das Göttliche mich deutlich anwies, dass Sie nach den zwanzig Anwendungen die Divine Healing Hands-Übertragung in diesem Buch nicht weiter nutzen können. Deshalb wenden Sie die Divine Healing Hands in diesem Buch zwanzig Mal an und üben Sie jedes Mal so lange, wie Sie können, um den größten Nutzen zu schöpfen. Danach sollten Sie einen Divine Healing Hands Soul Healer oder eine(n) meiner weltweiten Repräsentant(inn)en aufsuchen, um Divine Healing Hands Blessings zu erhalten oder sich selbst für die Divine Healing Hands zu bewerben, um diese zu erhalten.

Körperkraft: Setzen Sie sich aufrecht hin. Schließen Sie Ihre Augen. Gehen Sie mit der Zungenspitze sanft an das Gaumendach. Wenn Sie ein Divine Healing

Hands Soul Healer sind, nehmen Sie die »Gebetshaltung des Seelenlicht-Zeitalters« ein und bewegen die rechte Hand dabei. Wenn Sie kein Divine Healing Hands Soul Healer sind, nehmen Sie einfach nur die »Gebetshaltung des Seelenlicht-Zeitalters« ein.

Seelenkraft: »*Sag Hallo Anrufung*«:

> *Liebe Divine Healing Hands,*
> *ich liebe Euch.*
> *Ihr habt die Kraft, meine Geist-Intelligenz zu erhöhen.*
> *Ich bin sehr dankbar.*
> *Bitte gebt meinem Geist ein Soul Healing Blessing*
> *für Intelligenz, so wie es angemessen ist.*
> *Danke.*

Geisteskraft: Visualisieren Sie das goldene Licht der Divine Healing Hands, das in Ihrem Gehirn strahlt.

Klangkraft: Chanten oder singen Sie im Stillen oder laut:

> *Divine Healing Hands erhöhen meine Geist-Intelligenz. Danke.*
> *Divine Healing Hands erhöhen meine Geist-Intelligenz. Danke.*
> *Divine Healing Hands erhöhen meine Geist-Intelligenz. Danke.*
> *Divine Healing Hands erhöhen meine Geist-Intelligenz. Danke ...*

Chanten Sie, solange Sie können. Je öfter und länger Sie chanten, desto größeren Nutzen schöpfen Sie von den Divine Healing Hands.

HERZ-INTELLIGENZ

Die Wesensart des Herzens ist Liebe. Eine der besten Methoden, die Herz-Intelligenz zu entwickeln, ist, die »Göttliche Purpurfarbene Lichtkugel und Purpurfarbene Quelle der Göttlichen Liebe Seele-Geist-Körperübertragungen« anzuwenden, die Sie erhalten haben, als Sie das Kapitel 4 gelesen haben.

Nun leite ich Sie an, die Herz-Intelligenz zu entwickeln, indem Sie die »Vier Kraft Techniken« und die »Göttliche Liebe Seele-Geist-Körperübertragungen« anwenden:

Körperkraft: Setzen Sie sich aufrecht hin. Schließen Sie Ihre Augen. Gehen Sie mit der Zungenspitze sanft an das Gaumendach. Wenn Sie ein Divine Healing Hands Soul Healer sind, nehmen Sie die »Gebetshaltung des Seelenlicht-Zeitalters« ein und bewegen die rechte Hand dabei. Wenn Sie kein Divine Healing Hands Soul Healer sind, nehmen Sie einfach nur die »Gebetshaltung des Seelenlicht-Zeitalters« ein.

Seelenkraft: »*Sag Hallo Anrufung*«:

Liebe Seele, lieber Geist, lieber Körper meines Herzens,
ich liebe Dich.
Du hast die Kraft, Deine Intelligenz zu erhöhen.
Mach Deine Sache gut.
Danke.

Liebe Seele, lieber Geist, lieber Körper der »Göttlichen
Purpurfarbenen Lichtkugel und Purpurfarbenen Quelle der
Göttlichen Liebe Seele-Geist-Körperübertragungen«,
ich liebe Euch.
Ihr habt die Kraft, meine Herz-Intelligenz zu erhöhen.
Ich bin sehr dankbar.
Danke.

Geisteskraft: Visualisieren Sie strahlendes purpurfarbenes Licht in Ihrem Herzen.

Klangkraft: Chanten oder singen Sie im Stillen oder laut:

»Göttliche Purpurfarbene Lichtkugel und Purpurfarbene Quelle
der Göttlichen Liebe« erhöhen meine Herz-Intelligenz. Danke.
»Göttliche Purpurfarbene Lichtkugel und Purpurfarbene Quelle
der Göttlichen Liebe« erhöhen meine Herz-Intelligenz. Danke.

»Göttliche Purpurfarbene Lichtkugel und Purpurfarbene Quelle der Göttlichen Liebe« erhöhen meine Herz-Intelligenz. Danke.
»Göttliche Purpurfarbene Lichtkugel und Purpurfarbene Quelle der Göttlichen Liebe« erhöhen meine Herz-Intelligenz. Danke ...

Legen Sie jetzt das Buch zur Seite und chanten Sie *»Göttliche Purpurfarbene Lichtkugel und Purpurfarbene Quelle der Göttlichen Liebe« erhöhen meine Herz-Intelligenz. Danke* für zehn Minuten. Im Allgemeinen sollten Sie täglich drei- bis fünfmal für drei bis fünf Minuten chanten. Wenn Sie große Herausforderungen mit Ihrer Herz-Intelligenz haben, dann chanten Sie täglich zwei Stunden oder mehr. Je länger und häufiger Sie chanten, desto bessere Ergebnisse können Sie erzielen. Sie können alle Übungszeiten zusammenzählen, um täglich auf insgesamt zwei Stunden oder mehr zu kommen.

WENDEN SIE DIE DIVINE HEALING HANDS FÜR DIE ERHÖHUNG DER HERZ-INTELLIGENZ AN

Nun werde ich Sie anleiten, die Herz-Intelligenz zu entwickeln, indem Sie die Divine Healing Hands anwenden. Zur Erinnerung: Das Göttliche wies mich klar an, dass Sie nach den zwanzig Anwendungen die Divine Healing Hands-Übertragung in diesem Buch nicht weiter nutzen können. Deshalb wenden Sie die Divine Healing Hands in diesem Buch zwanzig Mal an und üben Sie jedes Mal so lange, wie Sie können, um den größten Nutzen zu schöpfen. Danach sollten Sie einen Divine Healing Hands Soul Healer oder eine(n) meiner weltweiten Repräsentant(inn)en aufsuchen, um Divine Healing Hands Blessings zu erhalten oder sich selbst für die Divine Healing Hands zu bewerben und diese zu erhalten.

Körperkraft: Setzen Sie sich aufrecht hin. Schließen Sie Ihre Augen. Gehen Sie mit der Zungenspitze sanft an das Gaumendach. Wenn Sie ein Divine Healing Hands Soul Healer sind, nehmen Sie die »Gebetshaltung des Seelenlicht-Zeitalters« ein und bewegen die rechte Hand dabei. Wenn Sie kein Divine Healing Hands Soul Healer sind, nehmen Sie einfach nur die »Gebetshaltung des Seelenlicht-Zeitalters« ein.

Seelenkraft: »*Sag Hallo Anrufung*«:

Liebe Divine Healing Hands,
ich liebe Euch.
Ihr habt die Kraft, meine Herz-Intelligenz zu erhöhen.
Ich bin sehr dankbar.
Bitte gebt meinem Herz ein Soul Healing Blessing
für Intelligenz, so wie es angemessen ist.
Danke.

Geisteskraft: Visualisieren Sie das goldene Licht der Divine Healing Hands, das in Ihrem Herz strahlt.

Klangkraft: Chanten oder singen Sie im Stillen oder laut:

Divine Healing Hands erhöhen meine Herz-Intelligenz. Danke.
Divine Healing Hands erhöhen meine Herz-Intelligenz. Danke.
Divine Healing Hands erhöhen meine Herz-Intelligenz. Danke.
Divine Healing Hands erhöhen meine Herz-Intelligenz. Danke ...

Chanten Sie, solange Sie können. Je öfter und länger Sie chanten, desto größeren Nutzen schöpfen Sie von den Divine Healing Hands.

SEELEN-INTELLIGENZ

Ihre Körperseele reinkarniert seit Hunderten oder Tausenden von Leben. In all diesen Leben hat Ihre geliebte Seele viele Erfahrungen gemacht und große Weisheit gewonnen. Bei den meisten Menschen wurde nur wenig Weisheit der Seele an den Geist und an das Herz übertragen. Die Weisheit und Erkenntnis unserer Seele bleibt zumeist verdeckt. Ihre Seelen-Intelligenz zu entwickeln, kann Sie äußerst intelligent machen.

Nun möchte ich jeden anleiten, die Seelen-Intelligenz zu entwickeln, indem Sie die »Vier Kraft Techniken« und den göttlichen heiligen Zahlencode *3396815* anwenden.

Vor fast vierzig Jahren wurde meinem spirituellen Vater und Mentor, Dr. und Master Zhi Chen Guo, der göttliche heilige Zahlencode 3396815 vom Göttlichen gegeben. Dieser heilige Zahlencode vereint die spirituelle Welt und die physische Welt. Er hat enorme spirituelle Kraft.

Auf Chinesisch ausgesprochen stimuliert der Ton jeder Zahl in 3396815 die Zellschwingung eines bestimmten Körperbereiches. Chanten Sie wiederholt 3396815, bewirkt dies einen anhaltenden Energiefluss durch die Hauptorgane und Systeme des Körpers. Das Muster dieses Flusses fördert Energie und Soul Healing auf eine kraftvolle Weise. Siehe Abbildung 11.

- 33 (ausgesprochen *Sahn Sahn*) stimuliert die Brust und die Lungen
- 9 (ausgesprochen *Dscho*) stimuliert den Unterbauch
- 6 (ausgesprochen *Liu*) stimuliert die Seiten und die Rippen
- 8 (ausgesprochen *Bah*) stimuliert den Bauchnabel-Bereich
- 1 (ausgesprochen *Jau*) stimuliert Kopf und Nacken
- 5 (ausgesprochen *Wu*) stimuliert den Magen-Bereich

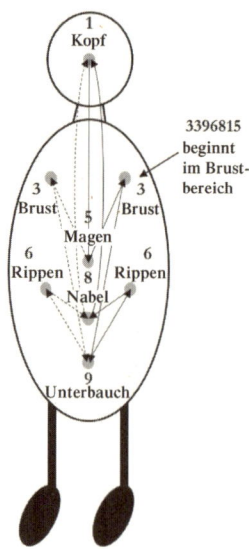

Abbildung 11. Der göttliche heilige Zahlencode 3396815

Deshalb fördert 3396815 den Energiefluss nach folgendem Verlauf:

- beginnt im Brustbereich (33)
- fließt nach unten in den Unterbauch (9)
- fließt auf beiden Seiten hoch zum Rippenbereich(6)
- fließt runter zum Bauchnabel-Bereich (8)
- fließt hoch zum Nacken und Kopf (1)
- fließt runter zum Magen-Bereich (5)

Die Bedeutung und Kraft von 3396815 ist, dass es ein göttlicher heiliger Zahlencode ist, um:

- Seele-Geist-Körperblockaden aufzulösen, um heilsam auf das gesamte Leben zu wirken und zu transformieren, einschließlich Gesundheit, Beziehungen, Finanzen, Intelligenz, Kinder und alle Aspekte des Lebens
- die vier wichtigsten spirituellen Kanäle zu entwickeln, den Kanal der Seelensprache, den Kanal der direkten Seelenkommunikation, den Kanal des Dritten Auges und den Kanal des direkten Wissens
- die Intelligenz von Seele, Herz und Geist zu entwickeln
- Seele, Herz, Geist und Körper zu reinigen und zu verjüngen
- das Leben zu verlängern

Nun leite ich Sie an, die Seelen-Intelligenz zu entwickeln, indem Sie die »Vier Kraft Techniken« und den göttlichen heiligen Zahlencode 3396815 anwenden:

Körperkraft: Setzen Sie sich aufrecht hin. Schließen Sie Ihre Augen. Gehen Sie mit der Zungenspitze sanft an das Gaumendach. Nehmen Sie die »Gebetshaltung des Seelenlicht-Zeitalters« ein.

Seelenkraft: »*Sag Hallo Anrufung*«:

> Liebe Seele, lieber Geist, lieber Körper meiner Seele,
> ich liebe Dich.
> Du hast die Kraft, meine Seelen-Intelligenz zu erhöhen.

Mach Deine Sache gut.
Danke.
Liebe Seele, lieber Geist, lieber Körper von 3396815
(Sahn Sahn Dscho Liu Bah Jau Wu),
ich liebe Dich.
Du hast die Kraft, meine Seelen-Intelligenz zu erhöhen.
Ich bin sehr dankbar.
Danke.

Geisteskraft: Visualisieren Sie regenbogenfarbenes Licht, das in Ihrer Seele strahlt.

Klangkraft: Chanten Sie laut *3396815 – San San Jiu Liu Ba Yao Wu* (*Sahn Sahn Dscho Liu Bah Jau Wu*) und das, so schnell Sie können.

San San Jiu Liu Ba Yao Wu
San San Jiu Liu Ba Yao Wu
San San Jiu Liu Ba Yao Wu
San San Jiu Liu Ba Yao Wu …

Legen Sie das Buch zur Seite und chanten Sie nun diesen heiligen Zahlencode für ein paar Minuten. Chanten Sie, so schnell Sie können. Entspannen Sie sich und lassen Sie die Worte natürlich fließen. Lasssen Sie den Wunsch los, den Zahlencode richtig auszusprechen. Chanten Sie sehr schnell! Plötzlich könnten eine besondere Stimme oder besondere Töne herauskommen. Diese Stimme könnte sich fremd anhören. Vielleicht haben Sie sie zuvor noch nicht gehört. Seien Sie nicht überrascht. Das ist Ihre Seelensprache.

Wie wissen Sie, dass Sie Seelensprache sprechen? Wenn eine besondere Stimme oder besondere Töne herauskommen, hören Sie auf zu chanten. Dann beginnen Sie wieder, *3396815* (*Sahn Sahn Dscho Liu Bah Jau Wu*) zu chanten, so schnell Sie können. Diese besondere Stimme oder Klänge werden wieder herauskommen. Dann wissen Sie, dass es diese besondere Stimme oder besonderen Töne Ihrer Seelensprache sind. Herzlichen Glückwunsch!

Die Seelensprache trägt die Frequenz und Schwingung von Liebe, Vergebung, Mitgefühl und Licht der Seele.

Frequenz und Schwingung der Seele können die Frequenz und Schwingung des Geistes und Körpers transformieren.

Seelenliebe kann alle Blockaden schmelzen und transformiert das gesamte Leben, einschließlich Gesundheit, Finanzen, Intelligenz und aller Aspekte des Lebens.

Seelenvergebung kann innere Freude und inneren Frieden in das gesamte Leben bringen.

Seelenmitgefühl kann die Energie, Ausdauer, Vitalität und Immunität des gesamten Lebens stärken.

Seelenlicht kann heilsam wirken, vor Krankheit schützen, Seele, Herz, Geist und Körper reinigen sowie verjüngen und das ganze Leben transformieren.

Unterbrechen Sie jetzt das Lesen. Chanten Sie *3396815* (*Sahn Sahn Dscho Liu Bah Jau Wu*) für zehn Minuten. Wenn Ihre Seelensprache hervorkommt, ist das wunderbar! Wenn Ihre Seelensprache nicht hervorkommt, fahren Sie fort, *3396815* zu chanten. Üben Sie. Plötzlich wird Ihre Seelensprache hervorkommen.[21]

Im Allgemeinen sollten Sie täglich drei- bis fünfmal für drei bis fünf Minuten chanten. Wenn Sie große Herausforderungen mit Ihrer Seelen-Intelligenz haben oder wenn Sie Ihre spirituellen Kanäle weiter öffnen wollen, dann chanten Sie zwei Stunden oder mehr. Je länger und häufiger Sie chanten, desto bessere Ergebnisse können Sie erzielen. Sie können alle Übungszeiten zusammenzählen, um täglich auf insgesamt zwei Stunden oder mehr zu kommen.

WENDEN SIE DIE DIVINE HEALING HANDS FÜR DIE ERHÖHUNG DER SEELEN-INTELLIGENZ AN

Nun werde ich Sie anleiten, die Seelen-Intelligenz zu entwickeln, indem Sie die Divine Healing Hands anwenden. Das Göttliche leitete mich an, dass die in dieses Buch übertragenen Divine Healing Hands sehr kraftvoll sind, und ich empfehle dringend, dass Sie bei jeder Anwendung der Divine Healing Hands in diesem Buch mindestens eine halbe Stunde üben. Das Göttliche

---

21 Erfahren Sie mehr über Seelensprache in den ersten beiden Büchern meiner Buchreihe Soul Power: *Seelenweisheit - Kostbarkeiten zur Transformation des Lebens* (KOHA-Verlag, 2008) und *Seelensprache - Erkenne Deine innere Wahrheit* (Knaur Verlag, 2010).

wies mich deutlich an, dass Sie nach den zwanzig Anwendungen die Divine Healing Hands-Übertragung in diesem Buch nicht weiter nutzen können. Deshalb wenden Sie die Divine Healing Hands in diesem Buch zwanzig Mal an und üben Sie jedes Mal so lange, wie Sie können, um den größten Nutzen zu schöpfen. Danach sollten Sie einen Divine Healing Hands Soul Healer oder eine(n) meiner weltweiten Repräsentant(inn)en aufsuchen, um Divine Healing Hands Blessings zu erhalten oder sich selbst für die Divine Healing Hands zu bewerben und diese zu erhalten.

Körperkraft: Setzen Sie sich aufrecht hin. Schließen Sie Ihre Augen. Gehen Sie mit der Zungenspitze sanft an das Gaumendach. Wenn Sie ein Divine Healing Hands Soul Healer sind, nehmen Sie die »Gebetshaltung des Seelenlicht-Zeitalters« ein und bewegen die rechte Hand dabei. Wenn Sie kein Divine Healing Hands Soul Healer sind, nehmen Sie einfach nur die »Gebetshaltung des Seelenlicht-Zeitalters« ein.

Seelenkraft: »*Sag Hallo Anrufung*«:

> *Liebe Divine Healing Hands,*
> *ich liebe Euch.*
> *Ihr habt die Kraft, meine Seelen-Intelligenz zu erhöhen.*
> *Ich bin sehr dankbar.*
> *Bitte gebt meiner Seele ein Soul Healing Blessing*
> *für Intelligenz, so wie es angemessen ist.*
> *Danke.*

Geisteskraft: Visualisieren Sie das goldene Licht der Divine Healing Hands in Ihrer Seele.

Klangkraft: Chanten Sie im Stillen oder laut:

> *Divine Healing Hands erhöhen meine Seelen-Intelligenz. Danke.*
> *Divine Healing Hands erhöhen meine Seelen-Intelligenz. Danke.*
> *Divine Healing Hands erhöhen meine Seelen-Intelligenz. Danke.*
> *Divine Healing Hands erhöhen meine Seelen-Intelligenz. Danke …*

Chanten Sie, solange Sie können. Je öfter und länger Sie chanten, desto größeren Nutzen schöpfen Sie von den Divine Healing Hands.

Ich habe jedem Leser erklärt und in Übungen angeleitet, wie Geist-Intelligenz, Herz-Intelligenz und Seelen-Intelligenz entwickelt werden. Wenn die Menschheit lernt, diese drei Arten der Intelligenz zu entwickeln, wird sich die Intelligenz der Menschheit erhöhen, so dass man es nicht in Worte fassen, begreifen oder sich überhaupt vorstellen könnte.

Die Übungen in diesem Teil sind sehr wichtig. Um Ihre Geist-Intelligenz, Herz-Intelligenz und Seelen-Intelligenz zu erhöhen, müssen Sie noch mehr üben. Wenden Sie den göttlichen heiligen Zahlencode 3396815 an. Wenden Sie die Divine Healing Hands an. Üben Sie. Üben Sie. Üben Sie. Die Erhöhung Ihrer Intelligenz bringt Ihnen grenzenlosen Nutzen, der Ihr Leben transformiert.

WENDEN SIE DIE DIVINE HEALING HANDS FÜR DIE ERHÖHUNG DER INTELLIGENZ VON KINDERN AN

Intelligenz ist entscheidend für den Erfolg eines Kindes. Das Wissen, wie man die Intelligenz der Kinder entwickelt und erhöht, ist sehr wichtig. Alle Eltern wollen, dass ihre Kinder gesund, glücklich und intelligent sind.

Die Divine Healing Hands tragen göttliche Kraft. Sie können nicht nur Soul Healing anbieten, sondern transformieren alle Aspekte des Lebens, einschließlich Intelligenz u. v. m.

Lassen Sie mich Ihnen nun zeigen, wie man die Divine Healing Hands anwendet, um die Intelligenz der Kinder zu erhöhen. Wenn sich die Intelligenz der Kinder erhöht, wird sich die Güte der Menschheit transformieren. Die Wichtigkeit, die Intelligenz der Kinder zu erhöhen, kann gar nicht überbewertet werden.

Lassen Sie uns nun üben, indem die »Vier Kraft Techniken« und die Divine Healing Hands angewendet werden, um die Intelligenz der Kinder zu erhöhen:

Körperkraft: Setzen Sie sich aufrecht hin. Schließen Sie Ihre Augen. Gehen Sie mit der Zungenspitze sanft an das Gaumendach. Wenn Sie ein Divine Healing Hands Soul Healer sind, nehmen Sie die »Gebetshaltung des Seelenlicht-Zeitalters« ein und bewegen die rechte Hand dabei. Wenn Sie kein Divine Healing Hands Soul Healer sind, nehmen Sie einfach nur die »Gebetshaltung des Seelenlicht-Zeitalters« ein.

Seelenkraft: »*Sag Hallo Anrufung*«:

Liebe Divine Healing Hands,
ich liebe Euch.
Ihr habt die Kraft, die Geist-, Herz-, und Seelen-Intelligenz
meines Kindes (oder meiner Kinder) zu erhöhen.
Ich bin sehr dankbar.
Bitte gebt ein Soul Healing Blessing für alle drei
Arten der Intelligenz, so wie es angemessen ist.
Danke.

Geisteskraft: Visualisieren Sie das goldene Licht der Divine Healing Hands, das in dem Geist, dem Herz und der Seele Ihres Kindes (oder Ihrer Kinder) strahlt.

Klangkraft: Chanten Sie im Stillen oder laut:

Divine Healing Hands erhöhen die Geist-, Herz- und Seelen-
Intelligenz meines Kindes (meiner Kinder). Danke.
Divine Healing Hands erhöhen die Geist-, Herz- und Seelen-
Intelligenz meines Kindes (meiner Kinder). Danke.
Divine Healing Hands erhöhen die Geist-, Herz- und Seelen-
Intelligenz meines Kindes (meiner Kinder). Danke.
Divine Healing Hands erhöhen die Geist-, Herz- und Seelen-
Intelligenz meines Kindes (meiner Kinder). Danke ...

Chanten Sie, solange Sie können. Je öfter und länger Sie chanten, desto größeren Nutzen schöpfen Sie von den Divine Healing Hands.

Wenden Sie die Divine Healing Hands für die Erhöhung der Intelligenz von Schüler(inne)n und student(innen)en an

Es gibt viele hundert Millionen Schüler und Studenten weltweit. Es gibt Schüler an Grundschulen, Realschulen, Gymnasien und Studenten an Universitäten. Viele Menschen gehen als Erwachsene wieder in die Schule, um Ihre Ausbildung abzuschließen oder sich weiterzubilden. Es gibt Magister, Magistranden Doktoranden und andere Studenten. Die Divine Healing Hands haben die Kraft, die Geist-, Herz- und Seelen-Intelligenz für alle Studienabschlüsse zu erhöhen. Wenn alle Studenten ihre Intelligenz erhöhen würden, wäre die Welt eine andere. Eltern nehmen große Anstrengungen auf sich, um ihren Kindern zu helfen, ihre Intelligenz zu erhöhen: Privatlehrer, Software-Programme, Nachhilfestunden, Lerngruppen, Klassen und mehr. Die Divine Healing Hands können die Intelligenz von Schülern und Studenten erhöhen. Welch ein Segen ist es für die Menschheit, dass sie die Möglichkeit hat, die Divine Healing Hands für das Soul Healing, Transformation und Blessings für alle Aspekte des Lebens zu erhalten.

Lassen Sie uns nun üben, indem wir die »Vier Kraft Techniken« und die Divine Healing Hands anwenden, um die Intelligenz von einem Schüler/einer Schülerin oder einem Studenten/einer Studentin zu erhöhen.

Körperkraft: Setzen Sie sich aufrecht hin. Schließen Sie Ihre Augen. Gehen Sie mit der Zungenspitze sanft an das Gaumendach. Wenn Sie ein Divine Healing Hands Soul Healer sind, nehmen Sie die »Gebetshaltung des Seelenlicht-Zeitalters« ein und bewegen die rechte Hand dabei. Wenn Sie kein Divine Healing Hands Soul Healer sind, nehmen Sie einfach nur die »Gebetshaltung des Seelenlicht-Zeitalters« ein.

Seelenkraft: »*Sag Hallo Anrufung*«:

> *Liebe Divine Healing Hands,*
> *ich liebe Euch.*
> *Ihr habt die Kraft, die Intelligenz von* _____ (Nennen Sie den Namen des Schülers/der Schülerin bzw. des Studenten/der Studentin) *zu erhöhen.*
> *Ich bin sehr dankbar.*
> *Bitte gebt mir ein Soul Healing Blessing, um die Intelligenz,*
> *so wie es angemessen ist, zu erhöhen. Danke.*

Geisteskraft: Visualisieren Sie das goldene Licht der Divine Healing Hands, das in dem Geist, dem Herz und in der Seele des Schülers/der Schüler(innen) strahlt.

Klangkraft: Chanten Sie im Stillen oder laut:

Divine Healing Hands erhöhen die Geist-, Herz- und Seelen-Intelligenz von _____. Danke.
Divine Healing Hands erhöhen die Geist-, Herz- und Seelen-Intelligenz von _____. Danke
Divine Healing Hands erhöhen die Geist-, Herz- und Seelen-Intelligenz von _____. Danke
Divine Healing Hands erhöhen die Geist-, Herz- und Seelen-Intelligenz von _____. Danke ...

Chanten Sie, solange Sie können. Je öfter und länger Sie chanten, desto größeren Nutzen schöpfen Sie von den Divine Healing Hands.

Wenden Sie die Divine Healing Hands für die Erhöhung der Intelligenz von Erwachsenen und Senioren an

Jeder kann von einer erhöhten Intelligenz profitieren. Erwachsene und Senioren benötigen Intelligenz. Mit zunehmendem Alter machen sich viele Erwachsenen Sorgen wegen der Alzheimer'schen Krankheit oder anderer Arten der Demenz sowie um den Verlust der geistigen Fähigkeiten.

Ich werde einen großen, immerwährenden göttlichen Schatz anbieten, um Erwachsenen und Senioren zu helfen, ihre Gehirnfunktion zu erhöhen.

Bereiten Sie sich nun vor!

Göttliche Anordnung: »Göttliche Purpurfarbene Lichtkugel und Purpurfarbene Quelle des Göttlichen Mitgefühls für Gehirn, Herz und Seele Seele-Geist-Körperübertragungen«

Übertragung!

Herzlichen Glückwunsch! Sie sind gesegnet. Die Menschheit ist gesegnet. Göttliches Mitgefühl stärkt Energie, Ausdauer, Vitalität und Immunität und transformiert das gesamte Leben.
Lassen Sie uns üben, indem wir die »Vier Kraft Techniken«, die Divine Healing Hands und die »Göttliche Purpurfarbene Lichtkugel und Purpurfarbene Quelle des Göttlichen Mitgefühls für Gehirn, Herz und Seele Seele-Geist-Körperübertragungen« anwenden, um die Gehirnfunktion sowie Intelligenz von Erwachsenen und Senioren zu erhöhen.

Körperkraft: Setzen Sie sich aufrecht hin. Schließen Sie Ihre Augen. Gehen Sie mit der Zungenspitze sanft an das Gaumendach. Wenn Sie ein Divine Healing Hands Soul Healer sind, nehmen Sie die »Gebetshaltung des Seelenlicht-Zeitalters« ein und bewegen die rechte Hand dabei. Wenn Sie kein Divine Healing Hands Soul Healer sind, nehmen Sie einfach nur die »Gebetshaltung des Seelenlicht-Zeitalters« ein.

Seelenkraft: »*Sag Hallo Anrufung*«.

Liebe Seele, lieber Geist, lieber Körper meines
Geistes, meines Herzens und meiner Seele,
ich liebe Euch.
Ihr habt die Kraft, Eure Intelligenz zu erhöhen.
Macht Eure Sache gut.
Danke.
Liebe Seele, lieber Geist, lieber Körper der »Göttlichen
Purpurfarbenen Lichtkugel und Purpurfarbenen
Quelle des Göttlichen Mitgefühls für Gehirn, Herz
und Seele Seele-Geist-Körperübertragungen«,
ich liebe Euch.
Liebe Divine Healing Hands,
ich liebe Euch.
Ihr habt die Kraft, meine Gehirnfunktion sowie die
Intelligenz meines (oder Name der Person) *Geistes,*
meines Herzens und meiner Seele zu erhöhen.
Ich bin sehr dankbar.
Bitte gebt ein Soul Healing Blessing, so wie es angemessen ist. Danke.

Geisteskraft: Visualisieren Sie das goldene Licht der Divine Healing Hands, das in Ihrem Geist, in ihrem Herzen und in Ihrer Seele strahlt.

Klangkraft: Chanten Sie im Stillen oder laut:

Divine Healing Hands erhöhen die Gehirnfunktion und die Intelligenz meines Geistes, meines Herzens und meiner Seele (oder Name der Person). *Danke.*
Divine Healing Hands erhöhen die Gehirnfunktion und die Intelligenz meines Geistes, meines Herzens und meiner Seele (oder Name der Person). *Danke.*
Divine Healing Hands erhöhen die Gehirnfunktion und die Intelligenz meines Geistes, meines Herzens und meiner Seele (oder Name der Person). *Danke.*
Divine Healing Hands erhöhen die Gehirnfunktion und die Intelligenz meines Geistes, meines Herzens und meiner Seele (oder Name der Person). *Danke ...*

Chanten Sie, solange Sie können. Je öfter und länger Sie chanten, desto größeren Nutzen schöpfen Sie von den Divine Healing Hands und anderen göttlichen Schätzen.

Wie ich bereits viele Male in diesem Buch geschrieben habe, tragen die Divine Healing Hands Frequenz und Schwingung des Göttlichen, die alle Aspekte des Lebens transformieren können. Die folgende Geschichte ist über eine große Transformation für die Eltern einer meiner Schüler.

Meine Mutter und mein Vater litten ziemlich arg an mehreren Krankheiten. Beide litten unter Lungenproblemen, bei beiden wurde ein Lungenemphysem diagnostiziert und meine Mutter hatte ziemliche Atembeschwerden mit extremer Erschöpfung. Sie hatte kein Gleichgewichtsgefühl und nutzte einen Gehstock, um sich zu bewegen. Ich war immer besorgt, dass sie fallen könnte, da sie in den vergangenen Jahren häufiger gefallen war und sich dabei ein paar große Knochen brach.

Eines der schlimmsten Probleme meiner Mutter war ihre Furcht, dass sie ihr Gedächtnis verliert. Sie hatte die Befürchtung, dass sie, wie ihre Mutter, Alzheimer bekommt.
Meine Eltern alterten ziemlich schnell. Jeder Tag war betrübend für mich, da ich beobachtete, wie mein Vater damit kämpfte, meine Mutter zu stützen, die an seiner Seite humpelte, und wie beide damit kämpften, zu atmen und sich fortzubewegen.
Vor zwei Monaten begann ich, ihre Seelen in die tägliche kostenfreie Divine Healing Hands Blessings-Telefonkonferenz zu holen, damit sie Divine Healing Hands Soul Healing Blessings erhielten. Ich habe ihnen das nicht erzählt, dass sie täglich diese Healing Blessings erhielten.
Nach zwei Monaten hatten beide Eltern keine Atembeschwerden mehr! Ich begleitete meine Mutter zu ihrem Arzt und beide, sie sowohl ihr Arzt, machten Bemerkungen über ihre unglaublichen Verbesserungen bei ihren Atmungsproblemen, da es so schien, dass sie völlig beschwerdefrei war.
Ihr Gleichgewicht hat fast eine vollständige Wende genommen und sie braucht den Gehstock nicht mehr, auch wenn sie nicht verstehen kann, was das bedeutet. Meine Eltern gehen jetzt zweimal wöchentlich tanzen! Ich habe sie in den letzten zwanzig Jahren nicht mehr so glücklich gesehen. Sie sind beide überglücklich und genießen das Leben wieder wie zwei verliebte Jugendliche.
Und das beste Ergebnis von allem war, dass meine Mutter mir sagte: »Weißt Du, ich weiß gar nicht, warum ich jemals Angst hatte, dass ich Alzheimer hätte. Ich habe es vor ein paar Wochen einfach losgelassen. Mir geht es absolut gut. Das war so dumm.«
Danke, dem Göttlichen. Danke, Master Sha.

G. G.
Florida

Millionen von Menschen möchten ihr Leben verändern. Die Menschheit tritt so vielen Herausforderungen in Beziehungen, Finanzen, Intelligenz und allen Aspekten des Lebens entgegen. Die göttlichen Schätze und Übungen in diesem Kapitel sind notwendig, um alle Aspekte des Lebens zu transformieren.

Die Divine Healing Hands haben die Kraft, das gesamte Leben zu transformieren. Wir können dem Göttlichen nicht genügend danken, dass es seine Seelenhände gibt, um alle Aspekte des Lebens für die Menschheit zu transformieren.

Nachdem Sie die Divine Healing Hands erhalten, haben Sie eine direkte Verbindung mit dem Göttlichen. Wenn Sie Soul Healing und Blessings sowie Lebenstransformation mit den Divine Healing Hands anbieten, ist das Göttliche für Sie da. Es gibt keine Worte, um unsere größte Dankbarkeit und Ehre auszudrücken, dass wir die Divine Healing Hands erhalten können.

Danke. Danke. Danke.

6

Wenden Sie die Divine Healing Hands für das Soul Healing von Tieren und der Natur an

VIELE FAMILIEN BESITZEN HAUSTIERE. ALS ICH VON China nach Nordamerika kam, erkannte ich immer mehr, dass Menschen ihre Haustiere wie Familienmitglieder behandelten. Sehr häufig höre ich, wie sie ihre Hunde oder Katzen als ihren Sohn, Tochter oder Baby bezeichnen. Sie sehen sich als die Mutter oder den Vater.

Soul Healing von Tieren

Wenn ihre Tiere krank sind, kümmern sich Menschen sehr gut um sie. Menschen lieben Tiere. Tiere bringen Freude, Harmonie, Kameradschaft und Gesundheit in die Familie.

Ich schaute chinesische Nachrichten im Fernsehen, wo es um einen bekannten Filmschauspieler ging, der ein Blutgerinnsel in einem Bein hatte. Er wurde operiert und zwei Jahre darauf war im selben Bein eine andere Arterie verstopft. Es fiel ihm schwer zu laufen und er hatte noch andere Beschwerden. Der Freund dieses Filmschauspielers schenkte ihm einen Hund. Jeden Tag musste der Star mit dem Hund spazieren gehen. Als er das tat, bemerkte er, dass er immer besser laufen konnte. Viele seiner Beschwerden verbesserten sich. Er sagte, dass das Spazierengehen mit seinem Hund seine Gesundheit und sein Leben verändert haben. Diese Geschichte verdeutlicht, welchen Nutzen es hat, ein Haustier zu besitzen.

Nun leite ich Sie an, Tieren Soul Healing zu geben.

Zuerst werde ich wichtige, immerwährende göttliche Schätze übertragen, die heilsam auf Sie, Ihre Angehörigen und ihre beliebten Haustiere wirken.

Bereiten Sie sich nun vor!

Göttliche Anordnung: »Göttliche Purpurfarbene Lichtkugel und Purpurfarbene Quelle des Göttlichen Gleichgewichtes von Seele, Herz, Geist und Körper Seele-Geist-Körperübertragungen«

Übertragung!

Herzlichen Glückwunsch! Sie sind gesegnet. Die Menschheit ist gesegnet. Ihre Haustiere sind gesegnet.

Lassen Sie mich nun eine Übung anleiten, in der die göttlichen Schätze angewendet werden, die Sie soeben erhalten haben, um Ihren Haustieren ein Blessing zu geben. Wenden Sie die »Vier Kraft Techniken« an:

Körperkraft: Setzen Sie sich aufrecht hin. Schließen Sie Ihre Augen. Gehen Sie mit der Zungenspitze sanft an das Gaumendach. Nehmen Sie die »Gebetshaltung des Seelenlicht-Zeitalters« ein.

Seelenkraft: »*Sag Hallo Anrufung«:*

Liebe Seele, lieber Geist, lieber Körper von _____
(Nennen Sie den Namen des Haustieres.),
liebe Seele, lieber Geist, lieber Körper von _____ (Nennen Sie den Namen des Systems, Organs oder der Beschwerde, wofür das Haustier Soul Healing braucht.),
ich liebe Euch.
Liebe Seele, lieber Geist, lieber Körper der »Göttlichen Purpurfarbenen Lichtkugel und Purpurfarbenen Quelle

*des Göttlichen Gleichgewichts von Seele, Herz, Geist und Körper Seele-Geist-Körperübertragungen«,
ich liebe Euch.
Ihr habt die Kraft, _____ (Name des Haustieres) _____
(Nennen Sie den Namen des Systems, Organs oder der Beschwerde, wofür Sie um ein Soul Healing Blessing bitten.)
zu wirken.
Ich bin sehr dankbar.
Danke.*

Geisteskraft: Visualisieren Sie strahlendes, purpurfarbenes Licht in Ihrem Haustier.

Klangkraft: Chanten Sie im Stillen oder laut:

*»Göttliche Purpurfarbene Lichtkugel und Purpurfarbene
Quelle des Göttlichen Gleichgewichts für Seele, Herz, Geist
und Körper Seele-Geist-Körperübertragungen« wirken
heilsam und verjüngen mein Haustier. Danke.
»Göttliche Purpurfarbene Lichtkugel und Purpurfarbene
Quelle des Göttlichen Gleichgewichts für Seele, Herz, Geist
und Körper Seele-Geist-Körperübertragungen« wirken
heilsam und verjüngen mein Haustier. Danke.
»Göttliche Purpurfarbene Lichtkugel und Purpurfarbene
Quelle des Göttlichen Gleichgewichts für Seele, Herz, Geist
und Körper Seele-Geist-Körperübertragungen« wirken
heilsam und verjüngen mein Haustier. Danke.
»Göttliche Purpurfarbene Lichtkugel und Purpurfarbene
Quelle des Göttlichen Gleichgewichts für Seele, Herz,
Geist und Körper Seele-Geist-Körperübertragungen« wirken
heilsam und verjüngen mein Haustier. Danke ...*

Unterbrechen Sie das Lesen und legen Sie das Buch zur Seite. Chanten Sie *»Göttliche Purpurfarbene Lichtkugel und Purpurfarbene Quelle des Göttlichen Gleichgewichts für Seele, Herz, Geist und Körper Seele-Geist-Körperübertra-*

*gungen« heilen und verjüngen mein Haustier. Danke f*ür zehn Minuten. Im Allgemeinen sollten Sie täglich drei- bis fünfmal für drei bis fünf Minuten chanten. Wenn Ihr Haustier ernsthafte Herausforderungen oder chronische oder lebensbedrohliche Beschwerden hat, dann chanten Sie täglich zwei Stunden oder mehr. Je länger und häufiger Sie chanten, desto bessere Ergebnisse könnte Ihr Haustier erzielen.

Nun werde ich Sie anleiten, Ihrem Haustier ein Soul Healing Blessing zu geben, indem Sie die Divine Healing Hands anwenden. Ich empfehle dringend, dass Sie bei jeder Anwendung der Divine Healing Hands in diesem Buch mindestens eine halbe Stunde üben, da das Göttliche mich deutlich anwies, dass Sie nach den zwanzig Anwendungen die Divine Healing Hands-Übertragung in diesem Buch nicht weiter nutzen können. Deshalb wenden Sie die Divine Healing Hands in diesem Buch zwanzig Mal an und üben Sie jedes Mal so lange, wie Sie können, um den größten Nutzen zu schöpfen. Danach sollten Sie einen Divine Healing Hands Soul Healer oder eine(n) meiner weltweiten Repräsentant(inn)en aufsuchen, um Divine Healing Hands Blessings zu erhalten, oder sich selbst für die Divine Healing Hands bewerben, um diese zu erhalten.

Wenden Sie die Divine Healing Hands für das Soul Healing von Tieren an

Unsere geliebten Haustiere oder andere Tiere können sich verletzen oder krank werden. Wenden Sie die »Vier Kraft Techniken« und die Divine Healing Hands an, um ein Soul Healing Blessing anzubieten:

Körperkraft: Setzen Sie sich aufrecht hin. Schließen Sie Ihre Augen. Gehen Sie mit der Zungenspitze sanft an das Gaumendach. Wenn Sie ein Divine Healing Hands Soul Healer sind, nehmen Sie die »Gebetshaltung des Seelenlicht-Zeitalters« ein und bewegen die rechte Hand dabei. Wenn Sie kein Divine Healing Hands Soul Healer sind, nehmen Sie einfach nur die »Gebetshaltung des Seelenlicht-Zeitalters« ein.

Seelenkraft: »*Sag Hallo Anrufung*«:

*Liebe Divine Healing Hands,
ich liebe Euch.
Ihr habt die Kraft, heilsam auf* _____ (Name des Haustieres und der Beschwerden) *zu wirken.
Ich bin sehr dankbar.
Bitte gebt ein Soul Healing Blessing, so wie es angemessen ist.
Danke.*

Geisteskraft: Visualisieren Sie das goldene Lichtr der Divine Healing Hands, das in Ihrem Haustier strahlt.

Klangkraft: Chanten Sie im Stillen oder laut:

Divine Healing Hands wirken heilsam auf _____
(Name des Haustieres und der Beschwerden). *Danke.*
Divine Healing Hands wirken heilsam auf _____
(Name des Haustieres und der Beschwerden). *Danke.*
Divine Healing Hands wirken heilsam auf _____
(Name des Haustieres und der Beschwerden). *Danke.*
Divine Healing Hands wirken heilsam auf _____
(Name des Haustieres und der Beschwerden). *Danke* …

Chanten Sie, solange Sie können. Je öfter und länger Sie chanten, desto größeren Nutzen schöpfen Sie von den Divine Healing Hands.

Ich möchte betonen, dass es nicht richtig ist, die Divine Healing Hands oder einen immerwährenden göttlichen Schatz darum zu bitten, heilsam auf alle Tiere auf Mutter Erde, im Himmel oder auf unzähligen Planeten, Sternen sowie unzähligen Galaxien und Universen zu wirken.

Dr. Rulin Xiu, eine Physikerin von Pahoa, Hawaii, teilt ihre persönliche Geschichte über das Soul Healing ihres geliebten Hundes und weitere Erlebnisse mit.

Mein geliebter Hund Buga hatte seit fast einer Woche nichts gefressen. Er wurde immer schwächer. Er hatte eine schwere Verstopfung. Ich dachte, dass er das selbst bewältigen würde. Ich gab ihm Mineralöl und andere Kräuter. Es besserte sich nicht und es ging ihm immer schlechter. Ich sah ihn dann morgens im Wald. Seine Lebensenergie war sehr schwach und mir kam es in den Sinn, dass er stirbt. Ich wusste, dass ich was machen musste. Ich gab Buga ein Divine Healing Hands Blessing. Ich ging auf ihn zu und hielt ihn in meinen Armen. Während ich das Divine Healing Hands Blessing gab, guckte er mich an, und ich sah, wie seine Lebensenergie zurückkehrte. Er begann sich aufzurichten, während ich mit dem Blessing fortfuhr. Während das Blessing anhielt, begann er, einigen Tieren hinterherzulaufen. Ich fragte mich, ob ich ihn zum Tierarzt bringen sollte, entschied mich aber dagegen. Nach einigen Tagen hatte er sich vollständig erholt und fraß auch wieder normal.

Ich möchte noch eine weitere Geschichte über ein Divine Healing Hands Blessing für eine Freundin mitteilen. Ich gab ihr ein Blessing, da ihr Nacken und ihre Schultern seit mehr als zwölf Jahren verspannt waren. Sie hatte ständig Schmerzen. Ich gab ihr ein Divine Healing Hands Blessing mit meinem Seelengesang, als wir am Strand waren. Nach dem Blessing sagte sie, dass ihr Nacken und ihre Schultern sich viel besser anfühlten. Während ich das Divine Healing Hands Blessing mit meinem Seelengesang gab, kamen ein paar Delfine. Wir tanzten am Meer, weil es ihr so viel besser ging. Wir führten den wohl schönsten und erstaunlichsten Tanz auf. Sie sagte: »Ich habe keine Schmerzen mehr nach dem Divine Healing Hands Blessing.« Ich werde ihr weiterhin einige Blessings geben, so dass sie vollständig genesen kann.

Ich möchte noch eine weitere Geschichte über meinen Klempner Mark mitteilen. Vor ungefähr sechs Monaten habe ich ihn angerufen, um einige Reparaturen in meinem Haus durchzuführen, und er sagte mir, dass er nicht kommen konnte, weil er solche Schmerzen hatte, dass er arbeitsunfähig war. Einige Monate danach rief ich ihn wieder wegen Reparaturen an und er sagte mir, dass sich sein Zustand nicht verbessert hatte und er auch nicht arbeiten konnte. Er sagte mir, dass er mich über das Telefon anleitet, die Klempnerarbeiten zu machen. Dann fielen mir die Divine Healing Hands ein. Ich gab ihm am Telefon ein Blessing. Verblüffenderweise spürte er nach den Divine Healing Hands keine Schmerzen mehr. Er war sehr dankbar. Er fing sofort wieder an, seine Klempnerarbeit zu machen.

Die Menschen bedanken sich jedes Mal für das erstaunliche Soul Healing, das ich ihnen gebe. Es ist ein unglaubliches Geschenk, welches das Göttliche und Master Sha uns geben. Ich bewirke dieses Soul Healing nicht. Ich fühle mich großartig, während ich es dies tue. Es ist, als ob ich selbst Soul Healing erfahre. Ich bin den Menschen und dem Göttlichen immer sehr dankbar, wenn ich Soul Healing Blessings gebe. Ich fühle mich besser nach Divine Healing Hands Blessings. Ich kann dem Göttlichen für dieses Geschenk, mit dem ich anderen Menschen dienen kann, nicht genügend danken.

Ich erkenne die Kraft der Divine Healing Hands in meinem Herzen auf immer tiefere Weise. Ich schätze es sehr, dass Master Sha mir die Divine Healing Hands gab, damit ich meinen geliebten Hunden und meinen Freunden dienen kann.

Soul Healing für die Natur

Millionen von Menschen erfreuen sich an der Gartenarbeit sowie an der Natur. Menschen pflanzen Obstbäume und Gemüse an. Einige pflanzen Blumen oder haben Zimmerpflanzen. Bauern bewirtschaften Ackerland mit unterschiedlichen Nutzpflanzen. Viele Menschen spüren eine tiefe Verbindung mit der Natur und sind gerne im Grünen, wandern, lieben die Aussicht, die frische Luft, zelten, schwimmen, segeln, laufen, klettern an Felswänden, beobachten Vögel und mehr. Die Natur ist voller Bäume, Blumen und anderen Pflanzen, Gärten, Flüsse, Gebirge, Felsen und vielem mehr.

Die meisten Menschen wissen, dass der Mensch einen Körper, einen Geist und eine Seele hat. Alles hat eine Seele, einen Geist und einen Körper. Haustiere und Tiere haben Seelen. Alles in der Natur hat eine Seele. Viele Menschen verstehen nicht, dass unbelebte Dinge wie Berge, Flüsse und Ozeane eine Seele haben. Unzählige Fische, Pflanzen, Insekten und andere Lebewesen bauen ihre Unterkünfte auf dem Land oder im Wasser. Alle diese Lebewesen haben eine Seele. Soul Healing kann für alle Lebewesen und alle Dinge angewendet werden, da alle Lebewesen und alle Dinge eine Seele haben.

In den altehrwürdigen spirituellen Lehren heißt es: *Wan Wu Jie You Ling.* »Wan« bedeutet *zehntausend.* »Wu« bedeutet *Ding.* »Jie« bedeutet *alle.* »You« bedeutet *haben.* »Ling« bedeutet *Seele.* »Wan Wu Jie You Ling« (ausgesprochen *Wan Wu Dschiä Jo Ling*) bedeutet: *Alles hat eine Seele.* Die Seele ist ein goldenes Lichtwesen. Alle Lebewesen und alle Dinge auf Mutter Erde, im Himmel und auf unzähligen Sternen und Planeten, in unzähligen Galaxien und Universen haben eine Seele. Ein Berg kann Tausende von Bäumen haben. Jeder Baum hat eine Seele. Jedes Blatt an jedem Baum hat eine Seele. Unser Körper trägt unzählige Seelen.

Der Geist ist Bewusstsein. Alle Lebewesen und alle Dinge haben ein Bewusstsein.

Der Körper besteht aus Energie und kleinster Materie. Alle Lebewesen und alle Dinge haben einen Körper.

Alles hat eine Seele, einen Geist und einen Körper.

Nun werde ich Ihnen einige unvergleichliche, immerwährende göttliche Schätze anbieten. Danach werde ich Sie anleiten, diese Schätze anzuwenden, um heilsam auf sich selbst, Ihre Familienangehörigen und die Natur zu wirken.

Bereiten Sie sich nun vor!

Göttliche Anordnung: »Göttliche Purpurfarbene Lichtkugel und Purpurfarbene Quelle der Göttlichen Nahrung und des Göttlichen Gleichgewichts Seele-Geist-Körperübertragungen«

Übertragung!

Herzlichen Glückwunsch! Sie sind gesegnet. Die Menschheit ist gesegnet. Die Natur ist gesegnet.

Nun lassen Sie uns der Natur Soul Healing Blessings geben, indem wir die »Vier Kraft Techniken« und die »Göttliche Purpurfarbene Lichtkugel und Purpurfarbene Quelle der Göttlichen Nahrung und des Göttlichen Gleichgewichts Seele-Geist-Körperübertragungen« gemeisam anwenden:

Körperkraft: Setzen Sie sich aufrecht hin. Schließen Sie Ihre Augen. Gehen Sie mit der Zungenspitze sanft an das Gaumendach. Nehmen Sie die »Gebetshaltung des Seelenlicht-Zeitalters« ein.

Seelenkraft: »*Sag Hallo Anrufung*«:

Liebe Seele, lieber Geist, lieber Körper von ___ (Nennen Sie den Bereich der Natur, für den Sie um ein Blessing bitten.),
ich liebe Dich.
Liebe Seele, lieber Geist, lieber Körper der »Göttlichen Purpurfarbenen Lichtkugel und Purpurfarbenen Quelle der Göttlichen Nahrung und des Göttlichen Gleichgewichts Seele-Geist-Körperübertragungen«,
ich liebe Euch.
Ihr habt die Kraft, ___ (Nennen Sie den Bereich der Natur, für den Sie um ein Blessing bitten.) *zu nähren und auszugleichen.*
Bitte heilt und gebt Blessings, so wie es angemessen ist.
Ich bin sehr dankbar.
Danke.

Geisteskraft: Visualisieren Sie das purpurfarbene Licht, das in dem Bereich der Natur strahlt, für den Sie um ein Blessing gebeten haben.

Klangkraft: Chanten Sie im Stillen oder laut:

»*Göttliche Purpurfarbene Lichtkugel und Purpurfarbene Quelle der Göttlichen Nahrung und des Göttlichen Gleichgewichts Seele-Geist-Körperübertragungen« nähren und gleichen* ___ (Nennen Sie den Bereich der Natur, für den Sie um ein Blessing bitten.) *aus. Danke.*
»*Göttliche Purpurfarbene Lichtkugel und Purpurfarbene Quelle der Göttlichen Nahrung und des Göttlichen Gleichgewichts Seele-Geist-Körperübertragungen« nähren und gleichen* ___ (Nennen Sie den Bereich der Natur, für den Sie um ein Blessing bitten.) *aus. Danke.*
»*Göttliche Purpurfarbene Lichtkugel und Purpurfarbene Quelle der Göttlichen Nahrung und des Göttlichen Gleichgewichts Seele-Geist-Körperübertragungen« nähren und gleichen* ___ (Nennen Sie den Bereich der Natur, für den Sie um ein Blessing bitten.) *aus. Danke.*
»*Göttliche Purpurfarbene Lichtkugel und Purpurfarbene Quelle der Göttlichen Nahrung und des Göttlichen Gleichgewichts Seele-Geist-*

Körperübertragungen« nähren und gleichen ___ (Nennen Sie den Bereich der Natur, für den Sie um ein Blessing bitten.) aus. Danke ...

Unterbrechen Sie das Lesen und legen Sie das Buch zur Seite. Chanten Sie *»Göttliche Purpurfarbene Lichtkugel und Purpurfarbene Quelle der Göttlichen Nahrung und des Göttlichen Gleichgewichts Seele-Geist-Körperübertragungen« nähren und gleichen ___ aus. Danke* für zehn Minuten. Im Allgemeinen chanten Sie für drei bis fünf Minuten, drei- bis fünfmal täglich. Wenn es ernsthafte Herausforderungen mit der Natur gibt, chanten Sie für ein bis zwei Stunden täglich. Je länger Sie chanten und je häufiger Sie für Ihre Bitte(n) chanten, desto bessere Ergebnisse kann (können) Ihre Bitte(n) erzielen.

Es ist wichtig zu wissen, dass es nicht angemessen ist, die »Göttliche Purpurfarbene Lichtkugel und Purpurfarbene Quelle der Göttlichen Nahrung und des Göttlichen Gleichgewichts Seele-Geist-Körperübertragungen« oder einen anderen göttlichen Schatz darum zu bitten, die gesamte Natur auf Mutter Erde, im Himmel oder auf unzähligen Planeten und Sternen, in unzähligen Galaxien und Universen Blessings zu geben. Das Gleiche gilt für einen Bereich, der von einer natürlichen oder menschengemachten Katastrophe betroffen ist.

Die nächste Geschichte zeigt die Kraft eines Divine Healing Hands Soul Healing Blessings, um Blumen zu transformieren.

Meine Erfahrungen, seit ich die Ehre der »Divine Healing Hands Soul Healer«-Übertragung im Jahr 2010 erhalten habe, ist sehr unterschiedlich: Eiterstellen, verursacht durch Spinnenbisse, sind ohne Narben verheilt; ein Knoten in der Wirbelsäule löste sich auf; unerträgliche Schmerzen sind gelindert worden, so dass sie kaum spürbar waren bis hin zur Schmerzfreiheit, Emotionen, die ausgeglichen wurden, und bewundernswerte Zellschwingung.
Ich fühle große Demut, dass ich fähig bin, diese Blessings des Göttlichen zu geben. Meine Hand schwingt wie eine Lichtwelle. Die Schwingung geht von meiner Hand aus, die zuweilen größer zu sein scheint als das Zimmer. Ich bin immer wieder verwundert, dass das Göttliche

Tiere und Natur

mir erlaubt, ein Mittler für Soul Healing, Verjüngung und Transformation zu sein. Die Vielzahl der Seelen, die kommen und während eines Divine Healing Hands Blessings dienen, ist einzigartig. Das berichten diejenigen, die es fühlen, spüren und sehen können.

Bei der täglichen Divine Healing Hands-Telefonkonferenz teilzunehmen und mit meiner Divine-Healing-Hands-Familie weltweit dienen zu können, die von meinem spirituellen Vater, Dr. und Master Zhi Gang Sha angeregt und angeleitet wurde, ist einer der Höhepunkte des Tages. Danke. Danke. Danke.

Von den vielen Geschichten, die ich berichten könnte, hebt sich eine ab, die darum bittet, dass ich sie mitteile.

Ich hatte die Ehre, dem Team von Master Elaine Ward und Rick Riecker während des ersten weltweiten »Divine Healing Hands Zertifizierungsprogramms« in den Catskill Mountains in New York zu dienen. Diese Ausbildung wurde vom 30. März bis 1. April 2012 weltweit, in zwanzig Städten gleichzeitig angeboten.

Master Elaine und Rick haben den Veranstaltungsort für diese Ausbildung wunderschön vorbereitet. Der Altar war schlicht und elegant, und eine Vase mit frischen Schnittblumen stand dort, um unserem Meister und Lehrer bei dieser Veranstaltung zu dienen und ihn zu ehren.

Das Training fand in einem Rundzelt statt, das auf einem fünf Hektar großen Waldgebiet stand. Obwohl das Rundzelt ganz bequem war und dieser Ausbildung einen erstaunlichen Rahmen gab, es gerade Frühling war in New York, fielen die Temperaturen jede Nacht im Rundzelt, während wir behaglich in einem anderen Gebäude schliefen. Die Blumen litten und sahen am nächsten Morgen leblos und welk aus, so als ob sie sich nicht mehr erholen konnten. Es blieb keine Zeit, sie auszutauschen. Ich hörte: »Das ist eine großartige Lehre. Gib ihnen Divine Healing Hands Blessings.« Ich dankte den Blumen für ihren Dienst, bat sie um Vergebung, dass wir die Gefahr nicht erkannten, der sie vielleicht im Rundzelt durch die Kälte in der Nacht ausgesetzt waren. Ich gab ihnen ein Blessing, so wie es angemessen war, und leider vergaß ich diese Lehre, als wir uns ans Tageswerk machten.

Irgendwann bemerkte ich, dass die Blumen nicht mehr welk waren. Sie hatten sich erholt und waren schön wie zuvor und strahlten wäh-

rend der gesamten Ausbildung. Abends nahm ich die Blumen mit in das Gasthaus, wo sie weiterhin jeden Abend unserer neu entstandenen Divine-Healing-Hands-Gemeinschaft dienten und sie erfreute. Am Ende unserer Ausbildung brachten wir die Blumen in das große Gasthaus in Miriam's Well, um alle neuen Gäste mit ihrer hohen Schwingung und mit heilsamem Dienst zu erfreuen. Diese Blumen waren transformiert. Sie waren weit geöffnet, ihre Blüten strahlten, da sie dienen konnten und, trotz aller Widrigkeiten, eine zweite Lebenschance erhalten hatten.

Für mich ist das eine Metapher für die Kraft der Soul Healing Blessings der Divine Healing Hands. Sie bieten Soul Healing, Verjüngung und Transformation trotz aller Beschränkungen des menschlichen Denkens und Erfassens, indem man dem Göttlichen es zugesteht, ein Wunder zu bewirken.

Danke, Master Sha, dass es mir möglich ist, eine demütige Dienerin und ein zertifizierter Divine Healing Hands Soul Healer zu sein.

Frances Anne Brown
Suffolk, Virginia

WENDEN SIE DIE DIVINE HEALING HANDS FÜR DAS SOUL HEALING DER NATUR AN

Nun werde ich Sie anleiten, der Natur ein Soul Healing Blessing zu geben, indem Sie die Divine Healing Hands anwenden. Ich empfehle dringend, dass Sie bei jeder Anwendung der Divine Healing Hands in diesem Buch mindestens eine halbe Stunde üben, da das Göttliche mich deutlich anwies, dass Sie nach den zwanzig Anwendungen die Divine Healing Hands-Übertragung in diesem Buch nicht weiter nutzen können. Deshalb wenden Sie die Divine Healing Hands in diesem Buch zwanzig Mal an und üben Sie jedes Mal so lange, wie Sie können, um den größten Nutzen zu schöpfen. Danach sollten Sie einen Divine

Healing Hands Soul Healer oder eine(n) meiner weltweiten Repräsentant(inn)en aufsuchen, um Divine Healing Hands Blessings zu erhalten oder sich selbst für die Divine Healing Hands zu bewerben und diese zu erhalten.

Wenden Sie die »Vier Kraft Techniken« an:

Körperkraft: Setzen Sie sich aufrecht hin. Schließen Sie Ihre Augen. Gehen Sie mit der Zungenspitze sanft an das Gaumendach. Wenn Sie ein Divine Healing Hands Soul Healer sind, nehmen Sie die »Gebetshaltung des Seelenlicht-Zeitalters« ein und bewegen die rechte Hand dabei. Wenn Sie kein Divine Healing Hands Soul Healer sind, nehmen Sie einfach nur die »Gebetshaltung des Seelenlicht-Zeitalters« ein.

Seelenkraft: »*Sag Hallo Anrufung*«:

> *Liebe Divine Healing Hands,*
> *ich liebe Euch.*
> *habt die Kraft, heilsam auf* _____ (Nennen Sie den Bereich der Natur, für den Sie um ein Blessing bitten.) *zu wirken.*
> *Ich bin sehr dankbar.*
> *Bitte gebt ein Soul Healing Blessing, so wie es angemessen ist.*
> *Danke.*

Geisteskraft: Visualisieren Sie das goldene Licht der Divine Healing Hands in dem Bereich der Natur, für den Sie um ein Blessing bitten.

Klangkraft: Chanten Sie im Stillen oder laut:

> *Divine Healing Hands wirken heilsam auf* _____ (Nennen Sie den Bereich der Natur, für den Sie um ein Blessing bitten.). *Danke.*
> *Divine Healing Hands wirken heilsam auf* _____ (Nennen Sie den Bereich der Natur, für den Sie um ein Blessing bitten.). *Danke.*
> *Divine Healing Hands wirken heilsam auf* _____ (Nennen Sie den Bereich der Natur, für den Sie um ein Blessing bitten.). *Danke.*
> *Divine Healing Hands wirken heilsam auf* _____ (Nennen Sie den Bereich der Natur, für den Sie um ein Blessing bitten.). *Danke ...*

Chanten Sie, solange Sie können für Ihr(e) Anliegen. Je öfter und länger Sie chanten, desto größeren Nutzen schöpfen Sie von den Divine Healing Hands. Wie bereits erwähnt, ist es wichtig zu wissen, dass es nicht angemessen ist, irgendeinen göttlichen Schatz darum zu bitten, die gesamte Natur auf Mutter Erde, im Himmel oder auf unzähligen Planeten und Sternen, in unzähligen Galaxien und Universen Blessings zu geben, ebenso nicht für einen Bereich, der von einer natürlichen oder menschengemachten Katastrophe betroffen ist.

Haustiere und Tiere spielen im Leben von vielen Menschen eine wichtige Rolle und die Menschen würden ohne die Natur, einschließlich Pflanzen und Wasser, nicht überleben. Die Tiere sowie die Natur können während der Umwandlung von Mutter Erde beeinträchtigt werden. Deswegen ist es notwendig, dass Sie lernen, wie man den Tieren und der Natur Soul Healing gibt. Es ist auch sehr wichtig zu lernen, wie man mit den Divine Healing Hands den Tieren und der Natur Soul Healing Blessings gibt.

Je mehr Sie über die Divine Healing Hands nachdenken, desto mehr Ehre könnten Sie in Ihrem Herz und Ihrer Seele spüren. Im Kapitel 4 haben wir gelernt, Übungen gemacht und erfahren, wie die Divine Healing Hands angewendet werden, um heilsam auf den spirituellen Körper, mentalen Körper, emotionalen Körper und physischen Körper eines Menschen zu wirken. In Kapitel 5 haben wir ebenso gelernt, Übungen gemacht und erfahren, wie die Divine Healing Hands angewendet werden, um Beziehungen, Finanzen, Intelligenz und alle Aspekte des Lebens zu transformieren. Im Kapitel 6 haben wir gelernt, Übungen gemacht und erfahren, wie die Divine Healing Hands angewendet werden, um heilsam auf Tiere und die Natur zu wirken.

Die Anwendungen des Soul Healing, einschließlich der Divine Healing Hands, sind umfangreich. Alle Lebewesen und alle Dinge haben eine Seele. Alle Lebewesen und alle Dinge können Selbstheilung und Transformation durch Soul Healing und die Divine Healing Hands erhalten.

Ich möchte dem Göttlichen noch mal aus der Tiefe meines Herzens meine größte Dankbarkeit ausdrücken. Ich danke Dir, dem Göttlichen, für Deine Großzügigkeit, genehmigten Menschen durch Deine Hände Soul Healing zu geben. Jeder Empfänger der »Divine Healing Hands-Seele-Geist-Körperübertragungen« erhält für immer die Ehre und das Privileg, jederzeit und überall der Menschheit, den Tieren und der Natur mit den Divine Healing Hands Blessings für Soul Healing, Verjüngung und Transformation des gesamten Lebens anzubieten.

Ich wiederhole:

Die Worte reichen nicht aus.
Die Gedanken reichen nicht aus.
Die Vorstellungskraft reicht nicht aus.
Das Verständnis reicht nicht aus.
Die Wertschätzung reicht nicht aus.
Die Dankbarkeit reicht nicht aus.
Die Divine Healing Hands zu ehren reicht nicht aus.
Wir sind sehr gesegnet.
Danke. Danke. Danke.

Wenden Sie die Divine Healing Hands für die Öffnung der spirituellen Kanäle an

MILLIONEN VON MENSCHEN AUF DER SPIRITUELLEN REISE wollen ihre spirituellen Kanäle öffnen. Sie wollen sich tiefer mit dem Göttlichen, ihren Führern, Engeln, Heiligen, Buddhas oder anderen hochrangigen spirituellen Wesen verbinden. Sie möchten mit diesen Wesen kommunizieren, um Einsichten und Weisheiten zu erhalten, die ihrer physischen und spirituellen Reise nutzen.

Es gab in der Geschichte viele Lehren, wie die spirituellen Kanäle zu öffnen sind. In meinen Lehren gibt es vier spirituelle Kanäle. Sie heißen:

- Kanal der Seelensprache
- Kanal der direkten Seelenkommunikation
- Kanal des Dritten Auges
- Kanal des direkten Wissens

Auf der ganzen Welt habe ich Tausenden von Menschen beigebracht, wie sie ihre spirituellen Kanäle öffnen. Ich habe Hunderte von Schüler, die geöffnete und hochentwickelte spirituelle Kanäle haben.

Warum sollte man seine spirituellen Kanäle öffnen?

Das Öffnen Ihrer spirituellen Kanäle dient Ihrer Seelenreise auf eine tiefgreifende Weise. Das Öffnen Ihrer spirituellen Kanäle bestärkt Sie, mit der Seelenwelt zu kommunizieren, einschließlich mit Ihren spirituellen Vätern und Müttern im Himmel, dem Göttlichen, dem Tao, um Führung und Weisheiten zu erhalten, die Sie brauchen, um Ihre Seelenreise zu erfüllen. Das Göttliche ist der spirituelle Vater und die spirituelle Mutter aller Seelen. Tao ist die Quelle, die den Himmel, Mutter Erde und unzählige Planeten, Sterne, Galaxien und Universen erschafft.

Das Öffnen der spirituellen Kanäle dient auch Ihrem physischen Leben. Die normalen Lebensabschnitte eines Menschen sind: Geburt, Säugling, Kleinkind, Kind, Teenager, Erwachsener, Senior, Übergang in die Seelenwelt. Je früher sich die spirituellen Kanäle öffnen, desto besser. Die Führung Ihrer spirituellen Väter und Mütter, des Göttlichen und Tao kann allen Aspekten Ihres physischen Lebens nützen. Sie kann Sie anleiten, die richtigen Fächer in der Schule zu lernen. Sie kann Sie anleiten, den richtigen Beruf zu wählen. Sie kann Sie anleiten, Ihr Unternehmen florieren zu lassen. Sie kann Sie anleiten, Ihre wahre Liebe und den richtigen Partner zu finden. Sie kann Sie anleiten, Ihre Kinder und Enkel in der richtigen Weise zu erziehen. Sie können Führung für alle Aspekte des Lebens erhalten.

In einem Satz zusammengefasst:

Die Öffnung Ihrer spirituellen Kanäle bedeutet: Sie erfüllen Ihre Seelenreise und Ihre physische Reise, Sie helfen Ihrer Gesundheit, Ihren Beziehungen, Ihren Finanzen, Ihrer Intelligenz u.v.m. und Sie bringen Forschritt in alle Aspekte Ihres Lebens.

Lassen Sie mich die Geheimnisse, Weisheiten, Erkenntnisse und praktischen Techniken vermitteln, um Ihre vier spirituellen Kanäle zu öffnen, indem Sie die Divine Healing Hands anwenden.

Öffnen Sie Ihren Kanal der Seelensprache

Bis jetzt haben viele von Ihnen Ihre Seelensprache hervorgebracht. Wenn nicht, dann können Sie das immer wieder in Kapitel 5 lesen und diese Übung wiederholen, um Ihre Seelensprache hervorzubringen. Der Kanal der Seelensprache ist der Weg der Seelensprache, um herauszukommen. Das

Öffnen dieses Kanals ist notwendig, um die anderen drei spirituellen Kanäle zu öffnen.

Der Verlauf des Kanals der Seelensprache ist wie folgt:

Der Kanal der Seelensprache beginnt am Hui-Yin-Akupunkturpunkt, der sich auf dem Perineum zwischen den Genitalien und dem Anus befindet. Er steigt senkrecht in der Körpermitte durch die sieben Seelenhäuser auf bis hoch zum Schädeldach und dem Bai-Hui-Akupunkturpunkt[22] (ausgesprochen *Bei Hwey*). Von dort fließt er vor der Mitte der Wirbelsäule hinab, zurück zum Hui-Yin-Akupunkturpunkt. Siehe Abbildung 12.

Warum sollte man seinen Kanal der Seelensprache öffnen?

Den Kanal der Seelensprache zu öffnen bedeutet, Ihre Seelensprache hervorzubringen. Es hat viele Vorteile, die Seelensprache hervorzubringen.

Seelensprache trägt Ihre persönliche heilige Kraft für das Soul Healing, weil:

- Seelensprache trägt die Frequenz und Schwingung der Seele, welche die Frequenz und Schwingung von Geist und Körper transformieren kann.
- Seelensprache trägt die Liebe der Seele, die alle Blockaden schmilzt und das gesamte Leben transformiert, einschließlich der Gesundheit, Beziehungen, Finanzen und Intelligenz, und bringt Fortschritt in alle Aspekte des Lebens.
- Seelensprache trägt die Vergebung der Seele, die innere Freude und inneren Frieden in alle Aspekte des Lebens bringt.
- Seelensprache trägt das Mitgefühl der Seele, das Energie, Ausdauer, Vitalität und Immunität des gesamten Lebens stärkt.
- Seelensprache trägt das Licht der Seele, das heilsam wirkt, vor Krankheiten schützt, Seele, Herz, Geist und Körper reinigt und verjüngt, und Beziehungen, Finanzen und alle Aspekte des Lebens transformiert.

---

22 Sie lokalisieren den Bai-Hui-Akupunkturpunkt, indem Sie sich eine Linie vom höchsten Punkt eines Ohres über den Kopf zum anderen Ohr gehend, und eine zweite Linie von der Nasenwurzel über den Kopf zum Nacken gehend vorstellen. Der Bai-Hui-Akupunkturpunkt befindet sich an der Stelle, wo sich diese beiden Linien kreuzen.

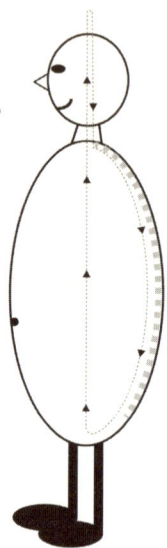

Abbildung 12. Der Kanal der Seelensprache

Die Seelensprache hat eine unglaubliche Heilkraft. Die Anwendung von Seelensprache hat in Tausenden von Fällen Soul Healing Miracles bewirkt. Ich möchte eine Geschichte über Soul Healing durch Seelensprache mitteilen, die sich in Toronto, im kanadischen Ontario, während einer meiner »Soul Healing und Erleuchtung Retreats« ereignete.

Hunderte von Menschen nahmen an diesem Retreat teil. Die Teilnehmer wurden von mir angeleitet, ihre Seelensprache zu sprechen und sie hervorzubringen. Ich rief einen Akupunkteur auf die Bühne, der seine Seelensprache zum ersten Mal hervorgebracht hatte. Ich bat darum, dass ein Freiwilliger von der Seelensprache des Akupunkteurs Soul Healing erhält. Viele Menschen meldeten sich. Meine Wahl fiel auf eine Frau, die an Bandscheibenvorfällen litt und seit Jahren Schmerzen hatte. Es war schwierig für sie, ihren Rücken zu beugen. Der Akupunkteur gab der Frau ein Soul Healing Blessing mit seiner Seelensprache. Als Körperkraft streckte er seinen rechten Arm aus und zeigte mit den Fingern auf den Rücken der Frau. Als Seelenkraft lehrte ich ihn, Folgendes zu sagen:

*Meine liebe Seelensprache,
ich liebe Dich.
Bitte gib dieser Frau Soul Healing für die
Rückenschmerzen und anderen Beschwerden, die durch
die Bandscheibenvorfälle verursacht werden.
Danke.*

Das war eine äußerst einfache und direkte Methode, Soul Healing mit Seelensprache zu geben. Dann sang er seine Seelensprache für fünf Minuten. Nach dem Soul Healing beugte sie ihren Rücken vollständig nach vorne, berührte mit den Händen den Boden. Der Schmerz war vollständig verschwunden. Sie sagte: »Wow! Das ist erstaunlich!«

Seelensprache ist die Sprache Ihrer Seele. Die Seelensprache ist der persönliche heilige Seelenschatz, mit dem die Menschen sich selbst und andere heilen können. Ich empfehle allen Lesern und der gesamten Menschheit sehr, ihre Seelensprache hervorzubringen und regelmäßig Seelensprache anzuwenden. Bitten Sie Ihre Seelensprache, heilsam auf Ihren spirituellen, mentalen, emotionalen und physischen Körper zu wirken.

Seit achtzehn Jahren wende ich Seelensprache an. Ich habe abertausenden Menschen weltweit Seelensprache gelehrt. Die Anwendung der Seelensprache bewirkte tausende wundervolle Ergebnisse mit Soul Healing. Ich möchte, dass Sie, alle Leser und die Menschheit, der Seelensprache große Aufmerksamkeit schenken. Die Kraft der Selbstheilung durch Seelensprache ist kaum in Worte zu fassen.

Wie entwickeln Sie Ihre Seelensprache? Ich teilte diese Übungen im Kapitel 5 mit. Nun werde ich die Essenz zusammenfassen, wie Sie Ihre Seelensprache entwickeln.

Wenden Sie die »Vier Kraft Techniken« an, um Ihren Kanal der Seelensprache zu entwickeln:

Körperkraft: Setzen Sie sich aufrecht hin. Schließen Sie Ihre Augen. Gehen Sie mit der Zungenspitze sanft an das Gaumendach. Nehmen Sie die »Gebetshaltung des Seelenlicht-Zeitalters« ein.

Seelenkraft: »*Sag Hallo Anrufung*«:

Mein liebes Botschaftenzentrum,
ich liebe Dich.
Mein lieber Kanal der Seelensprache,
ich liebe Dich.
Liebes 3396815 (ausgesprochen *Sahn Sahn Dscho Liu Bah Jau Wu*),
ich liebe Dich.
Ihr habt die Kraft, meine Seelensprache zu entwickeln.
Bitte löst Seele-Geist-Körperblockaden in meinem Kanal der
Seelensprache auf, um meine Seelensprache hervorzubringen.
Ich bin sehr dankbar.
Danke.

Das Botschaftenzentrum ist ein faustgroßes Energiezentrum in der Mitte der Brust, hinter dem Sternum. Es ist auch als Herz-Chakra bekannt.

Das Botschaftenzentrum besitzt große Kraft und Bedeutung. Es ist:

- das entscheidende Zentrum für die Öffnung und Entwicklung der vier spirituellen Kanäle: dem Kanal der Seelensprache, dem Kanal der direkten Seelenkommunikation, dem Kanal des Dritten Auges und dem Kanal des direkten Wissens
- das Zentrum für Liebe, Vergebung, Mitgefühl und Licht
- das Zentrum für die Lebenstransformation
- das Zentrum für die Seelenerleuchtung (Wenn eine Seele die Höhe des Botschaftenzentrums erreicht hat, ist sie eine erleuchtete Seele.)
- das entscheidende Zentrum für die Entwicklung der Geist-Intelligenz, Herz-Intelligenz und Seelen-Intelligenz
- das Zentrum für die Selbstheilung
- das Zentrum des Karmas

Die Seelensprache ist ein kraftvolles Instrument, das man nutzen kann für:

- die Selbstheilung
- die Verjüngung

- die Reinigung von Seele, Herz, Geist und Körper
- die Langlebigkeit
- das Erreichen der Unsterblichkeit

3396815 (San San Jiu Liu Ba Yao Wu) ist der göttliche heilige Zahlencode mit folgender Kraft und Bedeutung:

- 3396815 löst Seele-Geist-Körperblockaden auf, damit sich der Kanal der Seelensprache entwickelt.
- 3396815 löst Seele-Geist-Körperblockaden auf, damit sich der Kanal der direkten Seelenkommunikation entwickelt.
- 3396815 löst Seele-Geist-Körperblockaden auf, damit sich der Kanal des Dritten Auges entwickelt.
- 3396815 löst Seele-Geist-Körperblockaden auf, damit sich der Kanal des direkten Wissens entwickelt.
- 3396815 ist ein heiliger Soul-Healing-Schatz für das Soul Healing des spirituellen, mentalen, emotionalen und physischen Körpers.
- 3396815 ist ein heiliger Soul-Healing-Schatz für die Transformation des physischen Körpers in einen Lichtkörper.
- 3396815 ist ein heiliger Soul-Healing-Schatz für die Verjüngung von Seele, Herz, Geist und Körper.
- 3396815 ist ein heiliger Soul-Healing-Schatz für die Langlebigkeit.
- 3396815 ist ein heiliger Soul-Healing-Schatz für die Unsterblichkeit.

Fahren wir nun mit der Übung fort, die Ihre Seelensprache entwickelt. Selbst, wenn Sie die Seelensprache schon hervorgebracht haben, können Sie diesen Kanal immer noch weiter öffnen, um weiteren Nutzen zu schöpfen. Erinnern Sie sich an die Lehre: Überspringen Sie die Übungen nicht.

Geisteskraft: Visualisieren Sie das goldene Licht in Ihrem Botschaftenzentrum und Ihrem Kanal der Seelensprache. Visualisieren Sie, dass sich Ihr Botschaftenzentrum und Ihr Kanal der Seelensprache öffnet und Ihre Seelensprache hervorbringt.

Klangkraft: Chanten Sie *3396815* (*Sahn Sahn Dscho Liu Bah Jau Wu*), so schnell sie können.

San San Jiu Liu Ba Yao Wu
San San Jiu Liu Ba Yao Wu
San San Jiu Liu Ba Yao Wu
San San Jiu Liu Ba Yao Wu ...

Unterbrechen Sie das Lesen und legen Sie das Buch zur Seite. Chanten Sie *San San Jiu Liu Ba Yao Wu*, so schnell Sie nur können für fünf Minuten. Plötzlich könnten eine spezielle Stimme oder ein spezieller Ton aus Ihrem Mund hervorkommen. Das ist Ihre Seelensprache.

Wie wissen Sie, ob Sie wirklich Seelensprache sprechen? Als Erstes müssen Sie Vertrauen haben und es vermeiden, Ihre Seelensprache zu analysieren. Zweitens dürfen Sie keine Erwartungen haben und nicht befangen sein. Jede Seelensprache klingt anders. Lassen Sie Ihre Seelensprache hervorkommen, egal wie sie klingt. Drittens wenden Sie diese Technik an:

Wenn spezielle Töne oder eine Stimme hervorkommen, hören Sie auf und chanten wieder, so schnell Sie können, *San San Jiu Liu Ba Yao Wu*. Ihr spezieller Ton oder Ihre spezielle Stimme kommt vielleicht wieder hervor. Herzlichen Glückwunsch! Wenn der spezielle Ton jedes Mal hervorkommt, wenn Sie *San San Jiu Liu Ba Yao Wu* chanten, dann haben Sie die Bestätigung, dass der spezielle Ton oder die spezielle Stimme Ihre Seelensprache ist.

Ihre Seelensprache könnte sich über Wochen und Monate gleich anhören. Ihre Seelensprache könnte sich jedes Mal anders anhören, wenn Sie sie sprechen. Haben Sie wiederum keinerlei Erwartung. Was immer geschieht, seien Sie weder überrascht noch enttäuscht.

WENDEN SIE SEELENSPRACHE FÜR SOUL HEALING UND VERJÜNGUNG AN

Ich werde jedem Leser nun noch eine Reihe von unvergleichlichen, immerwährenden göttlichen Schätzen anbieten.

Bereiten Sie sich nun vor!

Göttliche Anordnung: »Göttliche Purpurfarbene Lichtkugel und Purpurfarbene Quelle der Göttlichen Seelensprache Seele-Geist-Körperübertragungen«

Übertragung!

Herzlichen Glückwunsch! Sie sind gesegnet. Die Menschheit ist gesegnet.

Jetzt werde ich Sie anleiten, die »Vier Kraft Techniken« einzusetzen, indem Sie die Seelensprache sowie die »Göttliche Purpurfarbene Lichtkugel und Purpurfarbene Quelle der Göttlichen Seelensprache Seele-Geist-Körperübertragungen« gleichzeitig anwenden, um Soul Healing für den spirituellen, mentalen, emotionalen und physischen Körper zu geben:

Körperkraft: Setzen Sie sich aufrecht hin. Schließen Sie Ihre Augen. Gehen Sie mit der Zungenspitze sanft an das Gaumendach. Legen Sie eine Handfläche auf Ihren Bauchnabel und die andere über Ihre Kundalini.

Seelenkraft: »*Sag Hallo Anrufung*«:

Meine liebe Seelensprache,
ich liebe Dich.
Du hast die Kraft, heilsam auf meinen spirituellen, mentalen,
emotionalen und physischen Körper zu wirken.
Mach Deine Sache gut.
Danke.
Liebe »Göttliche Purpurfarbene Lichtkugel und Purpurfarbene Quelle
der Göttlichen Seelensprache Seele-Geist-Körperübertragungen«,
ich liebe Euch.
Bitte schaltet Euch ein, um heilsam auf meinen spirituellen,
mentalen, emotionalen und physischen Körper zu wirken.
Danke.

Geisteskraft: Visualisieren Sie strahlendes purpurfarbenes Licht, das in Ihrem spirituellen, mentalen, emotionalen und physischen Körper strahlt.

Klangkraft: Chanten Sie im Stillen oder laut.

»Göttliche Purpurfarbene Lichtkugel und Purpurfarbene
Quelle der Göttlichen Seelensprache Seele-Geist-
Körperübertragungen« wirken heilsam auf meinen spirituellen,
mentalen, emotionalen und physischen Körper. Danke.
»Göttliche Purpurfarbene Lichtkugel und Purpurfarbene
Quelle der Göttlichen Seelensprache Seele-Geist-
Körperübertragungen« wirken heilsam auf meinen spirituellen,
mentalen, emotionalen und physischen Körper. Danke.
»Göttliche Purpurfarbene Lichtkugel und Purpurfarbene
Quelle der Göttlichen Seelensprache Seele-Geist-
Körperübertragungen« wirken heilsam auf meinen spirituellen,
mentalen, emotionalen und physischen Körper. Danke.
»Göttliche Purpurfarbene Lichtkugel und Purpurfarbene
Quelle der Göttlichen Seelensprache Seele-Geist-
Körperübertragungen« wirken heilsam auf meinen spirituellen,
mentalen, emotionalen und physischen Körper. Danke ...

Unterbrechen Sie das Lesen und legen Sie das Buch zur Seite. Chanten Sie »Purpurfarbene Lichtkugel und Purpurfarbene Quelle der Göttlichen Seelensprache Seele-Geist-Körperübertragungen« wirken heilsam auf meinen spirituellen, mentalen, emotionalen und physischen Körper. Danke für fünf Minuten.

Dann chanten Sie Seelensprache für weitere fünf Minuten. Beginnen Sie damit, 3396815 (Sahn Sahn Dscho Liu Bah Jau Wu) zu chanten. Dann lassen Sie Ihre Seelensprache hervorkommen.

Im Allgemeinen sollten Sie täglich drei- bis fünfmal für drei bis fünf Minuten chanten. Wenn Sie ernsthafte Herausforderungen in Ihrem spirituellen, mentalen, emotionalen und physischen Körper haben, dann chanten Sie eine oder zwei Stunden am Tag. Je länger und häufiger Sie chanten, desto bessere Ergebnisse können Sie erzielen.

WENDEN SIE SEELENSPRACHE MIT EINER VERGEBUNGSÜBUNG FÜR DIE SELBSTREINIGUNG IHRES KARMAS AN

Negatives Karma ist die Aufzeichnung der unangemessenen Dienste der Seele in allen Leben, im jetzigen und in den vergangenen Leben. Wir häufen negatives Karma an, indem wir verletzen, schaden, andere ausnutzen, stehlen, betrügen u. v. m. Erinnern Sie sich an das Ein-Satz-Geheimnis zu Karma, das ich bereits zuvor vermittelt habe: *Karma ist die Grundursache für Erfolg und Misserfolg in allen Aspekten des Lebens.* Dies beinhaltet Blockaden im Bereich Gesundheit, Beziehungen, Finanzen, Unternehmen und mehr.

Vergebung ist notwendig, um negatives Karma selbst zu reinigen. Wahre Vergebung bringt innere Freude und inneren Frieden. Wenn Sie Herausforderungen mit einem Familienangehörigen oder Kollegen haben, dann besteht wahrscheinlich negatives Karma zwischen Ihnen. Entscheidend für die Vergebung ist immer, dass Sie sich selbst überprüfen, welche Fehler Sie begangen haben, die zu der Herausforderung in Ihrer Beziehung beigetragen haben. Wenn Sie und die andere Person sich jeweils der eigenen Fehler bewusst sind, und Sie aufrichtig um Vergebung, Liebe, Frieden und Harmonie bitten, dann könnte dieses ohne Mühe geschehen.

Es ist wichtig, dass sich beide Seiten vergeben. *Ich vergebe Dir. Du vergibst mir. Bringt Liebe, Frieden und Harmonie.* Wenn beide Seiten bedingungslos Vergebung, Liebe, Frieden und Harmonie anwenden, könnte dies sehr schnell geschehen. Dies wäre eine großartige Methode, das eigene Karma zu reinigen.

Bitten Sie aufrichtig um Vergebung für alle Fehler, die Sie begangen haben, und bieten Sie denjenigen bedingungslose Vergebung an, die Sie verletzt oder denen Sie in diesem oder in vergangenen Leben auf irgendeine Weise geschadet haben. Einige Seelen, die wir verletzt oder denen wir geschadet haben, werden uns umgehend vergeben, andere werden Zeit brauchen. Machen Sie, wenn möglich, eine tägliche Vergebungsübung, besonders wenn Sie größere Blockaden in allen Aspekten Ihres Lebens haben. *Heilen und transformieren Sie zuerst die Seele, dann werden die Heilung und Transformation von Geist und Körper folgen.* Das ist die Kraft der Vergebung.

Lassen Sie mich nun eine Vergebungsübung mit Seelensprache anleiten, um das negative Karma selbst zu reinigen.

Wenden Sie die »Vier Kraft Techniken« an:

Körperkraft: Setzen Sie sich aufrecht hin. Schließen Sie Ihre Augen. Gehen Sie mit der Zungenspitze sanft an das Gaumendach. Nehmen Sie die »Gebetshaltung des Seelenlicht-Zeitalters« ein.

Seelenkraft: »*Sag Hallo Anrufung*«*:*

> *Liebe Seele, lieber Geist, lieber Körper von* _____ (Nennen Sie Systeme, Organe oder Körperbereiche, die Soul Healing benötigen.)*, ich liebe Euch.*
> *Liebe Seele, lieber Geist, lieber Körper meiner Seelensprache, ich liebe Dich.*
> *Ihr habt die Kraft,* _____(Wiederholen Sie Ihr Anliegen.) *selbst zu heilen. Macht Eure Sache gut. Danke.*
> *Liebe* »*Göttliche Purpurfarbene Lichtkugel und Purpurfarbene Quelle der Göttlichen Vergebung Seele-Geist-Körperübertragungen und der Göttlichen Seelensprache Seele-Geist-Körperübertragungen*«*, ich liebe Euch.*
> *Bitte schaltet Euch ein und löst Seele-Geist-Körperblockaden auf, um mein* _____ (Wiederholen Sie Ihr Anliegen.) *selbst zu heilen. Danke.*

Geisteskraft: Visualisieren die purpurfarbenes Licht in dem Bereich Ihres Anliegens.

Klangkraft: Chanten Sie im Stillen oder laut:

> »*Göttliche Purpurfarbene Lichtkugel und Purpurfarbene Quelle der Göttlichen Vergebung Seele-Geist-Körperübertragungen und der Göttlichen Seelensprache Seele-Geist-Körperübertragungen*«
> *reinigen Seele-Geist-Körperblockaden, um heilsam auf* _____
> (Wiederholen Sie Ihr Anliegen.) *zu wirken. Danke.*
> »*Göttliche Purpurfarbene Lichtkugel und Purpurfarbene Quelle der Göttlichen Vergebung Seele-Geist-Körperübertragungen und der Göttlichen Seelensprache Seele-Geist-Körperübertragungen*«
> *reinigen Seele-Geist-Körperblockaden, um heilsam auf* _____
> (Wiederholen Sie Ihr Anliegen.) *zu wirken. Danke.*

»Göttliche Purpurfarbene Lichtkugel und Purpurfarbene Quelle der Göttlichen Vergebung Seele-Geist-Körperübertragungen und der Göttlichen Seelensprache Seele-Geist-Körperübertragungen« reinigen Seele-Geist-Körperblockaden, um heilsam auf _____
(Wiederholen Sie Ihr Anliegen.) *zu wirken. Danke.*
»Göttliche Purpurfarbene Lichtkugel und Purpurfarbene Quelle der Göttlichen Vergebung Seele-Geist-Körperübertragungen und der Göttlichen Seelensprache Seele-Geist-Körperübertragungen« reinigen Seele-Geist-Körperblockaden, um heilsam auf _____
(Wiederholen Sie Ihr Anliegen.) *zu wirken. Danke …*

Unterbrechen Sie jetzt das Lesen. Chanten Sie *»Göttliche Purpurfarbene Lichtkugel und Purpurfarbene Quelle der Göttlichen Vergebung Seele-Geist-Körperübertragungen und der Göttlichen Seelensprache Seele-Geist-Körperübertragungen« reinigen Seele-Geist-Körperblockaden, um heilsam auf* _____ *zu wirken. Danke* für fünf Minuten.

Dann chanten Sie Ihre Seelensprache für weitere fünf Minuten. Beginnen Sie, indem Sie *3396815* (*Sahn Sahn Dscho Liu Bah Jau Wu*) chanten. Dann lassen Sie Ihre Seelensprache hervorkommen.

Im Allgemeinen sollten Sie täglich drei- bis fünfmal für drei bis fünf Minuten chanten. Wenn Sie ernsthafte gesundheitliche Herausforderungen wie chronische oder lebensbedrohliche Beschwerden haben, dann chanten Sie täglich zwei Stunden oder mehr. Je länger und häufiger Sie chanten, desto bessere Ergebnisse können Sie erzielen. Sie können alle Übungszeiten zusammenzählen, um täglich auf insgesamt zwei Stunden oder mehr zu kommen.

Wenden Sie Seelensprache für die Reinigung Ihrer Seele, Ihres Herzens, Geistes und Körpers an, um Ihren Seelenstand im Himmel zu erhöhen

Milliarden von Menschen befinden sich auf der spirituellen Reise. Jede menschliche Seele ist bereits seit Hunderten, Tausenden oder mehr Leben auf ihrer Reise. Heute suchen viele Menschen bewusst nach Seelengeheimnissen, Seelenweisheiten, Seelenerkenntnissen sowie praktischen Seelentechniken, um ihre Seelenreise zu erfüllen.

Es ist mir eine Ehre, Ihnen meine Einsichten über die Seelenreise mitzuteilen. Sie müssen Ihr Glaubenssystem keineswegs ändern. Ich respektiere Ihr Glaubenssystem. Es ist für mich etwas Besonderes, das weiterzugeben, was ich vom Göttlichen, Tao und meinen spirituellen Vätern und Müttern gelernt habe.

Welchen Sinn hat die Seelenreise? Der Sinn der Seelenreise ist, Ihren Seelenstand im Himmel zu erhöhen. Alle Lebewesen und Dinge haben eine Seele. Jede Seele hat ihren Stand im Himmel. Der Himmel hat Ebenen. Warum möchte ein spirituelles Wesen seinen Seelenstand erhöhen? Je höher Ihr Seelenstand ist, desto höher ist Ihre Seelenkraft, desto größer ist auch Ihre Kraft beim Soul Healing und Blessing, und desto größer ist Ihre Fähigkeit zu dienen. Je höher Ihr Seelenstand ist, desto näher sind Sie dem göttlichen Reich.

Die Menschheit und das Göttliche bewohnen nicht dieselbe Ebene im Himmel. Menschen, Tiere und unzählige Seelen leben in den Ebenen des Jiu Tian (ausgesprochen *Dscho Tjän*). »Jiu« bedeutet *neun*. »Tian« bedeutet *Himmel*. »Jiu Tian« bedeutet *neun Ebenen des Himmels*. Jede Seele im Jiu Tian bewohnt eine der neun Ebenen oder Reiche des Himmels. Die unterste Ebene ist die neunte Ebene.

Abbildung 13 vermittelt, welche Seelen sich in den betreffenden Ebenen befinden.

Tian Wei Tian (Göttliche Ebene)

Jiu Tian (neun Ebenen des Himmels)

Ebene 1 ⎫
Ebene 2 ⎬ Heilige

Ebene 3 ⎫
Ebene 4 ⎬ Menschen

Ebene 5 ⎫
Ebene 6 ⎬ Tiere, Insekten, Bakterien usw.

Ebene 7 ⎫
Ebene 8 ⎬ Pflanzen, Pilze, Natur, unbelebte Dinge etc.
Ebene 9 ⎭

Abbildung 13. Die neun Ebenen des Himmels (Jiu Tian)

Im Allgemeinen bewohnen die unbelebten Dinge die Ebene 9. Die Seelen der Pflanzen, der Natur, einschließlich Berge, Ozeane, Flüsse, Bäume u. v. m., nehmen die Ebenen 7, 8 und 9 ein. Die Seelen der Tiere sind die Ebenen 5 und 6. Die meisten Seelen der Menschen befinden sich auf Ebenen 3 und 4. Die Ebenen 1 und 2 im Jiu Tian sind die Ebenen der Heiligen.

Die Seelen, die im Jiu Tian angesiedelt sind, müssen weiterhin reinkarnieren. Ein Mensch reinkarniert so lange, wie sich seine Seele im Jiu Tian befindet. Ein Mensch hat zwei Leben: ein physisches Leben und ein Seelenleben. Die Aufgabe des physischen Lebens ist, dem Seelenleben zu dienen. Das physische Leben ist begrenzt. Das Seelenleben ist ewig. Seelen reinkarnieren immer wieder.

Die bedeutende Weisheit ist, dass es die Aufgabe des physischen Lebens ist, Ihre Seele, Ihr Herz, Ihren Geist und Ihren Körper weiter zu reinigen, um Ihre Seelenreise zu erfüllen. Die Menschen auf Mutter Erde haben die größte Möglichkeit, ihre Seelen zu reinigen. Mutter Erde ist erfüllt mit Verunreinigungen jeglicher Art, einschließlich Tötung, Verletzung, Ausnutzung anderer, Betrug, Diebstahl, Machtkämpfen, Ego, Kontrolle u. v. m.

Eine altehrwürdige Lehre besagt, dass Mutter Erde das »bittere Meer« oder der Ort des »roten Staubes« ist. Sie beschreibt, dass Mutter Erde eine verschmutzte Welt ist. In dieser verschmutzten Welt ist es sehr wichtig, unsere Seelen, unsere Herzen, unseren Geist und unsere Körper zu reinigen. Mutter Erde ist ein besonderer Ort, um unsere Seelen, unsere Herzen, unseren Geist und unsere Körper zu reinigen.

Wenn Ihr Drittes Auge geöffnet ist, können Sie viele Heilige im Himmel sehen, die auf einer Lotusblume stehen oder sitzen. Die Lotusblume symbolisiert Reinheit. Die Lotusblume wächst im Schlamm und dennoch strahlt sie solch eine Reinheit und Schönheit aus. Es ist auch unsere Aufgabe, uns aus dem Schlamm emporzuerheben und Reinheit, Liebe, Fürsorge, Mitgefühl, Vergebung u. v. m. auszustrahlen.

Ein spiritueller Mensch muss die Wichtigkeit der Reinigung von Seele, Herz, Geist und Körper in ihrer Tiefe verstehen. Die Aufgabe der spirituellen Reise kann in einem Satz zusammengefasst werden:

Die Aufgabe Ihrer spirituellen Reise ist es, Seele, Herz, Geist und Körper zu reinigen, um Ihren Seelenstand im Himmel zu erhöhen.

Die Heiligen haben einen höheren Seelenstand als ein normaler Mensch. Deshalb können Sie die Ebenen 1 und 2 im Jiu Tian erreichen. Auch die Heiligen, deren Seelen im Jiu Tian angesiedelt sind, müssen weiterhin inkarnieren. Die Reinigung von Seele, Herz, Geist und Körper fährt in jedem Leben fort. Je reiner ein Mensch ist, desto höher ist sein Seelenstand im Himmel. Das höchste Ziel der Seelenreise ist es, in den Tian Wai Tian (wortwörtlich »Himmel jenseits des Himmels«, ausgesprochen *Tjän Wei Tjän*), also das Reich des Göttlichen, aufzusteigen. Eine Seele, die in den Tian Wai Tian erhoben wird, inkarniert nicht mehr.

Eine Seele, die so rein ist, dass sie in den Tian Wai Tian erhoben wird, verbleibt in Seelenform im Himmel. Diese Seele muss nicht mehr in physischer Form zurückkehren. Diese Seele wird weiterhin auf eine spezielle Weise dienen. Wir wissen, dass das Göttliche unermüdlich dient. Alle Seelen in Tian Wai Tian dienen unermüdlich. Wenn ein Mensch Hilfe vom Göttlichen oder einer anderen Seele aus dem Reich des Göttlichen benötigt, werden das Göttliche oder eine andere Seele augenblicklich ihren Dienst anbieten.

Wie reinigen Sie Ihre Seele, Ihr Herz, Ihren Geist und Ihren Körper, um Ihren Seelenstand zu erhöhen? Die beste Methode der Reinigung ist, bedingungslosen universellen Dienst anzubieten. Bedingungsloser universeller Dienst bedeutet bedingungsloses universelles Dienen, ohne um eine Gegenleistung zu bitten. Es ist selbstloses Dienen. Viele von Ihnen dienen ehrenamtlich. Vielleicht dienen Sie Kindern, Armen, Obdachlosen, spirituellen Gruppen, in Krankenhäusern, in Katastrophengebieten u. v. m., ohne um eine Gegenleistung zu bitten. Vielleicht spenden Sie diesen Gruppen oder Anlässen Geld. Vielleicht bieten Sie bedingungslosen Dienst auf anderen Wegen an.

In der physischen Welt erhalten Sie ein Gehalt, wenn Sie für ein Unternehmen arbeiten. In der physischen Welt geschieht dieser Ausgleich mit physischer Bezahlung. Wenn Sie bedingungslosen Dienst anbieten, gibt Ihnen der Himmel spirituelle Bezahlung mit Tugend. Tugend ist eine spirituelle Währung. Statt Münzen sind die himmlischen Tugenden schöne Blumen, die in unsere Akasha-Aufzeichnungen[23] fließen. Die himmlischen Blumen umfassen

---

23 Jede Seele hat ein Buch in der Akasha-Chronik. Alle Handlungen, Verhaltensweisen, Gespräche und Gedanken, positiv oder negativ, aus allen Leben werden in diesem Buch aufgezeichnet.

alle Arten von Farben: rot, gold, regenbogenfarben, purpur, kristallfarben und jenseits-kristallfarben, jede repräsentiert eine andere Frequenz.
Merken Sie sich das »universelle Gesetz des universellen Dienens«:

Biete kleinen angemessenen Dienst an, erhalte kleine Segnungen.
Biete vermehrt angemessene Dienste an, erhalte vielfache Segnungen.
Biete bedingungslosen Dienst an, erhalte unbegrenzte Segnungen.

Warum meditieren und chanten Millionen von Menschen? Die Meditation und das Chanten sind gut für die Selbstheilung, Reinigung, Langlebigkeit, für die Transformation der Beziehungen, Finanzen und Intelligenz sowie für den Fortschritt in allen Aspekten des Lebens. Genau genommen sind die Meditation und das Chanten sehr wichtige Dienste. Die Forschung hat die Vorteile der Meditation und des Chantens für die Gesundheit, Abnahme der Kriminalität, Anstieg von Liebe, Frieden und Harmonie in der Gesellschaft u. v. m. aufgezeigt.

Warum sind die Meditation und das Chanten angemessene Dienste? Meditation und Chanten bringen Ihnen, Ihren Familienangehörigen, der Gesellschaft, den Städten, den Ländern und Mutter Erde die Liebe, die Vergebung, das Mitgefühl und das Licht des Himmels, von Mutter Erde sowie von unzähligen Planeten, Sternen, Galaxien und Universen und unzähligen Heilungsengeln, Erzengeln, aufgestiegenen Meistern, Lamas, Gurus, Kahunas, Heiligen, Buddhas, Bodhisattvas und allen Arten von spirituellen Vätern und Müttern, dem Göttlichen und Tao. Meditation und Chanten wird die Frequenz und Schwingung von allem erhöhen, damit die Menschheit, Mutter Erde und alle Seelen den Nutzen schöpfen. Deshalb sind die Meditation und das Chanten großartige Dienste.

Die Seelensprache trägt die Frequenz und Schwingung von Liebe, Vergebung, Mitgefühl und Licht der Seele. Sprechen Sie Seelensprache, bringen Sie diese der Menschheit, Mutter Erde und allen Universen. Deshalb ist das ununterbrochene Chanten der Seelensprache, im Stillen oder laut, ein Dienst, der über unser Verständnis hinausgeht.

Ich lehre weltweit abertausenden Schülern, ununterbrochen Seelensprache zu chanten, weil es einer der größten Dienste ist, den man der Menschheit, Mutter Erde und allen Seelen anbieten kann. In jedem Augenblick, in dem Sie Seelensprache chanten, bringen Sie der Menschheit, Mutter Erde und allen Universen die Frequenz und Schwingung von Liebe, Vergebung, Mitgefühl und Licht der Seele. Das ist bedingungsloser Dienst.

Dienen ist, andere Menschen glücklicher und gesünder zu machen.

Je häufiger Sie Seelensprache chanten, desto mehr dienen Sie.

Je häufiger Sie dienen, desto weiter reinigen Sie Ihre Seele, Ihr Herz, Ihren Geist und Ihren Körper.

Je mehr Sie Ihre Seele, Ihr Herz, Ihren Geist und Ihren Körper reinigen, desto höher wird Ihre Seele im Himmel erhöht.

Deshalb hat das Chanten der Seelensprache unbegrenzte Vorteile.

Zum jetzigen Zeitpunkt, August 2012, singen und hören mehr als zwei Millionen Menschen weltweit das göttliche Seelenlied *Liebe, Frieden und Harmonie*. Das göttliche Seelenlied ist das Lied der göttlichen Seelensprache. Am 10. September 2005 erhielt ich *Liebe, Frieden und Harmonie* vom Göttlichen. Der Liedtext lautet:

Lu La Lu La Li
Lu La Lu La La Li
Lu La Lu La Li Lu La
Lu La Li Lu La
Lu La Li Lu La

Ich liebe mein Herz und meine Seele
Ich liebe die ganze Menschheit
Vereinet Herzen und Seelen
Liebe, Frieden und Harmonie
Liebe, Frieden und Harmonie

Göttliche Seelenlieder tragen Frequenz und Schwingung des Göttlichen mit:

- göttlicher Liebe, die alle Blockaden schmilzt und das gesamte Leben transformiert
- göttlicher Vergebung, die innere Freude und inneren Frieden bringt
- göttlichem Mitgefühl, das Energie, Ausdauer, Vitalität und Immunität stärkt
- göttlichem Licht, das heilsam wirkt, vor Krankheiten schützt, das Leben verlängert, Seele, Herz, Geist und Körper reinigt und verjüngt, sowie das gesamte Leben transformiert

Sie können *Love, Peace and Harmony* (Anmerk. d. Übers.: englischer Titel des o. g. Liedes) auf www.LovePeaceHarmonyMovement.com herunterladen. Es gibt Tausende herzberührende und bewegende Geschichten über das Chanten dieses göttlichen Seelenliedes. Singen bzw. chanten Sie dieses göttliche Seelenlied, dienen Sie allen Seelen auf sehr kraftvolle Weise. Singen bzw. chanten Sie dieses göttliche Seelenlied, reinigen Sie Ihr eigenes negatives Karma. Singen Sie dieses göttliche Seelenlied so oft wie möglich und profitieren Sie davon.

Nun biete ich jedem Leser eine weitere Reihe von unvergleichlichen Schätzen an.

Bereiten Sie sich nun vor!

Göttliche Anordnung: »Göttliche Purpurfarbene Lichtkugel und Purpurfarbene Quelle der Göttlichen Reinigung Seele-Geist-Körperübertragungen«

Übertragung!

Herzlichen Glückwunsch! Sie sind gesegnet. Die Menschheit ist gesegnet.

Ich zeige Ihnen jetzt, wie Sie diese unvergleichlichen göttlichen Schätze mit Ihrer Seelensprache anwenden, um Ihre Seele, Ihr Herz, Ihren Geist und Körper zu reinigen, so dass sich Ihr Seelenstand im Himmel erhöht.

Wenden Sie die »Vier Kraft Techniken« an:

Körperkraft: Setzen Sie sich aufrecht hin. Schließen Sie Ihre Augen. Gehen Sie mit der Zungenspitze sanft an das Gaumendach. Legen Sie eine Handfläche unterhalb Ihres Bauchnabels auf den Unterbauch und die andere auf Ihr Herz.

Seelenkraft: »*Sag Hallo Anrufung*«*:*

Meine geliebte Seele, mein geliebtes Herz,
mein gelieber Geist und Körper,
ich liebe Euch.
Liebe Seele, lieber Geist, lieber Körper meiner Seelensprache,
ich liebe Dich.
Du hast die Kraft, meine Seele, mein Herz,
meinen Geist und Körper zu reinigen.
Mach Deine Sache gut.
Danke.
Liebe »Göttliche Purpurfarbene Lichtkugel und Purpurfarbene Quelle
der Göttlichen Reinigung Seele-Geist-Körperübertragungen und
der Göttlichen Seelensprache Seele-Geist-Körperübertragungen«,
ich liebe Euch.
Bitte schaltet Euch ein, um meine Seele, mein Herz,
meinen Geist und Körper zu reinigen.
Danke.

Geisteskraft: Visualisieren Sie strahlendes purpurfarbenes Licht, das in Ihrem ganzen Körper strahlt, von Kopf bis Fuß, von Haut bis Knochen.

Klangkraft: Chanten Sie im Stillen oder laut.:

»Göttliche Purpurfarbene Lichtkugel und Purpurfarbene Quelle
der Göttlichen Reinigung Seele-Geist-Körperübertragungen und
der Göttlichen Seelensprache Seele-Geist-Körperübertragungen«
reinigen meine Seele, mein Herz, meinen Geist und Körper. Danke.
»Göttliche Purpurfarbene Lichtkugel und Purpurfarbene Quelle
der Göttlichen Reinigung Seele-Geist-Körperübertragungen und
der Göttlichen Seelensprache Seele-Geist-Körperübertragungen«

reinigen meine Seele, mein Herz, meinen Geist und Körper. Danke.
»Göttliche Purpurfarbene Lichtkugel und Purpurfarbene Quelle
der Göttlichen Reinigung Seele-Geist-Körperübertragungen und
der Göttlichen Seelensprache Seele-Geist-Körperübertragungen«
reinigen meine Seele, mein Herz, meinen Geist und Körper. Danke.
»Göttliche Purpurfarbene Lichtkugel und Purpurfarbene Quelle
der Göttlichen Reinigung Seele-Geist-Körperübertragungen und
der Göttlichen Seelensprache Seele-Geist-Körperübertragungen«
reinigen meine Seele, mein Herz, meinen Geist und Körper. Danke ...

Unterbrechen Sie jetzt das Lesen. Chanten Sie »*Göttliche Purpurfarbene Lichtkugel und Purpurfarbene Quelle der Göttlichen Reinigung Seele-Geist-Körperübertragungen und der Göttlichen Seelensprache Seele-Geist-Körperübertragungen« reinigen meine Seele, mein Herz, meinen Geist und Körper. Danke* für fünf Minuten.

Dann chanten Sie Seelensprache so lange wie Sie können. Merken Sie sich meine Lehre, ununterbrochen Seelensprache zu chanten, im Stillen oder laut. Dies ist eines der tiefgründigsten Geheimnisse, das ich Ihnen und der Menschheit jetzt weitergebe.

Wenn Sie ununterbrochen Seelensprache chanten:

- bringen Sie der Menschheit, Mutter Erde und allen Universen die Frequenz und Schwingung von Liebe, Vergebung, Mitgefühl und Licht der Seele.
- dienen Sie bedingungslos.
- erhalten Sie Soul Healing, Verjüngung und Reinigung sowie die Verlängerung Ihres Lebens.
- erhöht sich allmählich Ihr Seelenstand.

Je häufiger Sie chanten, desto größeren Nutzen erhalten Sie, die Menschheit, Mutte Erde und alle Universen.

Chanten Sie Seelensprache. Chanten Sie
Seelensprache. Chanten Sie Seelensprache.
Dienen Sie. Dienen Sie. Dienen Sie.

Profitieren Sie. Profitieren Sie. Profitieren Sie. Erhöhen Sie Ihren Seelenstand im Himmel. Erhöhen Sie Ihren Seelenstand im Himmel. Erhöhen Sie Ihren Seelenstand im Himmel.

Die Kraft der Divine Healing Hands Blessings kann nicht genügend dargestellt werden. Lesen Sie diese herzberührende Geschichte einer Frau, die durch ein zwanzigminütiges Divine Healing Hands Blessing aus dem Koma erwachte.

Eine Frau, mit der ich arbeitete, rief mich an und erzählte mir, dass ihre betagte Mutter im Koma lag wegen einer Leberkrankheit, und dass die Ärzte sagten, dass sie nicht wieder aufwachen würde. Die Frau sagte: »Bitte, bitte, bitte kannst Du da irgendwas machen?« Ich sagte: »Ja, ich werde meine Divine Healing Hands einschalten und ein Blessing geben.« Ich glaube, das Blessing dauerte nur zwanzig Minuten oder so. Am nächsten Tag erhielt ich einen Anruf, dass die Mutter aufgewacht war und dass dies ein Wunder war.

Ich danke Gott. Ich danke Master Sha. Ich danke allen, die mich jemals zu diesem Moment führten, dass ich dienen kann und dass ich täglich an diesen Wundern teilhabe. Ich möchte von Herzen sagen, dass, wenn Sie nicht täglich Wunder erleben, etwas nicht stimmt. Prüfen Sie Ihr Herz. Finden Sie dieses Soul Healing. Finden Sie diese Werkzeuge. Wunder sind normal. Sie sind natürlich. Es gibt sie für jeden hier. Es gibt keine Trennung zwischen Ihnen und Gott und dem Göttlichen.

Und ich bitte Sie inständig, öffnen Sie Ihr Herz, und erhalten Sie diese Gabe der Divine Healing Hands. Ich bitte Sie inständig. Es ist so tiefgreifend. Wir sind so gesegnet.

Marina Hubbard
Vancouver, British Columbia, Kanada

WENDEN SIE DIE SEELENSPRACHE FÜR DIE TRANSFORMATION VON BEZIEHUNGEN AN

Warum haben Menschen Herausforderungen in Beziehungen? Die Grundursache ist negatives Karma. Denken Sie über Ihr Leben nach. Wenn Sie einen Menschen treffen, können Sie eine tiefe Verbindung mit ihm oder ihr spüren. Sie haben vielleicht das Gefühl, dass Sie sich bereits kennen, auch wenn Sie sich zum ersten Mal begegnen. Sie können in einem vergangenen Leben eine Verbindung gehabt haben. Wenn Sie sich weiter mit dieser Person verbinden, könnte das dieser Beziehung Fortschritt oder Herausforderungen bringen.

Lassen Sie mich das näher erklären. Wenn Sie jemanden kennenlernen und sich verlieben, könnten Sie das Gefühl haben, dass dies Ihr Lebenspartner oder Seelengefährte ist. Die Beziehung könnte sich weiter entwickeln und Sie könnten sich verloben und schließlich heiraten. Dann könnten Sie später fühlen, dass dies nicht der richtige Partner für Sie ist. Das Gefühl könnte sich immer mehr verstärken. Es könnte zu Konflikten zwischen Ihnen beiden führen und Sie könnten sich trennen oder scheiden lassen.

Es gibt für alles einen spirituellen Grund. Ich möchte Ihnen vermitteln, dass der wahre spirituelle Grund für Beziehungsprobleme mit vergangenen Leben zusammenhängt. Im Allgemeinen gilt: Wenn Ihre Beziehung große Liebe und Fürsorge besitzt, erlebten Sie in vergangenen Leben gute Beziehungen. Wenn Ihre Beziehung große Herausforderungen erlebt, könnten Sie in vergangenen Leben unangenehme Beziehungen erlebt haben. Beziehungen sind ein karmisches Thema. Karma bedeutet Ursache und Wirkung.

Im Allgemeinen sind Beziehungen wie folgt: Wenn Ihr Partner oder Ihre Partnerin Sie gut behandelt, haben Sie ihn oder sie in einem oder mehreren vergangenen Leben gut behandelt. Wenn Ihr Partner oder Ihre Partnerin Sie nicht gut behandelt, könnten Sie ihn oder sie in einem oder mehreren vergangenen Leben schlecht behandelt haben. Das trifft nicht auf jeden Fall zu, aber das ist in den meisten Fällen so.

Ich werde anhand einer wahren Begebenheit das Beziehungskarma weiter erklären. Im September 2007 war ich in Japan und hatte eine private Beratung mit einer Frau. Master Peter Hudoba, einer meiner weltweiten Repräsentant(inn)en, begleitete mich. Die Frau war sehr aufgebracht. Sie erzählte mir: »Mein Mann hat sechs Freundinnen. Ich habe ihn mit einer erwischt. Ich bin so aufgebracht.«

Ich sagte ihr: »Schließen Sie Ihre Augen und geben Sie mir kurz Zeit, um Ihnen die spirituelle Begründung dafür zu geben.« Sie schloss ihre Augen. Ich verband mich mit dem Leiter der Akasha-Chronik, Yan Wang Ye. Die Akasha-Chronik ist ein Ort im Himmel, wo die Leben aller Menschen, aller Tiere und aller Seelen auf den unzähligen Planeten, Sternen, in den unzähligen Galaxien und Universen aufgezeichnet werden. Ich bat Yan Wang Ye: »Könnte ich den spirituellen Grund für das Problem dieser Frau mit ihrem Mann erfahren?«

Dies zeigte er mir und sagte: »Master Sha, in einem vergangenen Leben war diese Frau der Ehemann. Sieh, wie viele Freundinnen er da hatte.« Er zeigte mir die Freundinnen, eine nach der anderen. Ich sah der Reihe nach mit meinem Dritten Auge. Ich zählte: eins, zwei, drei, vier, fünf, sechs, sieben, acht, neun, zehn, elf und dann zwölf. Ich fragte Yan Wang Ye: »Diese zwölf Lichtwesen bedeuteten, dass er zwölf Freundinnen hatte?« Yan Wang Ye antwortete: »Ja.«

Diese Frau hatte eine Beziehungskrise mit ihrem Mann in diesem Leben. Der spirituelle Grund dafür war, dass sie in einem vergangenen Leben der Ehemann war und ihr Ehemann die Ehefrau. Sie (damals der Ehemann) hatte zwölf Freundinnen in dem Leben. Das war das karmische Problem zwischen ihr und ihrem Ehemann.

Diese Geschichte zeigt uns, dass Beziehungsprobleme eng mit Karma verbunden sind. Eigentlich ist jeder Aspekt des Lebens eng mit Karma verbunden. Karma ist die Aufzeichnung von Diensten. Karma unterteilt sich in zwei Arten: positives und negatives Karma. Positives Karma bedeutet, dass man in vergangenen oder in diesem Leben großen Dienst geleistet hat, um andere Menschen glücklicher und gesünder zu machen, indem man Liebe, Vergebung, Fürsorge, Mitgefühl, Ernsthaftigkeit, Ehrlichkeit, Großzügigkeit, Freundlichkeit, Reinheit, Güte u. v. m. gegeben hat. Negatives Karma bedeutet, dass man in vergangenen oder in diesem Leben Fehler begangen hat, indem man verletzt, getötet, andere ausgenutzt, betrogen, bestohlen, belogen hat u. v. m.

Der Schlüssel für die Transformation von Beziehungen ist, das eigene negative Karma selbst zu reinigen.

Lassen Sie mich eine Übung anleiten, indem Sie Ihre »Göttliche Purpurfarbene Lichtkugel und Purpurfarbene Quelle der Göttlichen Vergebung Seele-

Geist-Körperübertragungen« und Ihre Seelensprache gemeinsam anwenden, um das eigene negative Karma selbst zu reinigen und Ihre Beziehungen zu transformieren.

Wenden Sie die »Vier Kraft Techniken« an:

Körperkraft: Setzen Sie sich aufrecht hin. Schließen Sie Ihre Augen. Gehen Sie mit der Zungenspitze sanft an das Gaumendach. Legen Sie beide Handflächen übereinander unter Ihrem Bauchnabel auf den Unterbauch.

Seelenkraft: »*Sag Hallo Anrufung*«:

Liebe Seele, lieber Geist, lieber Körper von _____ *(Nennen sie die Person(en), deren Beziehung(en) Soul Healing benötigen.),*
ich liebe Dich.
Liebe Seele, lieber Geist, lieber Körper meiner Seelensprache,
ich liebe Dich.
Liebe »Göttliche Purpurfarbene Lichtkugel und Purpurfarbene
Quelle der Göttlichen Vergebung Seele-Geist-Körperübertragungen«,
ich liebe Euch.
Bitte schaltet Euch ein, um das negative Karma zwischen
_____ *(Nennen sie die Person(en).) und mir zu reinigen.*
Danke.

Geisteskraft: Visualisieren Sie strahlendes purpurfarbenes Licht zwischen Ihnen beiden.

Klangkraft: Chanten Sie im Stillen oder laut.:

»Göttliche Purpurfarbene Lichtkugel und Purpurfarbene
Quelle der Göttlichen Vergebung Seele-Geist-
Körperübertragungen« reinigen das negative Karma zwischen
_____ *(Nennen Sie die Person(en).) und mir. Danke.*
»Göttliche Purpurfarbene Lichtkugel und Purpurfarbene
Quelle der Göttlichen Vergebung Seele-Geist-
Körperübertragungen« reinigen das negative Karma zwischen

_____ (Nennen Sie die Person(en).) *und mir. Danke.*
»*Göttliche Purpurfarbene Lichtkugel und Purpurfarbene Quelle der Göttlichen Vergebung Seele-Geist-Körperübertragungen*« *reinigen das negative Karma zwischen*
_____ (Nennen Sie die Person(en).) *und mir. Danke.*
»*Göttliche Purpurfarbene Lichtkugel und Purpurfarbene Quelle der Göttlichen Vergebung Seele-Geist-Körperübertragungen*« *reinigen das negative Karma zwischen*
_____ (Nennen Sie die Person(en).) *und mir. Danke ...*

Unterbrechen Sie jetzt das Lesen. Chanten Sie »*Göttliche Purpurfarbene Lichtkugel und Purpurfarbene Quelle der Göttlichen Vergebung Seele-Geist-Körperübertragungen*« *reinigen das negative Karma zwischen* ___ *und mir. Danke* für fünf Minuten.

Danach chanten Sie Seelensprache so lange, wie Sie können. Es gibt keine zeitliche Begrenzung für das Chanten Ihrer Seelensprache. Je länger und häufiger Sie chanten, desto bessere Ergebnisse könnten Sie erreichen. Ihre Beziehungen könnten sich nachhaltig transformieren.

Das Chanten der Seelensprache ist einer der kraftvollsten Dienste auf Mutter Erde, im Himmel und auf unzähligen Planeten, Sternen, in unzähligen Galaxien und Universen.

Wenden Sie Seelensprache für die Transformation von Finanzen an

Ich möchte eine Geschichte mitteilen. Ein Paar, das in Honolulu, Hawaii, ein Hotel besitzt, spielte an mehr als zwanzig Plätzen in ihrem Hotel ununterbrochen das göttliche Seelenlied *Liebe, Frieden und Harmonie*. Eines Tages kam ein Geschäftsmann in das Hotel und fühlte die unglaubliche Energie. Er sagte: »Dieses Hotel ist sehr besonders.« Er hat daraufhin langfristig mehr als hundert Zimmer gebucht. Seine erste Anzahlung betrug mehr als 42 000 US-Dollar.

Das göttliche Seelenlied *Liebe, Frieden und Harmonie* ist das Lied der Seelensprache des Göttlichen. Ich möchte dies noch mal vermitteln. Je mehr wir uns mitteilen, desto mehr Segen erhalten wir. Ich lehre, dass alles aus Seele, Geist und Körper besteht. Jedes Wort hat eine Seele, einen Geist und einen Körper. Ich betone noch mal, dass göttliche Seelenlieder die Frequenz und Schwingung von Liebe, Vergebung, Mitgefühl und Licht des Göttlichen tragen, die das gesamte Leben transformieren können.

Singen Sie dieses Göttliche Seelenlied so oft, wie Sie können. Lassen Sie es in Ihrem Heim oder am Arbeitsplatz rund um die Uhr laufen, um göttliches Feng Shui zu schaffen.

Lu La Lu La Li
Lu La Lu La La Li
Lu La Lu La Li Lu La
Lu La Li Lu La
Lu La Li Lu La

Ich liebe mein Herz und meine Seele
Ich liebe die ganze Menschheit
Vereinet Herzen und Seelen
Liebe, Frieden und Harmonie
Liebe, Frieden und Harmonie

Lassen Sie mich noch eine weitere Geschichte über die Kraft dieses göttlichen Seelenliedes anfügen.

Es war an einem Abend in den Niederlanden im Jahr 2009. Ich beendete meine Lehren um 21:15 Uhr. Zwei Schüler und ich gingen zu einem kleinen China-Restaurant. Ein Schild an der Tür mit den Öffnungszeiten besagte, dass es bereits um 21:30 Uhr schloss. Wir gingen ins Restaurant. Die Eigentümerin sagte: »Tut mir leid, es ist zu spät. Wir schließen gerade.«

Ich antwortete: »Wir haben gerade einen Workshop beendet. Es gibt kein anderes Restaurant hier, das geöffnet hat. Das Schild draußen besagt, dass das Restaurant um 21:30 Uhr schließt. Könnten Sie bitte für uns kochen?«

Die Eigentümerin fragte: »Sind Sie Chinese?«

Ich antwortete: »Ja, bin ich.«

Sie sagte: »Wir werden für Sie kochen.«

Wir alle waren zutiefst dankbar. Das Essen war sehr köstlich.

Am zweiten Tag gingen wir in dasselbe Restaurant. Ich sagte zu der Frau: »Danke, dass Sie gestern Abend für uns gekocht haben. Ich habe eine CD mit einem Seelenlied für Sie. Sie wird Ihr Unternehmen segnen. Haben Sie einen CD-Player? Würden Sie es laufen lassen?«

Sie sagte: »Ja, wir haben einen CD-Player. Haben Sie die CD? Ich werde sie jetzt laufen lassen.«

Ich gab ihr eine CD des göttlichen Seelenliedes *Liebe, Frieden und Harmonie*. Sie spielte es umgehend. Ich sagte ihr, wenn sie die CD ununterbrochen laufen ließe, dies ihr Unternehmen segnen würde. Sie sagte, dass sie es machen wolle.

An jedem Tag des Retreats gingen wir wieder zu demselben Restaurant, um dort zu essen. Am letzten Tag sagte sie: »Dr. Sha, mein Mann und ich möchten alle ihre freiwilligen Helfer und Sie zum Essen einladen.«

Ich fragte: »Warum?«

Sie sagte: »Es ist unser Dank an Sie. Seit wir diese CD des göttlichen Seelenliedes *Liebe, Frieden und Harmonie* in unserem kleinen Restaurant laufen lassen, ist es zu jeder Mahlzeit voll besetzt. Unser Restaurant hat für dreißig bis vierzig Personen Platz. Normalerweise haben wir ungefähr zehn Personen pro Mahlzeit. Das Restaurant ist seit dem zweiten Tag, an dem die CD lief, zu jeder Mahlzeit komplett ausgebucht. Wir sind sehr dankbar. Deshalb möchten wir Ihre freiwilligen Helfer und Ihnen unsere Dankbarkeit zeigen.«

Sie kochten viele Gerichte für mehr als zehn freiwillige Helfer und mich. Das Essen war sehr köstlich, und für jeden war es ein unvergessliches Erlebnis.

Dies ist eine von vielen Geschichten über die Kraft des göttlichen Seelenliedes *Liebe, Frieden und Harmonie,* um die Finanzen zu transformieren.

Ich leite Sie nun an, das »Göttliche Seelenlied *Liebe, Frieden und Harmonie* und die Göttliche Purpurfarbene Lichtkugel und Purpurfarbene Quelle der Göttlichen Seelensprache Seele-Geist-Körperübertragungen« für die Transformation Ihrer Finanzen anzuwenden.

Wenden Sie die »Vier Kraft Techniken« an:

Körperkraft: Setzen Sie sich aufrecht hin. Schließen Sie Ihre Augen. Gehen Sie mit der Zungenspitze sanft an das Gaumendach. Nehmen Sie die »Gebetshaltung des Seelenlicht-Zeitalters« ein.

Seelenkraft: »*Sag Hallo Anrufung*«:

*Liebe Seele, lieber Geist, lieber Körper meiner
Finanzen und meines Unternehmens,
ich liebe Euch.
Ihr habt die Kraft, Euch selbst zu transformieren.
Macht Eure Sache gut.
Danke.
Liebe Seele, lieber Geist, lieber Körper des göttlichen
Seelenliedes Liebe, Frieden und Harmonie,
ich liebe Dich.
Liebe Seele, lieber Geist, lieber Körper der »Göttlichen
Purpurfarbenen Lichtkugel und Purpurfarbenen Quelle der
Göttlichen Seelensprache Seele-Geist-Körperübertragungen«,
ich liebe Euch.
Bitte schaltet Euch ein, um meine Finanzen und
mein Unternehmen zu transformieren.
Danke.*

Geisteskraft: Visualisieren Sie strahlendes purpurfarbenes Licht in Ihre Finanzen und Ihr Unternehmen.

Klangkraft: Chanten Sie im Stillen oder laut:

*»Göttliche Purpurfarbene Lichtkugel und Purpurfarbene
Quelle der Göttlichen Seelensprache Seele-Geist-
Körperübertragungen« transformieren meine Finanzen
und mein Unternehmen. Danke.
»Göttliche Purpurfarbene Lichtkugel und Purpurfarbene
Quelle der Göttlichen Seelensprache Seele-Geist-
Körperübertragungen« transformieren meine Finanzen
und mein Unternehmen. Danke.
»Göttliche Purpurfarbene Lichtkugel und Purpurfarbene
Quelle der Göttlichen Seelensprache Seele-Geist-
Körperübertragungen« transformieren meine Finanzen*

und mein Unternehmen. Danke.
»*Göttliche Purpurfarbene Lichtkugel und Purpurfarbene Quelle der Göttlichen Seelensprache Seele-Geist-Körperübertragungen« transformieren meine Finanzen und mein Unternehmen. Danke ...*

Unterbrechen Sie jetzt das Lesen. Chanten Sie »*Göttliche Purpurfarbene Lichtkugel und Purpurfarbene Quelle der Göttlichen Seelensprache Seele-Geist-Körperübertragungen« transformieren meine Finanzen und mein Unternehmen. Danke* für fünf Minuten.

Danach singen Sie das göttliche Seelenlied Liebe, Frieden und Harmonie so lange, wie Sie können.

Lu La Lu La Li
Lu La Lu La La Li
Lu La Lu La Li Lu La
Lu La Li Lu La
Lu La Li Lu La

Ich liebe mein Herz und meine Seele
Ich liebe die ganze Menschheit
Vereinet Herzen und Seelen
Liebe, Frieden und Harmonie
Liebe, Frieden und Harmonie ...

Es gibt keine zeitliche Begrenzung für das Singen oder das Chanten dieses göttlichen Seelenliedes. Je häufiger Sie es chanten, desto bessere Ergebnisse könnten Sie erreichen. Das göttliche Seelenlied *Liebe, Frieden und Harmonie* zu chanten, ist eine der wichtigsten Übungen, um das gesamte Leben zu transformieren.

Übersetzen Sie Ihre Seelensprache

Seelensprache ist die Sprache Ihrer Seele. Das Übersetzen Ihrer Seelensprache zu erlernen, ist sehr wichtig. Die größten Vorteile der Übersetzung Ihrer Seelensprache sind:

- Sie können Führung von Ihrer Seele erhalten.
- Sie können Führung und Lehren von spirituellen Vätern und Müttern im Himmel erhalten.
- Sie können Führung und Lehren des Göttlichen erhalten.
- Sie können Führung und Lehren vom Tao erhalten.
- Sie können mit jeder Seele kommunizieren.

Wie übersetzen Sie Ihre Seelensprache?

Lassen Sie mich eine Übung anleiten, die Ihre Fähigkeit öffnet und entwickelt, Ihre Seelensprache zu übersetzen.

Wenden Sie die »Vier Kraft Techniken« an:

Körperkraft: Setzen Sie sich aufrecht hin. Schließen Sie Ihre Augen. Gehen Sie mit der Zungenspitze sanft an das Gaumendach. Nehmen Sie die »Gebetshaltung des Seelenlicht-Zeitalters« ein.

Seelenkraft: »*Sag Hallo Anrufung*«:

Liebe Seele, lieber Geist, lieber Körper meiner Seelensprache,
ich liebe Dich.
Liebe Seele, lieber Geist, lieber Körper meines Botschaftenzentrums,
ich liebe Dich.
Meine geliebte Seele,
ich liebe Dich.
Wenn ich Seelensprache spreche, sende bitte die Botschaft von meinem Botschaftenzentrum zu meinem Gehirn und übersetze meine Seelensprache auf Deutsch (oder eine andere gewünschte Sprache).
Ich bin sehr dankbar.
Danke.

Die oben genannte »*Sag Hallo Anrufung*« ist das Geheimnis und der Schlüssel, um die Seelensprache zu übersetzen.

Geisteskraft: Visualisieren Sie strahlendes purpurfarbenes Licht in Ihrem Botschaftenzentrum und Ihrem Kanal der Seelensprache.

Klangkraft: Chanten Sie Ihre Seelensprache. Beginnen Sie, indem Sie den heiligen Zahlencode *San San Jiu Liu Ba Yao Wu* so schnell es geht wiederholen:

San San Jiu Liu Ba Yao Wu
San San Jiu Liu Ba Yao Wu
San San Jiu Liu Ba Yao Wu
San San Jiu Liu Ba Yao Wu …

Wenn Ihre Seelensprache herauskommt und Sie fortfahren, Ihre Seelensprache zu chanten, könnten Sie plötzlich die Bedeutung Ihrer Seelensprache verstehen.

Sie können auch eine Frage stellen, bevor Sie Seelensprache sprechen. Wenn Sie zum Beispiel Führung vom Göttlichen für Ihre spirituelle Reise erhalten wollen, würden Sie sagen:

Liebes Göttliche,
ich liebe Dich.
Kannst Du mir Führung für meine spirituelle
Reise durch meine Seelensprache geben?
Ich bin sehr dankbar.
Meine liebe Seele,
ich liebe Dich.
Wenn ich Seeelensprache spreche, sende bitte die Botschaft
von meinem Botschaftenzentrum zu meinem Gehirn auf
Deutsch (oder einer anderen gewünschten Sprache).
Dann werde ich die Bedeutung meiner Seelensprache verstehen.
Danke.

Danach chanten Sie Ihre Seelensprache. Plötzlich könnte die Bedeutung Ihrer Seelensprache aus Ihrem Mund hervorkommen.

Ich werde ein anderes Beispiel geben. Vielleicht brauchen Sie Führung, welche Universität Ihr Kind am besten besucht. Die »*Sag Hallo Anrufung*« ist wie folgt:

Mein geliebtes Botschaftenzentrum,
meine liebe Seelensprache,
Ich möchte Führung zu zwei oder drei Universitäten
erhalten, die mein Kind gerne besuchen möchte.
Könntet Ihr mich darin führen, welche die beste für ihn (oder sie) ist?
Danke.

Entspannen Sie sich. Dann chanten Sie Seelengesang. Plötzlich könnten Sie die Antwort hören.

Sie können Seelensprache für jede gewünschte Frage anwenden. Merken Sie sich, immer positive Fragen zu stellen. Stellen Sie nie Fragen, die anderen Menschen schaden oder die Privatsphäre eines anderen Menschen verletzt.

Üben Sie weiter. Die naheliegende Weisheit ist, dass viele Anfänger vielleicht nicht sofort eine Übersetzung erhalten. Haben Sie Geduld. Üben Sie immer wieder. Die Übersetzung der Seelensprache könnte plötzlich kommen. Sie könnten Worte hören oder Sie könnten Ihren Mund öffnen und die Übersetzung kommt heraus.

Seien Sie nicht enttäuscht, wenn Sie die Übersetzung der Seelensprache nicht erhalten haben. Üben Sie weiter. Haben Sie Vertrauen. Entspannen Sie sich. Eines Tages werden Sie Ihre Seelensprache übersetzen.

Üben Sie Ihre Seelensprache und sie könnte sich in Seelengesang transformieren, dem Gesang Ihrer Seelensprache. Ich möchte eine wunderschöne Soul-Healing-Geschichte über die Anwendung der Divine Healing Hands mit Seelengesang weitergeben:

Die Geschichte, die ich nun berichte, geschah durch ein Divine Healing Hands Blessing, das ich einer Frau gab, die den Bereich Marketing in meiner Rechtsanwaltskanzlei leitet. Ihr Name ist Kimberly und sie lebt in Minnesota. Sie litt bereits seit mehr als einem Jahr an einem vereiterten Darm und verspürte immer noch starkes Unbehagen sowie blutigen Stuhlgang, obwohl sie sich um schulmedizinische und alternativ-medizinische Hilfe bemühte. Obwohl beides ihren Zustand verbesserte, erfuhr sie keine Heilung.

Das Soul Healing fand über das Telefon statt. Ich befolgte einfach Master Shas Anweisungen, machte die Anrufung und erlaubte dem Göttlichen, durch mich und meinen Seelengesang zu kommen. Die Ergebnisse waren erstaunlich, was ihre Worte sichtbar machen:

Danke für das Soul Healing. Es funktionierte.
Im letzten April wurde bei mir eine schwere Colitis Ulcerosa (Geschwüre im Darm) diagnostiziert und mir wurde mitgeteilt, dass die meisten Menschen langfristig auf Medikamente eingestellt werden, diese vielleicht sogar lebenslang einnehmen müssen, und mindestens die Hälfte von ihnen den Darm vollständig entfernt bekommen, um sich von dieser gemeinen Krankeit zu erholen. Unerschrocken nahm ich dies an und ging meiner Selbstheilung bis zu 85 % nach, indem ich mit Freude eine vegane Diät, Energiearbeit und andere alternative Heilmittel nutzte.
Nach dem Divine Healing Hands Blessing, das Du mir gabst, habe ich zum ersten Mal seit einem Jahr kein Blut mehr im Stuhl gehabt, und diese eigenartige harte, drückende Magenblähung (wie im 4. bis 5. Schwangerschaftsmonat) ist auf mysteriöse Weise verschwunden. Mein Bauch ist flach und ich kann mich nach vorne beugen sowie frei bewegen. Da ich immer schlank und stark war, fühle ich mich wieder wohl!
Was für eine wunderschöne Gabe, Du teilst, und Deine Stimme ... wirklich göttlich!
Nun geh ich Sit-ups machen ... :)
Gott segne Dich.
Kimberly

Ich bin so sehr gesegnet und voller Demut, ein Kanal zu sein, durch den das Göttliche solch ein tiefgreifendes und lebensveränderndes Soul Healing für eine Kollegin geben konnte, die eine selbstständige Geschäftsfrau und Mutter von zwei Kindern ist. Welchen Unterschied dies in ihrem Leben bewirkte!
Ich kann Master Sha und dem Göttlichen nicht genügend danken.
Mit Demut,

Erik J. Cecil, Esq.
Superior, Colorado

ÖFFNEN SIE IHREN KANAL DER DIREKTEN SEELENKOMMUNIKATION

Das Öffnen Ihres Kanals der direkten Seelenkommunikation befähigt Sie, direkt mit dem Göttlichen und allen Seelen zu kommunizieren. Viele Menschen sprechen zum Göttlichen. Viele Menschen können das Göttliche nicht hören. Das bedeutet, dass Ihr Kanal der direkten Seelenkommunikation nicht geöffnet ist.

Wo befindet sich der Kanal der direkten Seelenkommunikation?

Der Kanal der direkten Seelenkommunikation beginnt im Zhong (Beschreibung des Zhong auf Seite 64), geht zum Botschaftenzentrum und endet im Gehirn.

Warum sollten Sie den Kanal der direkten Seelenkommunikation öffnen?

Worte reichen nicht aus, um die Bedeutung und Kraft der Öffnung Ihres Kanals der direkten Seelenkommunikation zu erklären. Stellen Sie sich vor, direkt mit dem Göttlichen zu kommunizieren. Wenn Ihr Kanal der direkten Seelenkommunikation geöffnet ist, erhalten Sie überall und zu jeder Zeit Führung. Das Göttliche wird Ihnen direkte Führung für Ihr physisches und spirituelles Leben geben. Es gibt wirklich keine Worte, welche die Vorteile beschreiben.

Wie öffnen Sie Ihren Kanal der direkten Seelenkommunikation?

Das wichtigste Geheimnis ist, dass Sie zuerst lernen, wie Sie die Seelensprache übersetzen. Dies ist die Abkürzung, um Ihren Kanal der direkten Seelenkommunikation zu öffnen. In einem Satz zusammengefasst:

Wenn Sie Ihre Seelensprache übersetzen können, werden Sie natürlich die Fähigkeit erhalten, mit dem Göttlichen zu kommunizieren.

Das Öffnen Ihres Botschaftenzentrums ist der Schlüssel, um Ihren Kanal der direkten Seelenkommunikation zu öffnen.

Ich werde Ihnen nun unvergleichliche, immerwährende göttliche Schätze anbieten, die Sie nutzen können, um Ihren Kanal der direkten Seelenkommunikation zu öffnen.

Bereiten Sie sich nun vor!

Göttliche Anordnung: »Göttliche Purpurfarbene Lichtkugel und Purpurfarbene Quelle des Göttlichen Botschaftenzentrums Seele-Geist-Körperübertragungen«

Übertragung!

Herzlichen Glückwunsch! Sie sind gesegnet. Die Menschheit ist gesegnet.

Nun leite ich Sie an, diese und andere unvergleichliche Schätze, die Sie von diesem Buch erhalten haben, anzuwenden, um Seele-Geist-Körperblockaden in Ihrem Kanal der direkten Seelenkommunikation aufzulösen, damit Sie direkt mit dem Göttlichen kommunizieren können. Wenn Sie mit dem Göttlichen sprechen können, sind Sie in der Lage, mit allen Seelen zu sprechen.

Wenden Sie die »Vier Kraft Techniken« an:

Körperkraft: Setzen Sie sich aufrecht hin. Schließen Sie Ihre Augen. Gehen Sie mit der Zungenspitze sanft an das Gaumendach. Nehmen Sie die »Gebetshaltung des Seelenlicht-Zeitalters« ein.

Seelenkraft: »*Sag Hallo Anrufung*«:

> *Liebe Seele, lieber Geist, lieber Körper meines Botschaftenzentrums,*
> *ich liebe Dich.*
> *Liebe »Göttliche Purpurfarbene Lichtkugel und Purpurfarbene*
> *Quelle des Göttlichen Botschaftenzentrums, der Göttlichen*
> *Liebe, der Göttlichen Vergebung, des Göttlichen Mitgefühls*
> *für Gehirn, Herz und Seele, des Göttlichen Lichts sowie der*
> *Göttlichen Seelensprache Seele-Geist-Körperübertragungen«,*
> *ich liebe Euch.*

Bitte schaltet Euch ein, um Seele-Geist-Körperblockaden in meinem Kanal der direkten Seelenkommunikation aufzulösen. Danke.

Geisteskraft: Visualisieren Sie strahlendes purpurfarbenes Licht in Ihrem Botschaftenzentrum.

Klangkraft: Chanten Sie im Stillen oder laut:

»Göttliche Purpurfarbene Lichtkugel und Purpurfarbene Quelle des Göttlichen Botschaftenzentrums, der Göttlichen Liebe, der Göttlichen Vergebung, des Göttlichen Mitgefühls für Gehirn, Herz und Seele, des Göttlichen Lichts sowie der Göttlichen Seelensprache Seele-Geist-Körperübertragungen« lösen Seele-Geist-Körperblockaden in meinem Kanal der direkten Seelenkommunikation auf. Danke.

»Göttliche Purpurfarbene Lichtkugel und Purpurfarbene Quelle des Göttlichen Botschaftenzentrums, der Göttlichen Liebe, der Göttlichen Vergebung, des Göttlichen Mitgefühls für Gehirn, Herz und Seele, des Göttlichen Lichts sowie der Göttlichen Seelensprache Seele-Geist-Körperübertragungen« lösen Seele-Geist-Körperblockaden in meinem Kanal der direkten Seelenkommunikation auf. Danke.

»Göttliche Purpurfarbene Lichtkugel und Purpurfarbene Quelle des Göttlichen Botschaftenzentrums, der Göttlichen Liebe, der Göttlichen Vergebung, des Göttlichen Mitgefühls für Gehirn, Herz und Seele, des Göttlichen Lichts sowie der Göttlichen Seelensprache Seele-Geist-Körperübertragungen« lösen Seele-Geist-Körperblockaden in meinem Kanal der direkten Seelenkommunikation auf. Danke.

»Göttliche Purpurfarbene Lichtkugel und Purpurfarbene Quelle des Göttlichen Botschaftenzentrums, der Göttlichen Liebe, der Göttlichen Vergebung, des Göttlichen Mitgefühls für Gehirn, Herz und Seele, des Göttlichen Lichts sowie der Göttlichen Seelensprache Seele-Geist-Körperübertragungen« lösen Seele-Geist-Körperblockaden in meinem Kanal der direkten Seelenkommunikation auf. Danke ...

Unterbrechen Sie jetzt das Lesen. Chanten Sie für weitere fünf Minuten. Danach chanten Sie Seelensprache so lange, wie Sie können. Üben Sie die Übersetzung Ihrer Seelensprache, indem Sie dem Göttlichen eine Frage stellen. Sie könnten ganz plötzlich eine Antwort hören. Sie könnten sehr aufgeregt sein. Sie könnten zu Tränen gerührt sein.

Die so bedeutende Weisheit, die ich Ihnen und allen Leser(inne)n mitteilen möchte, ist, der Antwort, die Sie vom Göttlichen erhalten, zu vertrauen. Zweifeln Sie nicht. Sagen Sie nicht: »Kann ich die Antwort noch mal hören?« Das ist der größte Fehler und zeigt unseren fehlenden Respekt vor dem Göttlichen. Wenn Sie dies tun, könnten Sie für eine lange Zeit daran gehindert werden, das Göttliche zu hören.

Wenn Sie die Antwort hören, sagen Sie *Danke*. Wenn Sie keine klare Antwort hören, ändern Sie Ihre Frage. So hören Sie eine Antwort. Stellen Sie klare, direkte Fragen. Wenn Sie keine klare Antwort hören, seien Sie nicht traurig. Fangen Sie von vorne an und üben und chanten Sie mehr. Ihr Kanal der direkten Seelenkommunikation könnte sich zunehmend öffnen.

ÖFFNEN SIE IHREN KANAL DES DRITTEN AUGES

Millionen von spirituellen Menschen haben im Laufe der Geschichte ihr Drittes Auge geöffnet. Das Dritte Auge zu öffnen bedeutet, Führung vom Göttlichen und der Seelenwelt über spirituelle Bilder zu erhalten. Jeden dieser spirituellen Kanäle zu öffnen bedeutet, Führung vom Göttlichen und der Seelenwelt zu erhalten. Führung zu erhalten bedeutet, alle Aspekte des Lebens gemäß der Führung zu transformieren.

Unsere spirituellen Väter und Mütter, das Göttliche und Tao werden uns führen, unsere Gesundheit, Beziehungen, Finanzen sowie alle Aspekte des Lebens zu transformieren, wenn wir danach fragen und unsere spirituellen Kanäle offen sind, um ihre Führung und Lehren zu erhalten. Deshalb ist das Öffnen des Dritten Auges und anderer spiritueller Kanäle so wichtig für die eigene spirituelle Reise.

Bevor das Dritte Auge geöffnet wird, muss zuerst die Kundalini entwickelt werden. Danach kann man das Dritte Auge öffnen. Die Kundalini ist das zentrale Energiezentrum für die Nieren. Sie versorgt das Gehirn und das Dritte

Auge mit Energienahrung. Wenn Sie keine starke Kundalini als Fundament haben, sollten Sie nicht versuchen, Ihr Drittes Auge zu öffnen, da Sie sich so auslaugen. Ein geöffnetes Drittes Auge verbraucht viel Energie.

Ich habe die Weisheit und Übungen für die Entwicklung der Kundalini im Kapitel 3 mitgeteilt. Vielleicht sollten Sie diesen Abschnitt noch einmal lesen. Üben Sie bitte häufig, um Ihre Kundalini weiter zu entwickeln, bevor Sie versuchen, Ihren Kanal des Dritten Auges zu öffnen.

Nun werde ich Ihre Kundalini stärken, indem Sie alle göttlichen Schätze, die Ihnen von diesem Buch übertragen wurden, anwenden können.

Wenden Sie die »Vier Kraft Techniken« an:

Körperkraft: Setzen Sie sich aufrecht hin. Schließen Sie Ihre Augen. Gehen Sie mit der Zungenspitze sanft an das Gaumendach. Legen Sie eine Handfläche über Ihren Bauchnabel und die andere auf Ihre Kundalini.

Seelenkraft: »*Sag Hallo Anrufung*«:

Liebe Seele, lieber Geist und lieber Körper meiner Kundalini,
ich liebe Dich.
Du hast die Kraft, Dich selbst zu stärken.
Mach Deine Sache gut.
Danke.
Liebe »Göttliche Purpurfarbene Lichtkugel und Purpurfarbene Quelle
der Göttlichen Liebe, der Göttlichen Vergebung, des Göttlichen
Mitgefühls für Gehirn, Herz und Seele, des Göttlichen Lichts,
des Göttlichen Botschaftenzentrums, der Göttlichen Reinigung,
der Göttlichen Nahrung und des Göttlichen Gleichgewichts, der
Göttlichen Klarheit des Geistes, des Göttlichen Gleichgewichts von
Seele, Herz, Geist und Körper, des Göttlichen Unteren Dan Tian und
der Göttlichen Seelensprache Seele-Geist-Körperübertragungen«,
ich liebe Euch alle.
Bitte schaltet Euch ein, um die Kraft meiner Kundalini zu stärken.
Ich bin sehr dankbar.
Danke.

Geisteskraft: Visualisieren Sie strahlendes purpurfarbenes Licht in Ihrer Kundalini.

Klangkraft: Chanten Sie im Stillen oder laut:

> Die »Göttlichen Purpurfarbenen Lichtkugeln und Purpurfarbenen Quellen der Göttlichen Liebe, der Göttlichen Vergebung, des Göttlichen Mitgefühls für Gehirn, Herz und Seele, des Göttlichen Lichts, des Göttlichen Botschaftenzentrums, der Göttlichen Reinigung, der Göttlichen Nahrung und des Göttlichen Gleichgewichts, der Göttlichen Klarheit des Geistes, des Göttlichen Gleichgewichts von Seele, Herz, Geist und Körper, des Göttlichen Unteren Dan Tian und der Göttlichen Seelensprache Seele-Geist-Körperübertragungen« stärken die Kraft meiner Kundalini. Danke.
> Die »Göttlichen Purpurfarbenen Lichtkugeln und Purpurfarbenen Quellen der Göttlichen Liebe, der Göttlichen Vergebung, des Göttlichen Mitgefühls für Gehirn, Herz und Seele, des Göttlichen Lichts, des Göttlichen Botschaftenzentrums, der Göttlichen Reinigung, der Göttlichen Nahrung und des Göttlichen Gleichgewichts, der Göttlichen Klarheit des Geistes, des Göttlichen Gleichgewichts von Seele, Herz, Geist und Körper, des Göttlichen Unteren Dan Tian und der Göttlichen Seelensprache Seele-Geist-Körperübertragungen« stärken die Kraft meiner Kundalini. Danke.
> Die »Göttlichen Purpurfarbenen Lichtkugeln und Purpurfarbenen Quellen der Göttlichen Liebe, der Göttlichen Vergebung, des Göttlichen Mitgefühls für Gehirn, Herz und Seele, des Göttlichen Lichts, des Göttlichen Botschaftenzentrums, der Göttlichen Reinigung, der Göttlichen Nahrung und des Göttlichen Gleichgewichts, der Göttlichen Klarheit des Geistes, des Göttlichen Gleichgewichts von Seele, Herz, Geist und Körper, des Göttlichen Unteren Dan Tian und der Göttlichen Seelensprache Seele-Geist-Körperübertragungen« stärken die Kraft meiner Kundalini. Danke.
> Die »Göttlichen Purpurfarbenen Lichtkugeln und Purpurfarbenen Quellen der Göttlichen Liebe, der Göttlichen Vergebung, des Göttlichen Mitgefühls für Gehirn, Herz und Seele, des Göttlichen

Lichts, des Göttlichen Botschaftenzentrums, der Göttlichen Reinigung, der Göttlichen Nahrung und des Göttlichen Gleichgewichts, der Göttlichen Klarheit des Geistes, des Göttlichen Gleichgewichts von Seele, Herz, Geist und Körper, des Göttlichen Unteren Dan Tian und der Göttlichen Seelensprache Seele-Geist-Körperübertragungen« stärken die Kraft meiner Kundalini. Danke ...

Unterbrechen Sie jetzt das Lesen. Chanten Sie weiterhin Die *»Göttlichen Purpurfarbenen Lichtkugeln und Purpurfarbenen Quellen der Göttlichen Liebe, der Göttlichen Vergebung, des Göttlichen Mitgefühls für Gehirn, Herz und Seele, des Göttlichen Lichts, des Göttlichen Botschaftenzentrums, der Göttlichen Reinigung, der Göttlichen Nahrung und des Göttlichen Gleichgewichts, der Göttlichen Klarheit des Geistes, des Göttlichen Gleichgewichts von Seele, Herz, Geist und Körper, des Göttlichen Unteren Dan Tian und der Göttlichen Seelensprache Seele-Geist-Körperübertragungen« stärken die Kraft meiner Kundalini. Danke* für zehn Minuten.

Danach chanten Sie Seelensprache für zehn Minuten. Je länger Sie chanten, desto bessere Ergebnisse werden Sie erreichen. Es gibt keine zeitliche Begrenzung für das Chanten der Seelensprache. Ich habe diese Lehre bereits vermittelt. Die beste Methode ist, alle göttlichen Schätze einzuschalten und gleichzeitig Seelensprache zu chanten, um Ihre Kundalini zu entwickeln, sich selbst zu heilen, zu verjüngen, zu reinigen, zu transformieren und das gesamte Leben zu erleuchten.

Ich habe Ihnen und allen Lesern bedeutende Geheimnisse vermittelt. Das bedeutet nicht, dass Sie eine hochentwickelte Kundalini haben. Wenn Sie Ihre Kundalini hoch entwickeln und hochentwickelte Fähigkeiten des Dritten Auge haben wollen, müssen Sie viel üben. Es gibt keine zweite Methode. Ihre Fortschritte hängen von Ihrem persönlichen Einsatz ab.

In den altehrwürdigen Lehren finden Sie eine bekannte Aussage:

只管耕耘，不管收获
Zhi Guan Geng Yun, Bu Guan Shou Huo

»Zhi Guan« bedeutet *tu's einfach*. »Geng Yun« bedeutet *um anzupflanzen und anzubauen, bewässere und dünge richtig*. »Bu Guan« bedeutet *kümmere Dich nicht und erwarte nicht*. »Shou Huo« bedeutet *zu ernten*.

»Zhi Guan Geng Yun, Bu Guan Shou Huo« (ausgesprochen *Dschr Guan Gung Jun Bu Guan Schoo Huo*) bedeutet: *Bepflanze und bewirtschafte, bewässere und dünge auf die richtige Weise, denke nicht an die Ernte, und eine gute Ernte wird kommen.* Dieser Satz lehrt jedem Leser und der Menschheit, dass, solange man es richtig vorbereitet, die Ernte ganz natürlich kommen wird. Es lehrt uns, nichts zu erwarten.

Dieser Satz ist die perfekte Lehre für das Öffnen des Dritten Auges. Machen Sie einfach Ihre Xiu-Lian-Übung. »Xiu« bedeutet *Reinigung*. »Lian« bedeutet *Übung*. »Xiu Lian« (ausgesprochen *Schiu Liän*) bedeutet *Reinigungsübung*. Im Altertum wurde der Ausdruck Xiu Lian für die spirituelle Reise verwendet. Er bedeutet Gesamtheit der spirituellen Reise. Das Öffnen des Dritten Auges und der anderen spirituellen Kanäle ist ein Aspekt der Xiu-Lian-Reise.

Ich gebe Ihnen, allen Lesern und jedem, der das Dritte Auge öffnen möchte noch ein weiteres bedeutendes spirituelles Geheimnis preis. In einem Satz zusammengefasst:

Die Kundalini zu entwickeln bedeutet, das Dritte Auge zu entwickeln.

Lassen Sie mich das weiter ausführen. Es gibt Tausende bzw. Zehntausende von Methoden, das Dritte Auge zu öffnen. Bei den meisten Methoden, das Dritte Auge zu öffnen, konzentriert man sich auf den Bereich des Dritten Auges. Heute werde ich Ihnen und der Menschheit offiziell den heiligen Weg des Göttlichen vermitteln. Um das Dritte Auge zu öffnen, *konzentriert man sich auf den Bereich der Kundalini.*

Ich habe bereits erklärt, aber ich möchte es noch mal betonen, dass die Kundalini das Energienahrungszentrum für das Dritte Auge ist. Die Kundalini-Energie fließt in zwei unsichtbare Löcher im Steißbein. Von dort fließt sie aufwärts durch das Rückenmark zum Gehirn, um das Gehirn und das Dritte Auge zu nähren. Die heilige Weisheit ist, dass die Kundalini-Energie das Dritte Auge stimuliert, um es zu öffnen.

Jetzt stelle ich dem Göttlichen eine Frage. Meine Frage an das Göttliche lautet:

Liebes Göttliche, könntest Du mir die Weisheit
über das Dritte Auge erklären?

Das Göttliche antwortet:

*Mein lieber Sohn Zhi Gang,
es ist mir eine Freude, eine kurze Lehre über das Dritte Auge zu geben. Das Dritte Auge ist die Zirbeldrüse. Im Allgemeinen ist bei einem Kind das Dritte Auge bis zum vierten Lebensjahr geöffnet. Deshalb kann ein Kind seinen Eltern sagen, dass es Engel sieht. Manchmal sieht das Kind die dunkle Seite und bekommt Angst. Einige Eltern wissen das nicht und sagen ihren Kindern vielleicht: »So etwas gibt es nicht.« oder »Das bildest Du Dir nur ein.«
Wenn das Kind dann zwischen vier und sechs Jahre alt ist, geht sein Drittes Auge in einen degenerativen Zustand über und bei ca. 92 % der Menschheit schließt sich das Dritte Auge im Alter von vier bis sechs Jahren. Bei 4 % der Menschheit schließt sich das Dritte Auge nicht. Deshalb gibt es Menschen, die seit ihrer Kindheit spirituelle Bilder sehen können. Sie können diese spirituellen Bilder immer sehen, da sich ihr Drittes Auge nie geschlossen hat.
Spirituelle Menschen können ihr Drittes Auge öffnen, indem sie spirituelle Übungen machen. Das Dritte Auge kann stimuliert werden und sich wieder öffnen, um spirituelle Bilder zu sehen. Es gibt viele Methoden, um das Dritte Auge zu öffnen.
Mein Sohn Zhi Gang Sha kommuniziert unentwegt mit mir. Er erhält seine Bücher direkt von mir. Er ist mein Diener, Mittler und Kanal. Ich bin Zhi Gang für seinen Dienst sehr dankbar. Ich bin allen seinen Schülern für ihren bedingungslosen Dienst sehr dankbar. Auch ich bin ein bedingungsloser universeller Diener. Ich liebe Euch alle. Ich liebe die Menschheit. Ich liebe Wan Ling (alle Seelen).
Dies ist meine kurze Lehre, um die mich Zhi Gang gebeten hat, sie Euch direkt zu geben.
Euer geliebtes Göttliche*

Danke, dem Göttlichen. Es ist mir eine Ehre, zu dienen.
Ich möchte nun Ihnen und allen unvergleichliche, immerwährende Schätze anbieten, um Ihre Kundalini-Kraft zu entwickeln.
Bereiten Sie sich nun vor!

Göttliche Anordnung: »Göttliche Purpurfarbene Lichtkugel und Purpurfarbene Quelle der Göttlichen Kundalini Seele-Geist-Körperübertragungen«

Übertragung!

Herzlichen Glückwunsch! Sie sind gesegnet. Die Menschheit ist gesegnet.

Nun werde ich Sie anleiten, die »Vier Kraft Techniken« und Ihre göttlichen Schätze anzuwenden, um Ihre Kundalini und Ihr Drittes Auge gleichzeitig zu entwickeln:

Körperkraft: Setzen Sie sich aufrecht hin. Schließen Sie Ihre Augen. Gehen Sie mit der Zungenspitze sanft an das Gaumendach. Legen Sie eine Handfläche auf Ihren Bauchnabel und die andere auf den Kundalini-Bereich.

Seelenkraft: »*Sag Hallo Anrufung*«:

> *Liebe Seele, lieber Geist, lieber Körper meiner*
> *Kundalini und meines Kanals des Dritten Auges,*
> *ich liebe Euch.*
> *Liebe »Göttliche Purpurfarbene Lichtkugel und Purpurfarbene*
> *Quelle der Göttlichen Kundalini Seele-Geist-Körperübertragungen*
> *und alle Göttlichen Purpurfarbenen Lichtkugeln und*
> *Purpurfarbenen Quellen Seele-Geist-Körperübertragungen«,*
> *die mir von diesem Buch übertragen wurden,*
> *ich liebe Euch.*
> *Bitte schaltet Euch ein, um meine Kundalini und meinen*
> *Kanal des Dritten Auges gleichzeitig zu entwickeln.*
> *Ich bin sehr dankbar.*
> *Danke.*

Geisteskraft: Visualisieren Sie alle göttlichen purpurfarbenen Lichtkugeln und purpurfarbenen Quellen-Schätze, die sich in Ihrer Kundalini drehen und strahlen. Das bedeutende Geheimnis ist wie folgt: *Denken Sie nicht an den Kanal des Dritten Auges. Konzentrieren Sie Ihren Geist sanft auf den Kundalini-Bereich.*

Die geheime Weisheit ist: Das Dritte Auge öffnet sich automatisch, wenn man den Bereich der Kundalini aufbaut. Wenn man ein starkes Fundament hat, wird sich das Dritte Auge von selbst öffnen. Es verhält sich wie bei einer Fahrradpumpe oder einer anderen Pumpe. Wenn Sie die Kraft des Kundalini-Bereiches aufbauen, wird die Energie immer dichter. Sie fließt dann zum Rückenmark und dann hoch zum Gehirn, stimuliert und öffnet das Dritte Auge. Dies ist ein natürlicher Prozess.

Wenn Sie den Prozess auf diese Weise einhalten, werden Sie ein großes Fundament aufbauen. Wenn es so weit ist, wird sich das Dritte Auge natürlich öffnen. Wenn das Dritte Auge sich öffnet, haben Sie bereits ein gutes Fundament und Sie werden sich nicht auslaugen. Das ist die entscheidende Essenz, um das Dritte Auge zu öffnen und die heiligen Prinzipien zu befolgen.

Wie ich schon oft lehrte:

大道至简

Da Tao Zhi Jian

»Da« bedeutet *groß*. »Tao« bedeutet *der Weg*. »Zhi« bedeutet *überaus*. »Jian« bedeutet *einfach*. »Da Tao Zhi Jian« (ausgesprochen *Da Dau Dschr Dschi-än*) bedeutet: *Der Große Weg ist überaus einfach*.

Nun fahren wir fort mit der Klangkraft:

Klangkraft: Chanten Sie im Stillen oder laut:

> *Die »Göttliche Purpurfarbene Lichtkugel und Purpurfarbene Quelle*
> *der Göttlichen Kundalini Seele-Geist-Körperübertragungen und*
> *alle Göttlichen Purpurfarbenen Lichtkugeln und Purpurfarbenen*
> *Quellen Seele-Geist-Körperübertragungen« entwickeln meine*
> *Kundalini und meinen Kanal des Dritten Auges gleichzeitig. Danke.*
> *Die »Göttliche Purpurfarbene Lichtkugel und Purpurfarbene Quelle*
> *der Göttlichen Kundalini Seele-Geist-Körperübertragungen und*
> *alle Göttlichen Purpurfarbenen Lichtkugeln und Purpurfarbenen*
> *Quellen Seele-Geist-Körperübertragungen« entwickeln meine*
> *Kundalini und meinen Kanal des Dritten Auges gleichzeitig. Danke.*
> *Die »Göttliche Purpurfarbene Lichtkugel und Purpurfarbene Quelle*

der Göttlichen Kundalini Seele-Geist-Körperübertragungen und alle Göttlichen Purpurfarbenen Lichtkugeln und Purpurfarbenen Quellen Seele-Geist-Körperübertragungen« entwickeln meine Kundalini und meinen Kanal des Dritten Auges gleichzeitig. Danke.

Die »Göttliche Purpurfarbene Lichtkugel und Purpurfarbene Quelle der Göttlichen Kundalini Seele-Geist-Körperübertragungen und alle Göttlichen Purpurfarbenen Lichtkugeln und Purpurfarbenen Quellen Seele-Geist-Körperübertragungen« entwickeln meine Kundalini und meinen Kanal des Dritten Auges gleichzeitig. Danke ...

Unterbrechen Sie jetzt das Lesen und legen Sie das Buch zur Seite. Chanten Sie die *»Göttliche Purpurfarbene Lichtkugel und Purpurfarbene Quelle der Göttlichen Kundalini Seele-Geist-Körperübertragungen und alle Göttlichen Purpurfarbenen Lichtkugeln und Purpurfarbenen Quellen Seele-Geist-Körperübertragungen entwickeln meine Kundalini und meinen Kanal des Dritten Auges gleichzeitig. Danke* für zehn Minuten.

Dann fahren Sie fort, indem Sie für dreißig Minuten Ihre Seelensprache chanten.

Nun gebe ich Ihnen und der Menschheit eines der höchsten Geheimnisse preis.

Wenn Sie Seelensprache so schnell wie möglich chanten, könnten Sie vielleicht plötzlich nicht mehr wissen, wo Sie sind und welche Uhrzeit es ist. Das ist der beste Zustand. Sie gehen in die Leere ein. Dies ist der beste Zustand, den Sie erreichen können. Verbleiben Sie, solange Sie können, in diesem Zustand. Die Vorteile für Ihre Seelenreise können gar nicht genügend erwähnt werden. Sie könnten plötzlich Licht und spirituelle Bilder sehen. Werden Sie dann nicht aufgeregt. Bleiben Sie ruhig. Es bedeutet, dass Ihr Drittes Auge beginnt, sich zu öffnen. Fahren Sie fort, Seelensprache zu chanten und konzentrieren Sie Ihren Geist auf Ihre Kundalini. Ihr Drittes Auge könnte sich immer weiter öffnen.

Merken Sie sich, dass Sie für diese Übung genügend Zeit verwenden. Haben Sie Geduld. Sie könnten Tage, Wochen oder Monate damit verbringen, Ihr Drittes Auge zu öffnen. Jeder ist anders. Erinnern Sie sich an die Lehre, die ich zuvor erklärte:

Zhi Guan Geng Yun, Bu Guan Shou Huo

Planen Sie richtig und die Ernte wird natürlich kommen. Erwarten Sie nichts. Je mehr Sie erwarten, dass sich das Dritte Auge öffnet, desto länger könnte es dauern, dass es sich öffnet.

Eine Weisheit, die jeder wissen sollte, ist, dass der Himmel das Dritte Auge wieder schließen kann, nachdem es sich geöffnet hat. Ich werde Ihnen das mit einer Geschichte vermitteln.

Die zweite Tochter meines verehrten spirituellen Vaters und Mentors, Dr. und Master Zhi Chen Guo, hatte ihr Drittes Auge bereits seit vielen Jahren geöffnet. Plötzlich schloss es sich. Sie fragte ihren Vater: »Könnte ich mein Drittes Auge wieder öffnen?«

Er sagte: »Du wirst Dein Drittes Augen nie mehr öffnen.«

Sie war enttäuscht, aber in ihrem Herzen sagte sie: »Ich werde mein Drittes Auge wieder öffnen. Ich muss ernsthaft üben.«

In meinem Herzen fühle ich viel Respekt für sie. Als ich in China war, sah ich, wie sie täglich von 22 Uhr bis 6 Uhr meditierte. Sie schlief ein bis zwei Stunden am Tag von 6 Uhr bis 8 Uhr. Sie arbeitet tagsüber und führte Xiu Lian durch.

Es dauerte ein paar Jahre, um ihr Fundament genügend aufzubauen, um mit den ein bis zwei Stunden Schlaf am Tag auszukommen. Ich war erstaunt über ihre Fähigkeit, nur ein bis zwei Stunden zu schlafen, dann den ganzen Tag zu arbeiten und Xiu Lian durchzuführen.

Nachdem ihr Vater ihr sagte, dass sich ihr Drittes Auge nie mehr öffnen würde, übte sie beständig. Es dauerte ein paar Jahre, bis sie ihr Drittes Auge wieder öffnete. Sie hat heute ein sehr hochentwickeltes Drittes Auge. Die Fähigkeiten ihres Dritten Auges sind tiefgründig und erstaunlich.

Diese Geschichte soll Ihnen und der Menschheit vermitteln, dass, selbst wenn Ihr Drittes Auge geöffnet ist, es sich wieder schließen könnte. Sie müssen fortwährend üben. Das Üben ist eine tägliche Aufgabe. Xiu Lian durchzuführen, ist eine lebenslange Aufgabe. Hochentwickelte spirituelle Menschen haben nicht nur ein ganzes Leben ihre Übungen gemacht. Sie haben Hunderte, Tausende oder mehr Leben Übungen durchgeführt, um ihren jetzigen Zustand zu erreichen. Und sie führen weiterhin ihre Übungen durch.

Üben Sie. Üben Sie. Üben Sie.
Seien Sie beständig. Seien Sie beständig. Seien Sie beständig.
Werden Sie besser. Werden Sie besser. Werden Sie besser.
Die möglichen Fähigkeiten des Kanals des Dritten Auges und anderer spiritueller Kanäle sind unbegrenzt.
Erhalten Sie unbegrenzte Weisheiten vom Himmel, dem Göttlichen und Tao.
Sie entscheiden, wie viele Übungen Sie machen werden.
Sie entwickeln Ihren Kanal des Drittes Auges und die anderen spirituellen Kanäle immer weiter.
Es ist Ihre Seelenreise.
Ich wünsche Ihnen, dass sich Ihr Kanal des Dritten Auges und die anderen spirituellen Kanäle hoch entwickeln.
Ich wünsche Ihnen, dass Sie Ihren Seelenstand im Himmel erhöhen.
Ich wünsche Ihnen, dass Sie Ihre spirituelle Reise erfüllen.
Die Seelenreise ist unbegrenzt.
Wachsen Sie weiter. Wachsen Sie weiter. Wachsen Sie weiter.

Öffnen Sie Ihren Kanal des direkten Wissens

Was ist der Kanal des direkten Wissens? Öffnen Sie diesen Kanal, haben Sie direktes Wissen durch augenblickliche Seelenkommunikation mit dem Göttlichen und allen Seelen. Wenn Sie irgendetwas wissen wollen, werden Sie es direkt wissen, ohne zu fragen. Dies ist der höchste spirituelle Kanal.

Lao Tse, der Autor des *Dao De Jing*, sagte:

坐在家中知天 下事
Zuo Zai Jia Zhong Zhi Tian Xia Shi

»Zuo« bedeutet *sitz*. »Zai« bedeutet *im*. »Jia Zhong« bedeutet *Heim*. »Zhi« bedeutet *weiß*. »Tian Xia« bedeutet *in der Welt*. »Shi« bedeutet *Dinge*.

»Zuo Zai Jia Zhong Zhi Tian Xia Shi« (ausgesprochen *Dzuo Dzai Dschia Dschong Dzr Tjän Schia Schr*) bedeutet: *Sitz zu Hause und wisse, was in der Welt passiert*. Das erklärt die Fähigkeiten der Menschen, die das direkte Wissen beherrschen. Sie müssen keinen Schritt tun, um die Geheimnisse des Universums zu wissen.

Wo ist der Kanal des direkten Wissens?

Der Kanal des direkten Wissens beginnt am Herz und endet im Zhong. Den Zhong habe ich bereits in Kapitel 4 erklärt. Der Zhong ist der wichtigste Bereich im Körper. Der Zhong ist Tao im Inneren des Körpers. Tao ist die Quelle von Himmel, Mutter Erde und unzähligen Planeten, Sternen, Galaxien und Universen. Im Herz sitzen der Geist und die Seele. Wenn sich das Herz mit dem Zhong verbindet, dann erhält das Herz die Botschaften von allen Lebewesen und allen Dingen der unzähligen Universen. Deshalb geht der Kanal des direkten Wissens vom Herz zum Zhong.

Welche Kraft und Bedeutung hat der Kanal des direkten Wissens?

Den Kanal des direkten Wissens zu öffnen bedeutet, sich vollständig mit dem Göttlichen zu verbinden. Was das Göttliche weiß, werden Sie wissen. Es ist entscheidend, daran zu denken, dass ein offener Kanal des direkten Wissens nicht heißt, Ihr Wissen anderen Menschen mitzuteilen. Es gibt ein bedeutendes spirituelles Gesetz in der Seelenwelt. Viele der Geheimnisse des Himmels können nicht freigegeben werden.

Denken Sie darüber nach. Können Sie anderen Menschen die bedeutenden Geheimnisse einer Regierung mitteilen? Das können Sie nicht. In vielen Unternehmen müssen die Mitarbeiter eine Geheimhaltungsvereinbarung unterzeichnen. Ein Rechtsanwalt kann nicht die Informationen seines Mandanten mitteilen. Ein Arzt kann nicht die Informationen eines Patienten mitteilen. Das trifft auch auf den Himmel zu, nur, dass die Konsequenzen viel ernst zu nehmender sind als auf Mutter Erde, wenn Informationen unangemessen weitergegeben werden.

Merken Sie sich diese Lehre, wenn Sie Ihren Kanal des direkten Wissens hoch entwickeln. Viele Dinge wissen Sie vielleicht, aber Sie können sie nicht weitergeben. Geben Sie keine Geheimnisse des Himmels preis.

Lassen Sie mich weitere Erklärungen zu den Fähigkeiten eines hochentwickelten Kanals des direkten Wissens geben.

Wenn Sie einen hochentwickelten Kanal des direkten Wissens haben:

- könnten Sie wissen, wie lange ein Mensch leben wird. Sie können dieses Wissen nicht mitteilen. Das könnte diese Person sehr aufwühlen.

- könnten Sie die vergangenen und zukünftigen Leben eines Menschen lesen. Es ist nicht angemessen, diese Informationen mitzuteilen.
- könnten Sie die Beziehungen einer Person wissen: den Familienstand, ob sie Kinder hat, den Zustand dieser Beziehungen u. v. m. Es ist nicht angemessen, diese Informationen mitzuteilen.
- könnten Sie den gesundheitlichen Zustand einer Person wissen. Es wäre nicht angemessen, diese Informationen mitzuteilen.
- könnten Sie über Erfolg und Misserfolg eines Unternehmens Wissen haben. Es ist vielleicht nicht angemessen, diese Informationen mitzuteilen.
- könnten Sie Details über die Umwandlung auf Mutter Erde in den kommenden zehn Jahren wissen. Es ist vielleicht nicht angemessen, diese Informationen mitzuteilen.

Es gibt viele andere Informationen, die Sie wissen könnten, nachdem Sie Ihren Kanal des direkten Wissens entwickelt haben. Merken Sie sich, dass es vielleicht unangemessen ist, viele dieser Informationen anderen Menschen mitzuteilen. Das Göttliche wird Sie anleiten, was Sie mitteilen können und was nicht.

Lassen Sie mich nun eine Übung anleiten, um Ihren Kanal des direkten Wissens zu entwickeln.

Wenden Sie die »Vier Kraft Techniken« an:

Körperkraft: Setzen Sie sich aufrecht hin. Schließen Sie Ihre Augen. Gehen Sie mit der Zungenspitze sanft an das Gaumendach. Legen Sie eine Handfläche auf das Herz und die andere auf den Rücken, unterhalb des Ming-Men-Akupunkturpunktes. Der Ming-Men-Akupunkturpunkt ist direkt hinter dem Bauchnabel, auf dem Rücken. Der Zhong ist in diesem Bereich.

Seelenkraft: *»Sag Hallo Anrufung«*:

> *Liebe Seele, lieber Geist, lieber Körper meines Herzens,*
> *meines Zhong und meines Kanals des direkten Wissens,*
> *ich liebe Euch.*
> *Alle immerwährenden göttlichen Schätze, die mir*
> *von diesem Buch übertragen wurden,*

Für meine fortgeschrittenen Schüler(innen), die meine anderen Bücher der Buchreihe Soul Power gelesen haben und an vielen meiner Workshops, Retreats sowie Telefonkonferenzen teilgenommen haben, bitte fügt diesen Satz ein:

alle meine immerwährenden Schätze des Göttlichen und Tao in allen anderen Büchern der Buchreihe Soul Power sowie alle Göttlichen, Tao und Da Tao[24]-Schätze, die ich in allen Workshops, Retreats und Telefonkonferenzen erhalten habe,

Alle anderen machen hier weiter:

ich liebe Euch, ehre Euch und wertschätze Euch alle.
Bitte schaltet Euch gemeinsam ein und entwickelt mein Herz, meinen Zhong und meinen Kanal des direkten Wissens.
Bitte heilt und segnet mich, so wie es angemessen ist.
Ich kann dem Göttlichen, Tao und Da Tao nicht genügend danken.
Danke.

Geisteskraft: Visualisieren Sie strahlendes goldenes, regenbogenfarbenes, purpurfarbenes, kristallfarbenes und jenseits-kristallfarbenes Licht in Ihrem Zhong.

Klangkraft: Chanten Sie im Stillen oder laut:

Alle göttlichen, Tao und Da Tao Schätze entwickeln
meinen Kanal des direkten Wissens. Danke.
Alle göttlichen, Tao und Da Tao Schätze entwickeln
meinen Kanal des direkten Wissens. Danke.
Alle göttlichen, Tao und Da Tao Schätze entwickeln
meinen Kanal des direkten Wissens. Danke.
Alle göttlichen, Tao und Da Tao Schätze entwickeln
meinen Kanal des direkten Wissens. Danke.

---

24 Das Göttliche ist der spirituelle Vater und die spirituelle Mutter für die Menschheit und alle Seelen. Tao ist die Quelle, die Himmel, Mutter Erde und unzählige Planeten, Sterne, Galaxien und Universen erschaffen hat. Da Tao ist die allerhöchste Tao Quelle.

Alle göttlichen, Tao und Da Tao Schätze entwickeln meinen Kanal des direkten Wissens. Danke.
Alle göttlichen, Tao und Da Tao Schätze entwickeln meinen Kanal des direkten Wissens. Danke ...

Unterbrechen Sie jetzt das Lesen. Chanten Sie weiterhin *Alle göttlichen, Tao und Da Tao Schätze entwickeln meinen Kanal des direkten Wissens. Danke* für zehn Minuten.

Danach chanten Sie Seelensprache für dreißig Minuten. Wenn Sie jetzt noch keine dreißig Minuten chanten können, merken Sie sich, bei der nächsten Übung länger zu chanten. Sie können auch jedes Mal länger als dreißig Minuten chanten. Sie könnten ein bis zwei Stunden oder sogar länger chanten. Je mehr Sie chanten, desto größeren Nutzen können Sie schöpfen.

Es dauert lange, den Kanal des direkten Wissens zu entwickeln. Es könnte zehn Jahre, zwanzig Jahre oder länger dauern. Haben Sie Geduld. Je mehr Sie üben, desto schneller könnte sich Ihr Kanal des direkten Wissens entwickeln.

Die wichtigste Weisheit ist, dass man eine hohe Reinheit besitzen muss, um den Kanal des direkten Wissens zu entwickeln. Nicht jeder Mensch kann den Kanal des direkten Wissens oder die anderen spirituellen Kanäle entwickeln. Die Reinheit ist entscheidend für die Öffnung der spirituellen Kanäle.

Wie reinigen Sie sich, um totale Reinheit zu erreichen? Ich werde die zwei wichtigsten Übungen mitteilen:

- Chanten oder singen Sie das göttliche Seelenlied *Liebe, Frieden und Harmonie*
- Tao Gesang und Tao Sprache

Ihr Seelengesang ist kein Tao Gesang. Um Tao Gesang zu singen, müssen Sie immerwährende Schätze des Tao für Ihre Seele, Ihr Herz, Ihren Geist und Körper erhalten. Diese Schätze transformieren Ihren Seelengesang in Tao Gesang. Ihre Seelensprache wird ebenso in Tao Sprache transformiert.

Ich schlage Ihnen vor, mein neuntes Buch der Buchreihe Soul Power, *Tao Gesang und Tao Tanz: Heiliger Ton, heilige Bewegung und heilige Kraft der Quelle für das Soul Healing, Verjüngung, Langlebigkeit und Transformation des gesamten Lebens,* zu lesen.[25] Sie können wichtige, immerwährende Schätze vom Tao für den Tao Gesang erhalten, indem Sie den entsprechenden Abschnitt im Buch lesen. Wenden Sie diese Schätze an und empfangen Sie großen Nutzen für Ihre Seelenreise.

Wenn Sie noch keine Tao Gesang-Übertragungen erhalten haben, chanten Sie weiterhin Ihre Seelensprache oder singen Sie Ihren Seelengesang. Das geht auch. Allerdings erhöhen sich die Frequenz, Schwingung und Kraft Ihres Seelengesanges und Ihrer Seelensprache sehr, nachdem Sie Tao Gesang-Übertragungen erhalten haben.

Unterbrechen Sie jetzt das Lesen. Lassen Sie mich eine zehnminütige Übung anleiten:

Körperkraft: Setzen Sie sich aufrecht hin. Schließen Sie Ihre Augen. Gehen Sie mit der Zungenspitze sanft an das Gaumendach. Legen Sie eine Handfläche auf Ihr Herz und die andere auf den unteren Rücken, unterhalb des Ming-Men-Akupunkturpunktes.

Seelenkraft: »*Sag Hallo Anrufung*«:

> *Liebe Seele, lieber Geist, lieber Körper meines Zhong,*
> *ich liebe Dich.*
> *Liebe Seele, lieber Geist, lieber Körper all meiner*
> *göttlichen, Tao und Da Tao Schätze,*
> *ich liebe Euch.*
> *Bitte schaltet Euch ein, um meinen Kanal des*
> *direkten Wissens zu entwickeln.*
> *Ich bin sehr dankbar.*
> *Danke.*

Geisteskraft: Visualisieren Sie strahlendes goldenes, regenbogenfarbenes, purpurfarbenes, kristallfarbenes, und jenseits-kristallfarbenes Licht in Ihrem Zhong.

---

25 Selbstverlag Toronto: Heaven's Library, 2014.

Klangkraft: Chanten Sie im Stillen oder laut:

*Alle meine göttlichen, Tao und Da Tao Schätze reinigen meine
Seele, mein Herz, meinen Geist und Körper, um totale Reinheit zu
erreichen, damit sich mein Kanal des direkten Wissens öffnet. Danke.
Alle meine göttlichen, Tao und Da Tao Schätze reinigen meine
Seele, mein Herz, meinen Geist und Körper, um totale Reinheit zu
erreichen, damit sich mein Kanal des direkten Wissens öffnet. Danke.
Alle meine göttlichen, Tao und Da Tao Schätze reinigen meine
Seele, mein Herz, meinen Geist und Körper, um totale Reinheit zu
erreichen, damit sich mein Kanal des direkten Wissens öffnet. Danke.
Alle meine göttlichen, Tao und Da Tao Schätze reinigen meine
Seele, mein Herz, meinen Geist und Körper, um totale Reinheit zu
erreichen, damit sich mein Kanal des direkten Wissens öffnet. Danke…*

Danach chanten Sie für zehn Minuten Seelensprache. Die wichtigste Weisheit ist, sich mit dem Geist auf den Zhong zu konzentrieren und ununterbrochen Seelensprache zu chanten. Unterbrechen Sie das Lesen und legen Sie das Buch zur Seite. Üben Sie nun für zehn Minuten.

Ich erinnere noch einmal daran: Sie benötigen große Geduld und Reinheit, um diesen höchsten spirituellen Kanal zu entwickeln. Ein Heiliger benötigt Hunderte bzw. Tausende von Leben, um diese Fähigkeiten zu entwickeln. Deshalb erwarten Sie nicht, dass Sie diese Fähigkeiten mühelos erlangen.

Totale Reinheit.

Totales GOLD.

Totaler bedingungsloser universeller Dienst.

Chanten Sie das göttliche Seelenlied *Liebe, Frieden und Harmonie.*

Nehmen Sie teil an der »Love Peace Harmony Bewegung« und erschaffen Sie Liebe, Frieden und Harmonie für sich selbst, Ihre Familie, die Menschheit, Mutter Erde und alle Universen.

Chanten Sie Ihre Seelensprache oder singen Sie Ihren Seelengesang, so häufig Sie können.

In einer altehrwürdigen spirituellen Übung gibt es eine bedeutende heilige Lehre:

咒不离口
Zhou Bu Li Kou

»Zhou« bedeutet *Mantra*. »Bu Li« bedeutet *nicht verlassen*. »Kou« bedeutet *Mund*.
»Zhou Bu Li Kou« (ausgesprochen *Dschu Bu Li Koh*) bedeutet: *Chante das Mantra ununterbrochen*.
Seelensprache und Seelengesang sind Seelenmantren.
Das göttliche Seelenlied *Liebe, Frieden und Harmonie* ist ein göttliches Seelenmantra.
Tao Gesang ist ein Tao Mantra.

Chanten Sie ununterbrochen.
Chanten bedeutet, zu dienen.
Chanten bedeutet, sich selbst zu heilen.
Chanten bedeutet, zu verjüngen.
Chanten bedeutet, sich zu reinigen.
Chanten bedeutet, das gesamte Leben zu transformieren.
Chanten bedeutet, Ihren Kanal des direkten Wissens zu öffnen.
Chanten bedeutet, zu erleuchten.
Chanten bedeutet, die Unsterblichkeit zu erreichen.
Chanten bedeutet, der Menschheit, Mutter Erde und allen Universen Liebe, Frieden und Harmonie zu bringen.

Wenden Sie die Divine Healing Hands für die Öffnung der vier spirituellen Kanäle an

Ich habe die vier spirituellen Kanäle erklärt. Sie heißen:

- Kanal der Seelensprache
- Kanal der direkten Seelenkommunikation
- Kanal des Dritten Auges
- Kanal des direkten Wissens

Ich werde die Lage der vier spirituellen Kanäle wiederholen:

- **Kanal der Seelensprache** – Der Kanal der Seelensprache beginnt am Hui-Yin-Akupunkturpunkt, der sich auf dem Perineum zwischen den Genitalien und dem Anus befindet. Er steigt senkrecht in der Körpermitte durch die sieben Seelenhäuser auf bis hoch zum Schädeldach und dem Bai-Hui-Akupunkturpunkt. Von dort fließt er vor der Mitte der Wirbelsäule hinab, zurück zum Hui-Yin-Akupunkturpunkt.
- **Kanal der direkten Seelenkommunikation** – Der Kanal der direkten Seelenkommunikation beginnt im Zhong, geht zum Botschaftenzentrum und endet im Gehirn.
- **Kanal des Dritten Auges** – Der Kanal des Dritten Auges beginnt in der Kundalini. Die Kundalini-Energie fließt zum Steißbein und durch zwei unsichtbare Löcher im Steißbein zum Rückenmark. Von dort fließt sie aufwärts durch das Rückenmark zum Gehirn, wo sie am Dritten Auge (Zirbeldrüse) endet.
- **Kanal des direkten Wissens** – Der Kanal des direkten Wissens beginnt im Herz und endet im Zhong-Bereich.

Nun werde ich eines der wichtigsten Geheimnisse freigeben, um alle vier spirituellen Kanäle gemeinsam zu öffnen. Es gibt einen geheimen Ort im Inneren des Körpers, um alle vier spirituellen Kanäle gemeinsam zu entwickeln. Dieser geheime Ort ist der Zhong-Bereich. Das Geheimnis kann in einem Satz zusammengefasst werden:

Den Zhong-Bereich zu entwickeln bedeutet, die vier spirituellen Kanäle zu entwickeln, da jeder spirituelle Kanal mit dem Zhong verbunden ist.

Erinnern Sie sich an die Weisheit über die Pumpe (siehe Seite 267). Wenn Sie Ihren Zhong hoch entwickeln, wird die Energie und Kraft durch alle vier spirituellen Kanäle fließen und sie entwickeln. Alle vier spirituellen Kanäle verbinden sich mit dem Zhong. Der Zhong ist der Kern, der sie alle entwickelt.

Nun werde ich Sie anleiten, die Divine Healing Hands und alle göttlichen, Tao und Da Tao Schätze anzuwenden, um Ihre vier spirituellen Kanäle durch den Zhong-Bereich gemeinsam zu entwickeln.

Wenden Sie die »Vier Kraft Techniken« an:

Körperkraft: Setzen Sie sich aufrecht hin. Schließen Sie Ihre Augen. Gehen Sie mit der Zungenspitze sanft an das Gaumendach. Legen Sie eine Handfläche auf Ihren Bauchnabel und die andere auf Ihren unteren Rücken unter den Ming-Men-Bereich.

Seelenkraft: »*Sag Hallo Anrufung*«:

*Liebe Seele, lieber Geist, lieber Körper meines Zhong-Bereiches,
ich liebe, ehre und wertschätze Dich.
Liebe Seele, lieber Geist, lieber Körper meines Kanals
der Seelensprache, meines Kanals der direkten
Seelenkommunikation, meines Kanals des Dritten
Auges und meines Kanals des direkten Wissens,
ich liebe Euch, ehre Euch und wertschätze Euch.
All meine lieben göttlichen, Tao und Da Tao Schätze,
ich liebe Euch, ehre Euch und wertschätze Euch.
Bitte schaltet Euch ein, um meinen Zhong und meine
vier spirituellen Kanäle zu entwickeln.*

*Liebe Divine Healing Hands, die in dieses Buch übertragen wurden,
ich liebe Euch, ehre Euch und wertschätze Euch.
Bitte schaltet Euch ein, um meinen Zhong und meine
vier spirituellen Kanäle zu entwickeln.
Ich bin sehr dankbar.
Danke.*

Ich empfehle dringend, dass Sie bei jeder Anwendung der Divine Healing Hands in diesem Buch mindestens eine halbe Stunde üben, da das Göttliche mich deutlich anwies, dass Sie nach den zwanzig Anwendungen die Divine Healing Hands-Übertragung in diesem Buch nicht weiter nutzen können. Deshalb wenden Sie die Divine Healing Hands in diesem Buch zwanzig Mal an und entwickeln Sie Ihren Zhong, und üben Sie jedes Mal, solange Sie können, um den größten Nutzen für die Öffnung all Ihrer vier spirituellen Kanäle zu schöpfen. Danach sollten Sie einen Divine Healing Hands Soul Healer oder eine(n) meiner weltweiten Repräsentant(inn)en aufsuchen, um Divine Healing Hands Blessings zu erhalten oder sich selbst für die Divine Healing Hands zu bewerben und diese zu erhalten.

Geisteskraft: Visualisieren Sie strahlendes goldenes, regenbogenfarbenes, purpurfarbenes, kristallfarbenes, und jenseits-kristallfarbenes Licht in Ihrem Zhong.

Klangkraft: Chanten Sie im Stillen oder laut:

Zhong Zhong Zhong Zhong Zhong Zhong Zhong
Zhong Zhong Zhong Zhong Zhong Zhong Zhong
Zhong Zhong Zhong Zhong Zhong Zhong Zhong
Zhong Zhong Zhong Zhong Zhong Zhong Zhong ...

Unterbrechen Sie jetzt das Lesen. Chanten Sie weiterhin *Zhong* für dreißig Minuten.

Das Chanten von *Zhong* ist eines der höchsten Geheimnisse, um alle vier spirituellen Kanäle zu öffnen. Es gibt keine zeitliche Beschränkung. Konzentrieren Sie Ihren Geist auf den Zhong. Merken Sie sich, dass konzentrieren nicht bedeutet, dass Sie zu viel denken sollten. Im Allgemeinen konzentrieren Sie Ihren Geist sanft auf den Zhong-Bereich.

Die wichtigste Weisheit ist, sich zu merken, wenn Sie im Stillen *Zhong* chanten, dass Sie eine oder mehrere der folgenden Erfahrungen machen könnten:

- Erhöhung der Energie, Ausdauer, Vitalität und Immunität
- plötzliche Fähigkeit, Seelensprache zu übersetzen (Öffnen des Kanals der Seelensprache)
- plötzliche Fähigkeit, ein Gespräch mit dem Göttlichen und der Seelenwelt zu hören und zu haben (Öffnen des Kanals der direkten Seelenkommunikation)
- plötzliche Fähigkeit, spirituelle Bilder zu sehen (Öffnen des Dritten Auges)
- plötzliche Fähigkeit des direkten Wissens (Öffnen des Kanals des direkten Wissens)

Die wichtigste Weisheit, die ich Ihnen vermittelt habe – und ich betone sie noch einmal – ist, dass, wenn Sie *Zhong* chanten, Sie plötzlich vergessen könnten, wo Sie sind und welche Uhrzeit es ist. Sie könnten in die Leere gehen.

Leere ist Tao.

Zhong ist Tao.

Nichtsein ist Tao.

Wenn Sie *Zhong* chanten, verbinden Sie sich mit Tao. Chanten Sie *Zhong*, um in den Zhong zu gehen, das ist der Tao Zustand. Sie wissen nicht, wo Sie sind oder welche Uhrzeit es ist. Das ist der Zhong-Zustand, der Zustand des Nichtseins, der Zustand der Leere und der Zustand des Tao.

Das ist der wichtigste Zustand. Bleiben Sie in diesem Zustand, solange Sie nur können. Wenn Sie wieder Raum und Zeit wahrnehmen, chanten Sie wieder *Zhong*. Sie könnten wieder in das Nichtsein gehen. Halten Sie diesen Zustand aufrecht. Wenn Sie wieder Raum und Zeit wahrnehmen, chanten Sie *Zhong*. Verbleiben Sie in diesem Prozess. Jedes Mal, wenn Sie Ihr Umfeld wieder wahrnehmen, gehen Sie wieder zurück in den Tao Zustand, indem Sie *Zhong* chanten.

Die heilige Weisheit des Göttlichen und Tao ist: Wenn Sie vergessen, wo Sie sind und welche Uhrzeit es ist, sind Sie im Zustand des Göttlichen und Tao. Wenn Sie wahrnehmen, wo Sie sind und welche Uhrzeit es ist, sind Sie außerhalb des Zustandes des Göttlichen und Tao.

Seien Sie im Zustand des Göttlichen und Tao so lange wie möglich. Dies ist *das höchste Geheimnis für alle Arten von spirituellen Übungen, einschließlich für Soul Healing, Verjüngung, Öffnung Ihrer spirituellen Kanäle sowie für Transformation von Beziehungen, Finanzen, Intelligenz und allen Aspekten des Lebens.*

Wenn Sie im Zustand des Göttlichen und Tao sind, könnten Sie spirituelle Bilder sehen, die Sie noch nie zuvor gesehen haben. Sie könnten plötzliche Einsichten über Geheimnisse, Weisheiten und Erkenntnisse bekommen, von denen Sie zuvor nichts wussten. *Im Zustand der Leere sind Weisheit und Erkenntnis die Wahrheit.*

Tao ist die Quelle, die den Himmel, Mutter Erde und unzählige Planeten, Sterne, Galaxien und Universen erschafft. Tao erschafft alle Dinge. Was Sie im Zustand der Leere erkennen und erhalten, ist Tao Schöpfung.

Um mehr über das Tao zu lernen, sehen Sie sich die drei Tao Bücher an, die ich geschrieben habe (Anmerk. d. Übers.: zwei derzeit nur auf Englisch erhältlich):

Tao I: The Way of All Life (Anmerk. d. Übers.:
Tao I: Der Weg des gesamten Lebens)
Tao II: The Way of Healing, Rejuvenation, Longevity, and Immortality – (Anmerk. d. Übers.: *Tao II: Der Weg der Selbstheilung, Verjüngung, Langlebigkeit und Unsterblichkeit*)
Tao Gesang und Tao Tanz: Heiliger Ton, heilige Bewegung und heilige Kraft der Quelle für das Soul Healing, Verjüngung, Langlebigkeit und Transformation des gesamten Lebens

In diesen drei Büchern habe ich tiefgreifende Tao Geheimnisse, Weisheiten, Erkenntnisse und praktische Techniken vermittelt, um das gesamte Leben zu transformieren. Tao hat mich angeleitet, eine zehnjährige Serie von Tao Retreats (»Tao Selbstheilung, Verjüngung, Langlebigkeit und Unsterblichkeit Retereats – Jahr 1 bis 10«) durchzuführen. Es ist mir eine Ehre, Ihnen auf Ihrer Tao Reise zu dienen.

Haben Sie dieses Buch bis zu dieser Stelle gelesen, fühlen Sie vielleicht tief in sich einen göttlichen Aufruf, ein ernannter Diener oder eine ernannte Dienerin zu sein und die Divine Healing Hands zu erhalten. Sie können sich unter www.DrSha.com oder bei einem meiner weltweiten Repräsentant(inn)en bewerben, um ein Divine Healing Hands Soul Healer zu werden. Ich begrüße Sie, sich den Tausenden von Divine Healing Hands Soul Healern anzuschließen, die göttliches Soul Healing weltweit anbieten.

Der nächste wichtige Schritt ist, das Tao für Soul Healing, Verjüngung, Langlebigkeit und Unsterblichkeit zu lernen. Das Tao zu lernen, befähigt Sie, ein kraftvoller Divine Healing Hands Soul Healer und Diener oder Dienerin zu werden. Sie können dann der Menschheit besser dienen und sich darin bestärken, Ihre Seele, Ihr Herz, Ihren Geist und Körper zu erleuchten, um auf Ihre Tao Reise zu gehen, um die Langlebigkeit und Unsterblichkeit zu erreichen.

Zhong. Zhong. Zhong.
Leere. Leere. Leere.
Nichtsein. Nichtsein. Nichtsein.

Entwickeln Sie Ihre spirituellen Kanäle gleichzeitig.
Tao. Tao. Tao.
Tao Schöpfung. Tao Schöpfung. Tao Schöpfung.
(Dies geschieht in der Leere.)
Tao Manifestation. Tao Manifestation. Tao Manifestation.
Zhong. Zhong. Zhong. Zhong. Zhong. Zhong. Zhong. (Dies ist die höchste Übung, um alle spirituellen Kanäle zu öffnen und Ihre Gesundheit, Beziehungen, Finanzen, Intelligenz sowie alle Aspekte Ihres Lebens für immer zu transformieren.)

Über den Autor

DR. & MASTER ZHI GANG SHA IST ein spiritueller Meister, der sich in seinem Wirken auf die Kraft der Seele konzentriert. Er ist zudem ein außerordentlicher Heiler und ein Diener des Göttlichen. Er wurde in China als Arzt der westlichen Medizin und als Doktor der traditionellen chinesischen Medizin ausgebildet. Master Sha ist Großmeister vieler altehrwürdiger Disziplinen wie Tai Chi, Qi Gong, Kung Fu, I Ching und Feng Shui. Auf dem 5. Qi-Gong-Weltkongress wurde er zum Qi-Gong-Meister des Jahres ernannt. Er gründete das »Institute of Soul Healing and Enlightenment« und die »Love Peace Harmony Bewegung«. In China unterstützt er mit seinem profunden Wissen die Wissenschaft der Zellheilung und im Westen die Forschung über den Einfluss der Spiritualität auf Seele, Geist und Körper. Er ist Linienhalter einer 4 300 Jahre alten taoistischen Linie. In 2013 wurde er Linienhalter der chinesischen Kalligrafiekunst »Yi Bi Ze« – der Schrift in einem Strich –, und verbindet diese einzigartige Kunst mit den höchsten Ebenen des Himmels, denen er dient. Master Shas bisherige Buchreihe Soul Power Series offenbart den Leser(inne)n Seelengeheimnisse, Weisheiten, Erkenntnisse und praktische Techniken, um alle Aspekte des Lebens zu transformieren. In dem ersten Buch seiner neuen Buchreihe Soul Healing Miracles schenkt er den Leser(inne)n darüber hinaus neun kraftvolle Yi Bi Ze Kalligrafien, um ihnen den Weg zu den höchsten Ebenen des Himmels, »der Quelle«, zu bereiten.

Epilog

MILLIONEN VON MENSCHEN SUCHEN NACH SELBSTHEILUNG UND Transformation ihrer Gesundheit, Beziehungen, Finanzen u. v. m. Millionen von Menschen wollen ihre wirkliche Aufgabe erfahren. Millionen von Menschen wollen ihre spirituellen Kanäle öffnen und mit dem Göttlichen, Tao und allen Seelen kommunizieren. Millionen von Menschen wollen ihre Seelenreise erfüllen.

Sie haben die Weisheit der Divine Healing Hands gelernt. Sie haben geübt, indem Sie die Divine Healing Hands, die in dieses Buch übertragen wurden, sowie die immerwährenden göttlichen Schätze, die Sie erhalten haben, angewendet haben, um sich selbst zu heilen, zu transformieren, allen Aspekten des Lebens Blessings zu geben, einschließlich Ihrem spirituellen, mentalen, emotionalen sowie physischen Körper, Ihren Beziehungen, Finanzen u. v. m. Sie haben die Kraft der Divine Healing Hands erlebt. Sie haben viele herzberührende Geschichten über die Divine Healing Hands gelesen.

Der Sinn des Lebens ist es, zu dienen. Es ist das erste Mal, dass das Göttliche seine Divine Healing Hands so vielen Menschen gibt.

Was sind Divine Healing Hands?

Divine Healing Hands sind die Hände des Göttlichen, die Soul Healing geben, die an genehmigte Personen übertragen werden. Meine weltweiten Repräsentant(inn)en und ich haben die Berechtigung und die Ehre erhalten, die Divine Healing Hands an genehmigte Personen zu übertragen.

Wie wirken die Divine Healing Hands?

- Die Divine Healing Hands lösen Seele-Geist-Körperblockaden auf. Seelenblockaden sind negatives Karma. Geistblockaden sind Blockaden im Bewusstsein, einschließlich negativer Denkweisen, negativer Einstellungen, negativer Haltungen, Ego und Anhaftungen. Körperblockaden sind Blockaden in der Energie und Materie.

- Die Divine Healing Hands haben die Kraft, Energie, Ausdauer, Vitalität und Immunität des gesamten Lebens zu stärken.
- Die Divine Healing Hands tragen die Frequenz und Schwingung des Göttlichen, welche die Frequenz und Schwingung des gesamten Lebens transformieren kann.
- Die Divine Healing Hands tragen die Liebe des Göttlichen, die alle Blockaden schmilzt und das gesamte Leben transformiert.
- Die Divine Healing Hands tragen die Vergebung des Göttlichen, die inneren Frieden und innere Freude in das gesamte Leben bringen.
- Die Divine Healing Hands tragen das Mitgefühl des Göttlichen, das Energie, Ausdauer, Vitalität und Immunität des gesamten Lebens stärkt.
- Die Divine Healing Hands tragen das Licht des Göttlichen, das heilsam wirkt, vor Krankheiten schützt, Seele, Herz, Geist und Körper reinigt und verjüngt, Beziehungen und Finanzen transformiert, sowie alle Aspekte des gesamten Lebens transformiert.

In diesem Buch haben Sie erfahren:

- die Kraft der Divine Healing Hands für das Soul Healing des spirituellen, mentalen, emotionalen und physischen Körpers, der Tiere und der Natur
- die Kraft der Divine Healing Hands für die Verjüngung
- die Kraft der Divine Healing Hands für die Lebenstransformation, einschließlich der Beziehungen und Finanzen
- die Kraft der Divine Healing Hands für Reinigung
- die Kraft der Divine Healing Hands für die Erhöhung der Geist-, Herz- und Seelen-Intelligenz
- die Kraft der Divine Healing Hands für die Langlebigkeit
- die Kraft der Divine Healing Hands für die Öffnung der spirituellen Kanäle

Sie können auch viele herzberührende und bewegende Geschichten über »Soul Healing Miracles« (Anmerk. d. Übers.: an Wunder erinnernde Ergebnisse durch Soul Healing) lesen, die durch Divine Healing Hands entstanden sind.

Warum werden so vielen Menschen die Divine Healing Hands gegeben? Mutter Erde befindet sich in einer ernsthaften Umwandlungsphase. Die Menschheit erlebte in den vergangenen neun Jahren immer häufiger Naturkatastrophen und alle Arten von Herausforderungen. Die Umwandlung von Mutter Erde könnte noch elf weitere Jahre andauern und sie könnte sehr heftig werden.

Die Divine Healing Hands zu erhalten, ist die Antwort auf den Aufruf des Göttlichen, der Menschheit zu helfen, um diese schwierige Zeit in der Geschichte durchzustehen.

Die Divine Healing Hands zu erhalten, ist die Schöpfung von Liebe, Frieden und Harmonie für Einzelpersonen, Familien, Organisationen, Städte, Länder, Mutter Erde, den Himmel, unzählige Planeten, Sterne, Galaxien und alle Universen.

Ich kann Sie gar nicht genügend ermutigen, ein Divine Healing Hands Soul Healer zu werden.

Dies ist mein Herzenswunsch:

Divine Healing Hands wirken heilsam auf Sie.
Divine Healing Hands wirken heilsam auf Ihre Familienangehörigen.
Divine Healing Hands wirken heilsam auf die Menschheit.
Divine Healing Hands wirken heilsam auf alle Seelen.
Divine Healing Hands wirken heilsam auf Mutter Erde.
Divine Healing Hands wirken heilsam auf unzählige Planeten,
Sterne, Galaxien und Universen.
Divine Healing Hands bringen allen Seelen in allen
Universen Liebe, Frieden und Harmonie.

Das Göttliche gab mir die Ehre, den genehmigten Personen die Divine Healing Hands zu übertragen. Nun gab das Göttliche all meinen weltweiten Repräsentant(inn)en die Ehre, die Divine Healing Hands an genehmigte Personen zu übertragen.

Seit 2003 haben wir 3 500 Divine Healing Hands Soul Healers ausgebildet. Unsere Aufgabe lautet, 200 000 Divine Healing Hands Soul Healers auf Mutter Erde auszubilden. Die Ehre ist kaum in Worte zu fassen. Wir können nicht genügend dienen.

Ich liebe mein Herz und meine Seele
Ich liebe die ganze Menschheit
Vereinet Herzen und Seelen
Liebe, Frieden und Harmonie
Liebe, Frieden und Harmonie

Danksagungen

ICH DANKE AUS DER TIEFE MEINES HERZENS den zweiunddreißig Heiligen, dem Göttlichen, Tao und Da Tao Komitee, die dieses Buch durch mich kommuniziert haben. All meine Bücher sind ihre Bücher. Sie sind über meinem Kopf und ich bringe das ganze Buch durch sie hervor. Es ist mir solch eine Ehre, ihnen allen, der Menschheit und allen Seelen zu dienen. Ich bin ewig dankbar.

Aus der Tiefe meines Herzens danke ich meinen verehrten spirituellen Vätern und Müttern, darunter Dr. und Master Zhi Chen Guo. Dr. und Master Zhi Chen Guo ist der Gründer der »Körper Raum Medizin« und der »Zhi Neng Medizin«. Er war einer der kraftvollsten spirituellen Führer, Lehrer und Heiler auf der Welt. Er lehrte mich die geheimen Weisheiten, Erkenntnisse und praktischen Techniken von Seele, Geist und Körper. Ich kann ihm nicht genügend danken.

Aus der Tiefe meines Herzens danke ich Professor Liu Dajun, der maßgebende Experte des *I Ching* und Feng Shui Chinas an der Shandong Universität. Er lehrte mich tiefgründige Geheimnisse des *I Ching* und Feng Shui. Ich kann ihm nicht genügend danken.

Aus der Tiefe meines Herzens danke ich Professor Dr. Liu Dehua. Er ist Mediziner und war ein Universitätsprofessor in China. Er ist in der 372. Generation der Linienhalter des chinesischen »Stern der Langlebigkeit«, Peng Zu, Lehrer des Lao Tze (Autor des *Dao De Jing*). Er lehrte mich große Geheimnisse, Weisheiten, Erkenntnisse und praktische Techniken der Langlebigkeit. Ich kann ihm nicht genügend danken.

Aus der Tiefe meines Herzens danke ich meinen verehrten heiligen Meistern und Lehrern, die anonym bleiben möchten. Sie haben mich die heiligen Weisheiten des Xiu Lian gelehrt. Sie sind äußerst demütig und kraftvoll. Sie lehrten mich unschätzbare Geheimnisse, Weisheiten, Erkenntnisse und praktische Techniken, aber sie wollen keinerlei Anerkennung. Ich kann ihnen nicht genügend danken.

Aus der Tiefe meines Herzens danke ich meinem physischen Vater und meiner physischen Mutter und allen meinen Ahnen. Ich kann meinen physischen Vater und meine physische Mutter nicht genügend ehren. Ihre Liebe, Fürsorge, Mitgefühl, Reinheit, Großzügigkeit, Freundlichkeit, Integrität, Vertrauen u. v. m. haben mein Herz und meine Seele für immer beeinflusst und berührt. Ich kann ihnen nicht genügend danken.

Aus der Tiefe meines Herzens danke ich meiner Mitherausgeberin, Judith Curr von Atria Books. Sie wählte mich aus, um einer der Atrias-Autoren im Jahr 2008 zu sein. Dies ist mein zehntes Buch mit Atria. Ihre unglaubliche Unterstützung und Fürsorge haben mein Herz tief berührt. Ich kann ihr nicht genügend danken.

Aus der Tiefe meines Herzens danke ich meiner Redakteurin bei Atria Books, Johanna Castillo. Ihre großartige Unterstützung bei all meinen Büchern hat mein Herz tief berührt. Ich kann ihr nicht genügend danken.

Aus der Tiefe meines Herzens danke ich Chris Lloreda, Amy Tannenbaum, Lisa Keim, Isolde Sauer, Tom Spain, Dan Vidra, Natalie Gutierrez, Kitt Reckord, Mike Noble, Desiree Vecchio, Lourdes Lopez, Laywan Kwan und anderen bei Atria sowie Simon and Schuster, deren Namen mir vielleicht entfallen sind oder deren Namen ich nicht kenne, für ihre großartige Unterstützung. Ich kann ihnen nicht genügend danken.

Aus der Tiefe meines Herzens danke ich Sylvia Chen, Geschäftsführerin der Universal Soul Service Corporation. Seit 1992 hat sie mir ihre bedingungslose Unterstützung gegeben. Sie hat in der Mission enorme Beiträge geleistet. Ich kann ihr nicht genügend danken.

Aus der Tiefe meines Herzens danke ich Johannes Ziebarth, Geschäftsführer der Universal Soul Service Corporation. Er hat für die Mission unschätzbare Beiträge geleistet. Er ist ein bedingungsloser universeller Diener. Ich kann ihm nicht genügend danken.

Aus der Tiefe meines Herzens danke ich D. R. Kaarthikeyan für seine bedingungslose Unterstützung für die Mission. Es ist mir eine große Ehre, dass er der Schirmherr der weltweiten »Love Peace Harmony Bewegung« ist. Er hat eine führende Rolle, alle zu vereinen. Ich verehre und schätze ihn von Herzen. Ich kann ihm nicht genügend danken.

Aus der Tiefe meines Herzens danke ich meinem Chefredakteur, Master Allan Chuck, für das hervorragende Editieren dieses Buches, sowie aller meiner anderen Bücher. Er ist einer meiner weltweiten Repräsentanten. Er hat Wesentliches für die Mission beigetragen und sein bedingungsloser universeller Dienst ist ein großartiges Beispiel für alle. Ich kann ihm nicht genügend danken.

Aus der Tiefe meines Herzens danke ich meiner leitenden Redakteurin, Master Elaine Ward, für ihr ausgezeichnetes Editieren dieses Buches und vieler meiner anderen Bücher. Sie ist ebenso eine meiner weltweiten Repräsentant(inn)en. Ich danke ihr sehr für ihren großartigen Beitrag für die Mission. Ich kann ihr nicht genügend danken.

Aus der Tiefe meines Herzens danke ich meiner Assistentin, Master Cynthia Marie Deveraux, eine meiner weltweiten Repräsentant(inn)en. Sie hat das gesamte Buch direkt bekommen sowie viele meiner anderen Bücher. Sie hat auch großartige Einsichten während des Diktierens dieses Buches gegeben. Sie hat einen großartigen Beitrag für die Mission geleistet. Ich kann ihr nicht genügend danken.

Aus der Tiefe meines Herzens danke ich Master Lynda Chaplin, eine meiner weltweiten Repräsentant(inn)en. Sie hat die Abbildungen für dieses Buch und viele meiner anderen Bücher entworfen. Ich bin sehr dankbar. Ich kann ihr nicht genügend danken.

Aus der Tiefe meines Herzens danke ich meinen treuen Schülern Min Lei und Shi Gao für die Unterstützung mit den chinesischen Schriftzeichen in diesem Buch und in vielen meiner anderen Bücher. Ich bin sehr dankbar. Ich kann ihnen nicht genügend danken.

Aus der Tiefe meines Herzens danke ich meinen treuen Schülern Henderson Ong und Lenore Cairncross für ihre Fotos in diesem Buch und auf dem Einband dieses Buches. Ich bin sehr dankbar. Ich kann ihnen nicht genügend danken.

Aus der Tiefe meines Herzens danke ich allen meinen weltweiten Repräsentant(inn)en. Sie sind Diener der Menschheit sowie Diener, Mittler und Divine Channels. Sie haben unglaubliche Beiträge für die Mission geleistet. Ich danke Ihnen zutiefst. Ich kann ihnen nicht genügend danken.

Aus der Tiefe meines Herzens danke ich allen Teamleitern und Mitgliedern meiner Unternehmensteams für ihre großartigen Beiträge und ihren bedingungslosen Dienst für die Mission. Ich bin zutiefst dankbar. Ich kann ihnen nicht genügend danken.

Aus der Tiefe meines Herzens danke ich den 3 500 Divine Healing Hands Soul Healern weltweit für ihre großartigen Soul-Healing-Dienste für die Menschheit und alle Seelen. Ich bin tief berührt und bewegt. Sie haben den göttlichen Aufruf, zu dienen, vernommen und darauf reagiert.

Aus der Tiefe meines Herzens danke ich den Divine Soul Healing Teachers und Healers und den Divine Master Teachers, sowie Soul Operation Master Healers weltweit für ihre großartigen Beiträge für die Mission. Ich bin tief berührt und bewegt. Ich kann ihnen nicht genügend danken.

Aus der Tiefe meines Herzens danke ich allen meinen Schülern und Freunden weltweit für ihren bedingungslosen Dienst für die Menschheit. Ich kann ihnen nicht genügend danken.

Aus der Tiefe meines Herzens danke ich meiner Familie, darunter meiner Frau, ihren Eltern, unseren Kindern sowie unseren Brüdern und Schwestern. Sie lieben und unterstützen mich alle bedingungslos. Ich kann ihnen nicht genügend danken.

Möge dieses Buch der Menschheit und Mutter Erde dienen, um ihnen zu helfen, diese schwierige Zeit in dieser geschichtlichen Phase zu bestehen.

Möge dieses Buch der Menschheit dienen, damit sie sich selbst heilt, verjüngt, reinigt und das gesamte Leben transformiert.

Möge dieses Buch der Menschheit, Mutter Erde sowie allen Seelen der unzähligen Planeten, Sterne, Galaxien und Universen Liebe, Frieden und Harmonie bringen.

Möge dieses Buch Ihrer Seelenreise und der Seelenreise der Menschheit dienen.

Es ist mir eine sehr große Ehre, Ihr Diener sowie der Diener der Menschheit und aller Seelen zu sein.

Ich liebe mein Herz und meine Seele
Ich liebe die ganze Menschheit
Vereinet Herzen und Seelen
Liebe, Frieden und Harmonie
Liebe, Frieden und Harmonie

Ein besonderes Geschenk

Ü BUNGEN DURCHZUFÜHREN IST NOTWENDIG, UM SICH SELBST zu heilen und zu transformieren. Üben Sie, indem Sie die Divine Healing Hands, die zwanzigmal in dieses Buch übertragen wurden, anwenden. Üben Sie, so oft es geht, indem Sie die immerwährenden göttlichen Schätze anwenden, die Sie beim Lesen dieses Buches erhalten haben. Spüren Sie Ihre Kraft und schöpfen Sie Ihren Nutzen. Üben Sie mit Hingabe und Konsequenz, um Soul Healing, Blessing, Verjüngung, Reinigung und Lebenstransformation zu erfahren.

Schauen Sie das inspirierende Video, das in diesem Buch angegeben ist. Sehen Sie sich die herzberührenden Geschichten über Soul Healing und Transformation an. Dies ist ein besonderes Geschenk für Sie, lieber Leser. Scannen Sie den Code, der sich unten auf dieser Seite und unten auf dem Rückumschlag befindet mit Ihrem Smartphone oder einem anderen Endgerät, um das Video anzuschauen. Oder nutzen Sie den link http://www.youtube.com/watch?v=NyFTMSrMnf8.

Das Göttliche wies mich an, 200 000 Divine Healing Hands Soul Healer auf Mutter Erde zu erschaffen. Die Umwandlung von Mutter Erde könnte sehr heftig sein. Die Divine Healing Hands zu erhalten bedeutet, der Menschheit durch die schwierige Zeit in der Geschichte zu helfen. Sie zu erhalten bedeutet, zu dienen.

Sie sind sehr gesegnet. Die Menschheit ist sehr gesegnet. Wir sind alle sehr gesegnet, dass das Göttliche seine Hände an ausgesuchte Menschen für das Soul Healing anbietet.

Üben Sie. Üben Sie. Üben Sie.
Heilen Sie sich selbst. Heilen Sie sich selbst. Heilen Sie sich selbst.
Verjüngen Sie. Verjüngen Sie. Verjüngen Sie.
Reinigen Sie sich. Reinigen Sie sich. Reinigen Sie sich.
Dienen Sie. Dienen Sie. Dienen Sie.
Verbreiten Sie Liebe, Frieden und Harmonie. Verbreiten Sie Liebe, Frieden und Harmonie. Verbreiten Sie Liebe, Frieden und Harmonie.

Verbreiten Sie die Divine Healing Hands. Verbreiten Sie die Divine Healing Hands. Verbreiten Sie die Divine Healing Hands.

Dienen Sie mehr. Dienen Sie mehr. Dienen Sie mehr.

Danke. Danke. Danke.

Glossar

B

Bai-Hui-Akupunkturpunkt = Akupunkturpunkt am höchsten Punkt des Kopfes

C

Chanten = Klangkraft, gesprochene oder gesungene Wiederholung von heilsamen Tönen, Mantren, Liedern, aber auch Seelensprache bzw. Seelengesang

Chakra = Seelenhaus, es gibt sieben Chakren im Körper, deren Funktionen im Kapitel 1 beschrieben werden

Cun = »persönliches Maß« in der TCM, entspricht der Breite des obersten Daumengelenks und ist von Mensch zu Mensch verschieden

D

Da Tao Zhi Jian = der große Weg ist überaus einfach

Divine Channel = Meisterschüler und weltweiter Repräsentant von Dr. und Master Zhi Gang Sha, höchste Ausbildungs- und Zeritifizierungsstufe

Divine Healing Hands Soul Healer = erste Ausbildungs- und Zertifizierungsstufe

Divine Soul Healer = generischer Begriff für alle Ausbildungs- und Zertifizierungsstufen

Du-Merdian = beginnt im Genitalbereich und läuft aufwärts entlang der Mittellinie des Rückens bis zum Schädeldach und dann hinunter zum Gesicht (siehe Abbildung 6). Er ist der wichtigste Yang-Meridian im Körper und bildet mit dem Ren-Meridian den äußeren Yin-Yang-Kreislauf in der TCM.

E

Ego = wird den negativen Geistesblockaden zugeordnet

Energie-Kreislauf = beginnt am Hui-Yin-Akupunkturpunkt, geht durch die Körpermitte, durch alle Chakren, bis zum Bai-Hui-Akupunkturpunkt und fließt durch den Wai Jiao, der heilige Raum vor der Wirbelsäule, zurück zum Hui-Yin-Akupunkturpunkt. Dieser Kreislauf unterstützt den Prozess der Selbstheilung. Entspricht im Verlauf dem »Göttlichen Inneren Yin-Yang-Kreislauf« (siehe Abbbildung 5)

F

Fu-Organe = Paarorgane der Hauptorgane der fünf Elemente, insgesamt gibt es 6 Fu-Organe

»Fünf Kraft Techniken« = die gemeinsame Anwendung der Körperkraft, Geisteskraft, Seelenkraft, Klangkraft und Atemkraft

G

Gong Song = Verabschiedung der gerufenen Seelen, die eine spirituelle Übung mit ihrer Frequenz und Schwingung unterstützen und bedeutet »kehrt respektvoll zurück in Eure Dimensionen«.

Göttliche, das = der biblische Gott, führende Seele der Ebene Tian Wai Tian

Guan Yin = weiblicher Bodhisattva des Mitgefühls und, im Westen, als Göttin der Barmherzigkeit bekannt

H

Hui Yin = Akupunkturpunkt zwischen Anus und Genitalien

J

Jin Dan = goldenes Lichtkugel, die durch spezielle, spirituelle Übungen gebildet wird

Jiu Tian = übersetzt: die neun Ebenen des Himmels. Hierarchie der Seelenevolution für Mutter Erde vom Pflanzenreich bis hoch in die Ebenen der Heiligen, die für Mutter Erde im Dienst sind (siehe Abbildung 13). Alle Seelen aus Jiu Tian unterliegen dem Reinkarnationprozess.

K

Karma = Aufzeichnung aller positiven und unangemessenen Handlungen, Gedanken, Emotionen und Worte eines Menschen in allen Leben. Aufzeichnungsort ist die Akasha-Chronik.

L

Langlebigkeit = Verlängerung des eignen Lebens durch spirituelle Reinigungsübungen mit den 7 Chakren, dem Wai Jiao, dem Energie- und Materie-Kreislauf, einschließlich Meditation, Chanten, Vergebungs- und Dankbarkeitsübungen

M

Materie-Kreislauf = beginnt am Hui-Yin-Akupunkturpunkt, geht durch das Steißbein die Wirbelsäule aufwärts bis zum Bai-Hui-Akupunkturpunkt und fließt durch die Körpermitte, durch alle Chakren, zum Hui-Yin-Akupunkturpunkt zurück. Dieser Kreislauf unterstützt den Prozess der Selbstverjüngung.

Mentaler Körper = auch Geistkörper, umfasst das Bewusstsein in allen Systemen, Organen und Zellen. Ist der mentale Körper blockiert, drückt sich dies durch negative Denkweisen, Einstellungen, Überzeugungen sowie Ego und Anhaftungen aus.

Mittlerer Jiao = Bereich des Körpers vom Zwerchfell bis zum Bauchnabel

Ming-Men-Akupunkturpunkt = befindet sich parallel zum Bauchnabel auf dem Rücken

O

Oberer Jiao = Bereich des Körpers vom Kopf bis zum Zwerchfell

Q

Quelle, die = höchste Ebene im Himmel, die sich Master Sha ab der Ebene des Tao vorstellte und auf alle Ebenen Einfluss nimmt

R

Ren-Meridian = beginnt im Genitalbereich und läuft aufwärts entlang der Mittellinie auf der Vorderseite des Körpers bis zum Gesicht (siehe Abbildung 6). Er ist der wichtigste Yin-Meridian im Körper und bildet mit dem Du-Meridian den äußeren Yin-Yang-Kreislauf in der TCM.

Retreat = aus dem Englischen und bedeutet: Rückzug, Exerzitien. Damit ist ein mehrtägiger Rückzug an einem ruhigen Ort gemeint, um unter Anleitungen spirituelle Übungen zu machen

S

San Jiao = die drei Bereiche des Körpers, bestehend aus dem Oberen Jiao, Mittleren Jiao und Unteren Jiao

San San Jiu Liu Ba Yao Wu (3396815) = Göttlicher Zahlencode zum Hervorbringen der Seelensprache

Schätze des Himmels = u. a. Übertragungen oder Blessings, die dabei unterstützen, Seele-Geist-Körperblockaden aufzulösen

Seele = als wissenschaftlicher Begriff Botschaft oder Information

Seelenhaus = Chakra oder auch Krafthaus genannt

Seelenkraft = »Sag Hallo Anrufung«, innere und äußere Seelen werden angerufen, um den Selbstheilungsprozess von Seele, Geist und Körper zu unterstützen

Selbstheilung = Genesungsprozess innerhalb des Körpers, der zunächst auf der Seelenebene beginnt, sich dann auf der Geistebene und zuletzt auf der Körperebene vollzieht

Soul Healing = Selbstheilung durch die Kraft der Seele mit einer Kombination aus »Vier Kraft Techniken«, Vergebungs- und Dankbarkeitsübung

Spiritueller Körper = Körperseele, die höchste Instanz im Körper, die über allen inneren Seele steht. Sie ist der Boss.

T

Tao = zweite, große Hierarchie im Himmel, über der Ebene des Göttlichen, die von »der Quelle« durchdrungen wird

Tao-Gesangskanal = beginnt am Hui-Yin-Akupunkturpunkt, fließt die sieben Seelenhäuser aufwärts zum Bai-Hui-Akupunkturpunkt, der höchsten Stelle am Kopf, und fließt dann vor der Wirbelsäule durch den Wai Jiao abwärts, zurück zum Hui-Yin-Akupunkturpunkt

Tor des Lebens = Ming-Men-Akupunkturpunkt, befindet sich parallel zum Bauchnabel auf dem Rücken

Totales GOLD = uneingeschränkte Dankbarkeit, uneingeschränkter Gehorsam, uneingeschränkte Treue und uneingeschränkte Hingabe dem Göttlichen und Tao gegenüber

Transformation = Veränderung eines Beschwerde oder eines Aspektes des Lebens durch spirituelle Reinigungsübungen mit den 7 Chakren, dem Wai Jiao, dem Energie- und Materie-Kreislauf, inkl. Meditation, Chanten, Vergebungs- und Dankbarkeitsübungen

U

Unterer Dan Tian = faustgroßes, grundlegendes Energiezentrum, das sich 1,5 Cun1 unterhalb des Bauchnabels und 2,5 Cun innerhalb des Körpers befindet

Unterer Jiao = Bereich im Körper vom Bauchnabel bis zum Beckenboden

V

Verjüngung = Transformation des Alterungsprozesses durch spirituelle Übungen mit den 7 Chakren, dem Wai Jiao, dem Energie- und Materie-Kreislauf, inkl Meditation, Chanten, Vergebungs- und Dankbarkeitsübungen

Verneigung, 108 Mal = nach der buddhistischen Lehre hat der Mensch sechs Sinne (neben den im Westen geläufigen zählt auch das Denken dazu). Jeder dieser sechs Sinne kann mit angenehmen, unangenehmen oder neutralen Gefühlen (drei Arten von Gefühlen) verbunden sein: 3 x 6 = 18. Jedes dieser achtzehn Gefühle kann anhaften oder nicht (zwei Zustände), sie manifestieren sich in Vergangenheit, Gegenwart und Zukunft (drei Zeiten): 2 x 18 = 36, 3 x 36 = 108

»Vier Kraft Techniken« = Gleichzeitige Anwendung von Körperkraft, Geisteskraft, Klangkraft und Seelenkraft

W

Wai Jiao = Heiliger Raum vor der Wirbelsäule

Wan Ling = alle Seelen, einschließlich unzählige Planeten, Sterne, Galaxien und Universen

Wan Ling Rong He = alle Seelen werden eins

Weltweite Repräsentanten von Dr. Sha = Meisterschüler von Dr. Sha, auch Divine Channel

Wunder der Seelenheilung = auffällige und rasche Genesung bis »Spontanheilungen« von Beschwerden durch Soul Healing

X

Xiu Lian = spirituelle Reinigungsübung, die Gesamtheit der spirituellen Reise

Y

Yang-Begleiter = Menschen, die uns in diesem Leben begleiten

Yang Wang Ye = Leiter der Akasha-Chronik, der einem Divine Channel die angemessenen Informationen der Akasha-Chronik für spirituelle Anfragen übermittelt

Ying-Begleiter = Seele-Geist-Körperübertragungen, welche die Seele in allen Leben begleiten werden

Yuan Jing = ursprüngliche Materie von Tao (Quelle) wird im Kun Gong gebildet. Ist mit Yuan Qi entscheidend für das Leben.

Yuan Qi = ursprüngliche Energie von Tao (Quelle) wird im Kun Gong gebildet. Ist mit Yuan Jing entscheidend für das Leben.

Z

Zhong = Körperraum im Unterbauch, der vier wichtige heilige Bereiche umfasst: den Kun Gong, um den Bereich des Bauchnabels, den Ming-Men-Akupunkturpunkt, Wei Lü, im Bereich des Steißbeins und den Hui-Yin-Akupunkturpunkt. Der Zhong-Raum reflektiert alle Teile des Körpers und verbindet sich mit allen Teilen des Körpers.

Die in diesem Buch enthaltenen Informationen sollen lehrreich wirken und keine Grundlage für Diagnosen oder Behandlungen von Gesundheitsstörungen darstellen. Dieses Buch ersetzt keine Beratung bei einem sachkundigen Arzt oder Heilpraktiker. Vielmehr soll es als Ergänzung zu einem verantwortungsbewusst verordneten Gesundheitsprogramm eines Arztes oder Heilpraktikers dienen. Der Autor und der Verleger sind in keinem Fall für irgendeinen Missbrauch des Materials haftbar.